Handelsmarkenmanagement

Marko Schwertfeger

Handelsmarkenmanagement

Grundlagen – Strategien – Umsetzung

Marko Schwertfeger
Berlin, Deutschland

ISBN 978-3-658-09052-4   ISBN 978-3-658-09053-1 (eBook)
DOI 10.1007/978-3-658-09053-1

Die Deutsche Nationalbibliothek verzeichnet diese Publikation in der Deutschen Nationalbibliografie; detaillierte bibliografische Daten sind im Internet über http://dnb.d-nb.de abrufbar.

Springer Gabler
© Springer Fachmedien Wiesbaden 2017
Das Werk einschließlich aller seiner Teile ist urheberrechtlich geschützt. Jede Verwertung, die nicht ausdrücklich vom Urheberrechtsgesetz zugelassen ist, bedarf der vorherigen Zustimmung des Verlags. Das gilt insbesondere für Vervielfältigungen, Bearbeitungen, Übersetzungen, Mikroverfilmungen und die Einspeicherung und Verarbeitung in elektronischen Systemen.
Die Wiedergabe von Gebrauchsnamen, Handelsnamen, Warenbezeichnungen usw. in diesem Werk berechtigt auch ohne besondere Kennzeichnung nicht zu der Annahme, dass solche Namen im Sinne der Warenzeichen- und Markenschutz-Gesetzgebung als frei zu betrachten wären und daher von jedermann benutzt werden dürften.
Der Verlag, die Autoren und die Herausgeber gehen davon aus, dass die Angaben und Informationen in diesem Werk zum Zeitpunkt der Veröffentlichung vollständig und korrekt sind. Weder der Verlag noch die Autoren oder die Herausgeber übernehmen, ausdrücklich oder implizit, Gewähr für den Inhalt des Werkes, etwaige Fehler oder Äußerungen.

Gedruckt auf säurefreiem und chlorfrei gebleichtem Papier

Springer Gabler ist Teil von Springer Nature
Die eingetragene Gesellschaft ist Springer Fachmedien Wiesbaden GmbH
Die Anschrift der Gesellschaft ist: Abraham-Lincoln-Str. 46, 65189 Wiesbaden, Germany

Vorwort

Liebe Leserinnen und liebe Leser,
ein Leitspruch des Handels lautet „Handel ist Wandel". In keiner anderen Branche ist für mich die ständige Anpassung an veränderte Konsumentenansprüche so deutlich zu sehen wie im Handel. Keine andere Branche fasziniert mich selbst so sehr wie der Handel. Das vorliegende Buch setzt sich mit dem Management von Handelsmarken auseinander, welche seit Jahren ein stetiges Wachstum aufweisen. Gerade in letzter Zeit tauchen Handelsmarken immer mehr in der Diskussion der Öffentlichkeit auf. Angefangen bei Fernsehsendungen und anderen Veröffentlichungen, die Herstellermarken und Handelsmarken miteinander vergleichen und dabei den Konsumenten oftmals auf das besondere Preis-Leistungs-Verhältnis der Handelsmarken aufmerksam machen. Viele E-Commerce-Unternehmen entdecken in Handelsmarken eine Möglichkeit, sich von den sonst vergleichbaren Artikeln im Internet und damit der Preistransparenz abzuheben. Beispielsweise finden sich zahlreiche Handelsmarken bei Zalando oder Home24 im Sortiment. Im Lebensmitteleinzelhandel rücken Handelsmarken beim Discounter Aldi nach der Aufnahme vieler Markenartikel scheinbar wieder etwas aus dem Fokus. Das ist zumindest in einigen Artikeln der Wirtschaftspresse zu lesen. Dem muss aber energisch widersprochen werden, denn dabei wird außer Acht gelassen, wie professionell Aldi bereits seit Jahren seine Handelsmarken betreut. Ein Wachstum ist für das Unternehmen in diesem Bereich nur noch schwer möglich. Daher ist der Schritt der Aufnahme von Herstellermarken in das Sortiment nur konsequent. Dies macht aber deutlich, dass sich alle anderen Handelsunternehmen nicht mehr über die bloße Präsenz der Herstellermarken im Sortiment differenzieren können. Die Differenzierung über Herstellermarken oder gar den Preis wird für viele Handelsunternehmen immer schwerer. Genau für diese Unternehmen rücken daher Handelsmarken vermehrt in den Fokus. Dabei bedarf das Management von Handelsmarken einer professionellen Führung. Das kann nicht, wie häufig im Handel angenommen, nebenbei erledigt werden. Handelsunternehmen sollten darüber nachdenken, ob Strukturen aus der Industrie in Form eines Brand Managers nicht auch für den Bereich des Handelsmarkenmanagements von Bedeutung sein können. Gerade mit Handelsmarken haben Handelsunternehmen eine Möglichkeit, Kunden konsequent an das eigene Unternehmen zu binden. Weiterhin können Trends viel

schneller aufgegriffen werden. Dies zeigt sich in jüngster Zeit beispielsweise an Veränderungen in der Ernährung, die besonders schnell von Handelsmarken aufgegriffen wurden. Herstellermarken haben diesen Trend mitunter bis heute nicht genutzt.

Die Idee zu diesem Buch entstand durch die Diskussion mit Praktikern und Studierenden. Gerade wissenschaftliche Veröffentlichungen sind im Bereich des Handels rar. Das wird der Bedeutung des Handels in keiner Weise gerecht. Dieses Fachbuch richtet sich an alle Personen, die sich mit Fragen rund um das Thema Handelsmarken auseinandersetzen wollen. Das gilt für Studierende und Lehrende im Bereich des Handelsmarketings ebenso wie für Praktiker in Handelsunternehmen, etwa in den Abteilungen Category Management oder Marketing. Das Buch unterstützt Sie beim Aufbau eines fundierten Wissens und arbeitet mit vielen Praxisbeispielen. Durch Fragen am Ende eines jeden Kapitels sowie die beiden Fallstudien in Kap. 3 kann das erworbene Wissen kritisch reflektiert werden. Dabei gilt es, die Führung von Handelsmarken noch stärker zu professionalisieren und den Bereich zu stärken. Viele Handelsunternehmen haben diese Möglichkeit bereits erkannt und nutzen ein professionelles Handelsmarkenmanagement aktiv zur Profilierung des Unternehmens. Diesen Weg gilt es konsequent weiterzugehen. Dabei möchte dieses Buch Sie durch den aufgezeigten Managementprozess unterstützen.

Das vorliegende Buch wäre ohne die Unterstützung zahlreicher Personen nicht möglich gewesen. Zuerst gilt der Dank nachfolgenden Studierenden der HWR Berlin Fachbereich Duales Studium Fachrichtung Handel, die das Manuskript Korrektur gelesen und Anmerkungen verfasst haben: Viktoria Danielzok, Lukas Doberenz, Rebekka Lamowski, Marcel Lorenz, Aneta Mehnke, Inga Rump und Daniel Schuldt. Ebenso bedanke ich mich beim Springer Gabler Verlag, besonders bei Angela Meffert, für die Betreuung während der Manuskripterstellung.

Mein ganz besonderer Dank gilt meiner Familie. Insbesondere das Verständnis für die vielen Stunden, die ich am Rechner zur Erstellung des vorliegenden Buchs gesessen habe, ist erwähnenswert.

Ich wünsche allen Lesern viel Freude beim Lesen und bin für Rückfragen, Anregungen und Verbesserungsvorschläge jederzeit offen.

Mit freundlichen Grüßen aus Berlin

Berlin, Deutschland Marko Schwertfeger
im Juni 2016

Inhaltsverzeichnis

1 Grundlagen 1
   1.1 Begriffe Marke und Handelsmarke 2
   1.2 Entstehung und Arten von Handelsmarken 7
   1.3 Bedeutung von Handelsmarken 12
       1.3.1 Aus Konsumentensicht 12
       1.3.2 Aus Herstellersicht 14
       1.3.3 Aus Handelssicht 16
   1.4 Zusammenfassung 18
   Literatur 20

2 Prozess des Handelsmarkenmanagements 25
   2.1 Überblick 26
   2.2 Situationsanalyse 26
       2.2.1 Umweltbezogene Faktoren 27
       2.2.2 Wettbewerbsbezogene Faktoren 32
       2.2.3 Konsumentenbezogene Faktoren 34
       2.2.4 Technologische Faktoren 35
   2.3 Ziele und Strategien 36
   2.4 Beschaffung 53
       2.4.1 Situationsanalyse und Ziele 53
       2.4.2 Bedarfsanalyse 57
       2.4.3 Beschaffungsmarktanalyse und -auswahl 61
       2.4.4 Lieferantenanalyse und -auswahl 63
       2.4.5 Lieferantenverhandlung und Beschaffungsabwicklung ... 67
   2.5 Marketing-Mix 69
       2.5.1 Sortimentspolitik 69
       2.5.2 Kommunikationspolitik 76
       2.5.3 Preispolitik 90
       2.5.4 Vertriebspolitik 99
   2.6 Controlling 101

		2.6.1	Grundlagen zum Controlling	101
		2.6.2	Strategisches Controlling	104
		2.6.3	Operatives Controlling	112
	2.7	Zusammenfassung		122
	Literatur			126
3	**Handelsmarken in verschiedenen Branchen – Fallstudien**			**133**
	3.1	Drogerieeinzelhandel		133
		3.1.1	Situationsanalyse	133
		3.1.2	Marketing-Mix	136
	3.2	Lebensmitteleinzelhandel		139
	Literatur			143

Der Autor

Prof. Dr. Marko Schwertfeger war mehrere Jahre in verschiedenen Positionen innerhalb der Metro Group bei der real,- SB Warenhaus GmbH angestellt. In seiner letzten Tätigkeit setzte er sich intensiv mit Themen des Shopper Marketings auseinander. Heute ist er Professor für Handelsmanagement an der bbw Hochschule Berlin und berät Handelsunternehmen.

Grundlagen 1

Zusammenfassung

Marken besitzen in der Wirtschaft eine große Bedeutung. Dabei hat sich das Markenverständnis grundlegend gewandelt und verfolgt heute einen identitätsbasierten Ansatz. Das bedeutet, dass Marken eine eigenständige Identität besitzen müssen. Handelsmarken gehören, wie Markenartikel auch, zu den markierten Waren. Die Entstehungsgeschichte der Handelsmarken geht bis ins 13. Jahrhundert zurück. Neben den Gattungsmarken gehören zu den Erscheinungsformen der Handelsmarken auch klassische Handelsmarken und Premium-Handelsmarken. Konsumenten haben mit Handelsmarken u. a. die Möglichkeit, preisgünstige Produkte zu kaufen. Hersteller können darüber hinaus ihre Kapazitäten besser auslasten und Handelsunternehmen nutzen Handelsmarken zur Profilierung und Dokumentation der preislichen Leistungsfähigkeit. Das Handelsmarkenmanagement ist dabei verschiedenen Einflussfaktoren ausgesetzt.

Schlüsselfragen des Kapitels

- Was wird unter einer Marke verstanden und wie hat sich der Markenbegriff entwickelt?
- Was wird unter einer Handelsmarke verstanden?
- Wie sind Handelsmarken entstanden?
- Welche Arten von Handelsmarken können unterschieden werden?
- Wie kann der Erfolg von Handelsmarken erklärt werden?
- Welche Funktionen besitzen Handelsmarken für Konsumenten, Hersteller und Händler?
- Welche Faktoren beeinflussen den Erfolg von Handelsmarken?
- Welche Faktoren beeinflussen das Handelsmarkenmanagement?

© Springer Fachmedien Wiesbaden 2017
M. Schwertfeger, *Handelsmarkenmanagement*,
DOI 10.1007/978-3-658-09053-1_1

1.1 Begriffe Marke und Handelsmarke

Bevor auf den Begriff der Handelsmarke eingegangen wird, ist es schon aufgrund der Wortherkunft notwendig, sich ein Verständnis vom Markenbegriff zu erarbeiten. Dieser ist nicht eindeutig definiert. Jedoch können die verschiedenen Definitionsansätze unterschiedlichen Systematisierungen zugeordnet werden, die nachfolgend aufgezeigt werden (vgl. u. a. Baumgarth 2014, S. 3; Esch 2014, S. 18 ff.):

- rechtlicher Ansatz
- merkmalsorientierter Ansatz
- nachfragerbezogener Ansatz
- identitätsbezogener Ansatz

Der rechtliche Ansatz betrachtet eine Marke als Schutzgegenstand und findet in Deutschland seine Verankerung im Markenschutzgesetz. § 3 (1) Markenschutzgesetz sagt aus, dass als Marke

> … alle Zeichen, insbesondere Wörter einschließlich Personennamen, Abbildungen, Buchstaben, Zahlen, Hörzeichen, dreidimensionale Gestaltungen einschließlich der Form einer Ware oder ihrer Verpackung sowie sonstige Aufmachungen einschließlich Farben und Farbzusammenstellungen geschützt werden, die geeignet sind, Waren oder Dienstleistungen eines Unternehmens von denjenigen anderer Unternehmen zu unterscheiden.

Neben der Eintragung des Markenzeichens beim Deutschen Patent- und Markenamt kann Markenschutz auch über die Verkehrsgeltung sowie die notorische Bekanntheit erreicht werden (vgl. Baumgarth 2014, S. 3; Sattler und Völckner 2013, S. 35 ff.). In Deutschland wurden im Jahr 2013 60.161 Marken zur Eintragung angemeldet, wovon 72 % auch tatsächlich eingetragen wurden (vgl. DPMA 2014). Nicht jede dieser Marken wird eine Wirkung beim Konsumenten auslösen und erfolgreich sein. Der rechtliche Ansatz beruht stark auf der Idee, dass eine Marke als ein Zeichen verstanden werden kann und wird im weiteren Verlauf der Arbeit nicht weiterverfolgt. Die Eintragung selbst stellt zwar eine wichtige Grundlage dar, jedoch gehen aus ihr keinerlei Wirkungen beim Konsumenten hervor.

Der merkmalsorientierte Ansatz widmet sich der Marke aus der Definition von bestimmenden Kennzeichen heraus Dabei wird insbesondere auf den Unterschied der Marke zu markenlosen Produkten abgezielt. Als typischer Vertreter für diesen Ansatz gilt Mellerowicz (1963, S. 12 ff.), der folgende charakteristische Merkmale einer Marke definiert:

- Markierung (Markierung ermöglicht eine Identifikation)
- Fertigware
- Gleichbleibende bzw. verbesserte Qualität
- Gleichbleibende Menge (im Zeitverlauf konstante Mengen)

1.1 Begriffe Marke und Handelsmarke

- Gleichbleibende Aufmachung
- Größerer Absatzraum
- Verbraucher-Werbung
- Anerkennung im Markt (Verkehrsgeltung der Marke)

Mit der Aufzählung sowie Definition von Merkmalen gehen zwei Schwierigkeiten einher. Zum einen haben sie einen zu bestimmenden Charakter, d. h., nicht alle Marken werden jedem Merkmal gerecht werden können. Beispielsweise schließt das Merkmal Fertigwaren Dienstleistungen aus (z. B. DHL als Logistikdienstleister oder die Sparkasse als Bank). Der größere Absatzraum würde regionale oder lokale Marken vernachlässigen. Zum anderen können für die Merkmale keine Grenzwerte bestimmt werden (vgl. Baumgarth 2014, S. 4). Zusammenfassend kann der merkmalsorientierte Ansatz somit als Idee gesehen werden, aufzuzählen, was Marken besonders macht, er vernachlässigt aber die Sichtweise des Nachfragers.

Der nachfragerbezogene Ansatz interpretiert die Marke aus den Wirkungen, die diese beim Nachfrager hervorruft (vgl. Berekoven 1978, S. 43). Im Mittelpunkt des Ansatzes steht somit die Wertschätzung des Kunden der Marke gegenüber. Marken weisen im Vergleich zu Konkurrenzobjekten eine höhere Bekanntheit sowie ein differenzierendes Image auf, was letztlich in einer Präferenz für die Marke mündet (vgl. Baumgarth 2014, S. 5). Begriffen wird die Marke somit als Vorstellungsbild (vgl. u. a. Homburg 2015, S. 617; Meffert und Burmann 2002a, S. 24). Als typischer empirischer Beleg für Wirkungen, die Marken hervorrufen, wird der Blindtest verwendet. Hier zeigt sich beispielsweise für die Marken Coca-Cola und Pepsi eine unterschiedliche Wirkung. Bleibt die Marke verdeckt, tendieren mehr Probanden zu Pepsi, wird die Marke jedoch offen präsentiert, würden mehr Probanden Coca-Cola trinken (vgl. De Chernatony et al. 2011, S. 16).

Veränderte Rahmenbedingungen (u. a. Entwicklung der Informations- und Kommunikationsbedingungen, Konzentration des Handels) haben zu einer Weiterentwicklung des nachfragerbezogenen Ansatzes geführt. Dabei wird die Marke unter sozialpsychologischen Aspekten betrachtet. Der identitätsbezogene Ansatz erweitert die Sichtweise der Nachfragerperspektive (Außensicht) um die Perspektive des Unternehmens (Innensicht). Laut Burmann et al. (2015, S. 29) umfasst die Markenidentität „*[...] diejenigen gleichartigen Merkmale der Marke, die aus Sicht der internen Zielgruppen in nachhaltiger Weise den Charakter der Marke prägen*". Zusammenfassend wird ausgesagt, dass die Marke ein Wechselspiel zwischen Selbstbild der Marke (Markenidentität) und Fremdbild der Marke (Markenimage) ist (vgl. Meffert und Burmann 2001, S. 55). Mit der Markenidentität sind vier bestimmende Merkmale verbunden (vgl. Meffert und Burmann 2002b, S. 44 ff.):

- *Wechselseitigkeit:* Eine Identität entsteht erst durch Wechselseitigkeit, d. h. durch die Abgrenzung gegenüber Wettbewerbern.
- *Kontinuität:* Wesentliche Merkmale einer Marke sollten beibehalten werden, um die Identität zu wahren. In diesem Zusammenhang wird von essenziellen Merkmalen gesprochen (beispielsweise Markenphilosophie).

- *Konsistenz:* Für den Aufbau einer Markenidentität ist es wichtig, dass die einzelnen Elemente widerspruchsfrei miteinander kombiniert werden.
- *Individualität:* Die Merkmale einer Marke müssen durch den Kunden im Vergleich mit anderen Marken als einmalig wahrgenommen werden.

Nach der kurzen Darstellung verschiedener Definitionsansätze und damit auch Entwicklungsrichtungen des Markenbegriffs wird nun der Handelsmarkenbegriff betrachtet. Der Markenbegriff erfährt seit vielen Jahren eine Ausweitung auf unterschiedliche gesellschaftliche und wirtschaftliche Bereiche. Dies wird als Broadening bezeichnet und umfasst u. a. die Ausdehnung des Markenbegriffs auf den Handel (vgl. Meffert und Burmann 2002a, S. 30 f.). Dabei waren Handelsmarken schon weit vor dem Markenartikel anzutreffen (siehe Abschn. 1.2). Der Handelsmarkenbegriff ist ebenso wie der Begriff der Marke nicht eindeutig definiert. Die Handelsmarke wird auch als private label, private brand, own brand, own label oder Eigenmarke (des Handels) bezeichnet (vgl. Dumke 1996, S. 19). In Tab. 1.1 werden verschiedene Definitionen des Begriffs vorgestellt.

Als übereinstimmende Merkmale einer Handelsmarke können aus den Definitionen der Tab. 1.1 der exklusive Vertrieb sowie die Funktion des Handels als Markeneigner bzw. Absender der Marke angeführt werden. Diese Merkmale vernachlässigen jedoch den bereits aufgezeigten Wandel des Markenverständnisses. Viele Definitionen sind eher einem rechtlichen Ansatz zuzurechnen und gehen von Handelsmarken als Zeichen aus. Jedoch muss sich auch der Handel vielen veränderten Rahmenbedingungen stellen (siehe Abschn. 2.2), die auch ihren Niederschlag in einer veränderten Markenführung der Handelsmarken und damit verbunden einem anderen Begriffsverständnis finden müssen. Die Definition von Berentzen (2010, S. 34) macht dies bereits deutlich. Jedoch werden hier Handelsmarke und das Handelsunternehmen als Marke (Betriebstypenmarke, retailer brand oder store brand) gleichgesetzt. Diesem Ansatz wird sich nicht angeschlossen. Die Definition von Schröder (2012, S. 290) macht sowohl auf die Eigenschaft als Markeneigner als auch auf die Vermarktungskonzeption aufmerksam. Händler haben somit die Entscheidungskompetenz festzulegen, wer die Produkte vermarktet und auf welche Art und Weise das geschehen soll (u. a. Verpackung, Kommunikation, Preise). Es können die nachfolgenden bestimmenden Merkmale einer Handelsmarke festgehalten werden, die Unterschiede zwischen (Hersteller-)Marke und Handelsmarke deutlich machen (vgl. Ahlert und Kenning 2007, S. 152 f.; Mattmüller und Tunder 2004b, S. 955 f.):

- Handelsmarken weisen eine *andere Marketing-Konzeption* auf. Während Herstellermarken vor der Herausforderung stehen, sowohl den Konsumenten als auch den Händler von der Marke zu überzeugen, können Händler auf ein vertikales Marketing verzichten, da sie Inhaber der Marke sind.
- Inhaber von Handelsmarken besitzen ihre *Kompetenz in der Distribution*. Das Kerngeschäft von Herstellermarken liegt in der Produktion, während Händler ihre Kernkompetenz in der Distribution haben. Diese Unterschiede können zu einer anderen Markenpolitik führen.

Tab. 1.1 Überblick Definitionen von Handelsmarken

Autor/Autoren (Jahr)	Definition
Mellerowicz (1963, S. 63)	„Handelsmarken sind solche Artikel, die von einem Händler oder einer Handelsorganisation mit einer Marke versehen und in der Regel nur von diesen geführt werden. […] Begriffe wie Eigenmarke, Hausmarke oder Händlermarke [werden] in demselben Sinne gebraucht […]"
Dumke (1996, S. 19)	„Handelsmarken sind Güter, deren Markenzeichen sich im Eigentum eines Handelsunternehmens bzw. einer Handelsorganisation befinden. Sie unterliegen einer beschränkten Distribution und werden in der Regel nur in eigenen oder angeschlossenen Einzelhandelsbetrieben abgesetzt"
Bruhn (2001, S. 10)	„Handelsmarken sind Waren- oder Firmenkennzeichen, mit denen Handelsbetriebe Waren versehen oder versehen lassen, wodurch sie als Eigner oder Dispositionsträger der Marke auftreten"
Oehme (2001, S. 151)	„Die Handelsmarken sind die Markenartikel der Handelsunternehmen"
Schenk (2004, S. 128)	„Herstellermarken (,Markenartikel') und Handelsmarken unterscheiden sich prinzipiell weder nach Qualität noch nach bestimmten Produkteigenschaften, sondern lediglich durch die jeweilige Markeneignerschaft und durch die Disposition über die Gestaltung der Marke"
Ausschuss für Definitionen zu Handel und Distribution (2006, S. 130)	„Handelsmarken […] sind Waren- oder Firmenzeichen, mit denen eine einzelne Handelsunternehmung […] Waren markiert oder markieren lässt, um die so gekennzeichneten Waren exklusiv und im Allgemeinen nur in den eigenen Verkaufsstätten zu vertreiben"
Ahlert und Kenning (2007, S. 148)	„Eine Handelsmarke ist eine Marke, deren Markenrechte sich im Eigentum einer Handelsunternehmung befinden und mit der die jeweilige Handelsunternehmung Artikel kennzeichnet"
Lincoln und Thomassen (2008, S. 6)	„We define Private Labels as retailer brands: brands owned and sold by the retailer and distributed by the retailer"
Berentzen (2010, S. 34)	„Handelsmarken sind in der Psyche der Konsumenten verankerte Waren- und Betriebstypenzeichen, mit denen eine Handelsunternehmung Waren markiert und markieren lässt, wodurch sie als Eigner oder Dispositionsträger der Marke auftritt und die so gekennzeichneten Waren exklusiv und im Allgemeinen nur in den eigenen Verkaufsstätten vertreibt"

(Fortsetzung)

Tab. 1.1 (Fortsetzung)

Autor/Autoren (Jahr)	Definition
Schröder (2012, S. 290)	„Wenn […] von Handels-, Haus- und Eigenmarken die Rede ist oder von Weißen Produkten, Gattungsmarken, Generika, no names, private brands, generics und produits libre, dann ist damit derselbe Sachverhalt gemeint, sofern eine Handelsunternehmung bzw. Handelsorganisation Träger der Marke ist und allein über die Vermarktungskonzeption entscheiden kann"
Sattler und Völckner (2013, S. 160)	„Handelsmarken oder synonym Eigenmarken sind von Handelsunternehmen für ein bestimmtes Sortiment angebotene Marken […]. Sie sind im Gegensatz zu Herstellermarken nur eingeschränkt, d. h. nur innerhalb der Handelsgruppe, distribuiert und werden üblicherweise zu über die Zeit einheitlichen Preisen angeboten"

- Handelsmarken weisen oft eine *große Sortimentsbreite* auf. Im Unterschied zu Herstellermarken setzen Handelsunternehmen ihre Handelsmarke oft als warengruppenübergreifende Dachmarke ein. Beispiel: Das Handelsunternehmen Edeka bietet unter seiner Handelsmarke Gut&Günstig mehr als 1400 Produkte in verschiedenen Warengruppen an, von alkoholfreien Getränken über Drogerieartikel bis Wurstwaren (vgl. Edeka 2015).
- Handelsmarken haben einen *derivativen Charakter.* Insbesondere in der Vergangenheit haben Handelsmarken eher ein Mittel zum Zweck dargestellt (siehe hierzu Abschn. 1.3.3). Sie wurden beispielsweise als Möglichkeit der Optimierung der Rendite eingesetzt. Diese Sichtweise verändert sich in den letzten Jahren aber zunehmend.

Zusammenfassend können Handelsmarken demnach von Markenartikeln abgegrenzt werden (siehe hierzu Abb. 1.1). Grundsätzlich wird daraus deutlich, dass der Markenware die nicht markierte Ware gegenübersteht. Anhand des Markierungsmerkmals können Markenwaren in Handels- und Herstellermarken unterschieden werden (vgl. Schenk 2004, S. 132; Bruhn 2001, S. 10).

Die aufgezeigten Definitionen nutzend soll unter einer Handelsmarke Folgendes verstanden werden:

▶ **Handelsmarken** sind in der Psyche des Konsumenten verankerte Warenzeichen eines Handelsunternehmens. Das Handelsunternehmen ist Inhaber der Marke und kann über deren Distribution bestimmen.

Nachdem der Markenbegriff sowie unterschiedliche Definitionen der Handelsmarken erläutert wurden, folgt in Abschn. 1.2 die Auseinandersetzung mit der Entstehung von Handelsmarken. Weiterhin werden verschiedene Arten der Handelsmarken aufgezeigt.

1.2 Entstehung und Arten von Handelsmarken

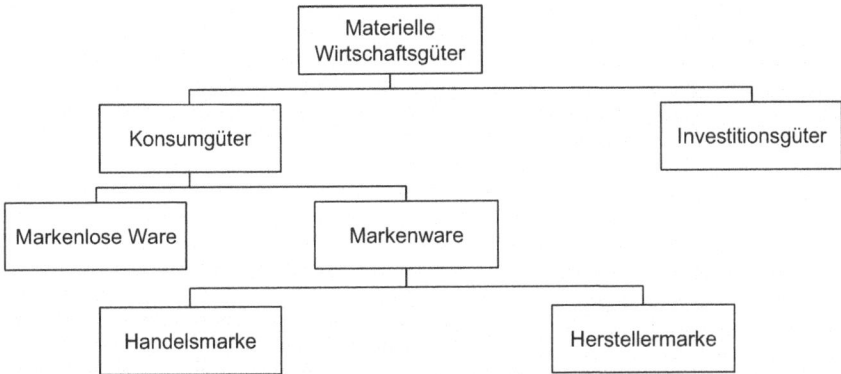

Abb. 1.1 Einordnung der Handelsmarken in das Markenwesen. (In Anlehnung an Schenk 1991, S. 321; Bruhn 2001, S. 10)

1.2 Entstehung und Arten von Handelsmarken

Handelsmarken haben ihren Ursprung im 13. Jahrhundert. Sie sind aus den sogenannten Haus- und Hofmarken hervorgegangen, welche eine Signierung der Habe der frühmittelalterlichen Stadtbevölkerung darstellten. Haus- und Hofmarken wurden im mittelalterlichen Handel zur Markierung von Willenserklärungs- und Urkundenzeichen, Eigentums- und Vermögenszeichen, Ursprungs- und Urheberzeichen sowie Gütezeichen bekannt. Dabei wurde als Kennzeichnung der Handelsmarken vorwiegend das Kreuzzeichen verwendet. Im Gegensatz dazu entstand die klassische Herstellermarke (auch Markenartikel) erst im Zuge der industriellen Massenproduktion Ende des 19. Jahrhunderts. Hersteller standen vor dem Problem, dass bedingt durch die Massenproduktion der Kontakt zum Kunden verloren ging. Der Markenartikel machte es möglich, ein markiertes Produkt durch direkte Kundenwerbung sowie den Einsatz von Werbetechniken dem Verbraucher näherzubringen und so wieder eine Bindung zum Kunden aufzubauen (vgl. Schenk 2004, S. 122). Die Marken Coca-Cola und Maggi sind beispielsweise 1886 entstanden (vgl. Bruhn 2004, S. 6). Handelsmarken finden sich bereits 1869 im Sortiment von Sainsbury's. Andere Beispiele sind die Handelsmarken Eight O'Clock Coffee 1869 von A&P aus Amerika (vgl. Eight O'Clock 2015) oder 1929 St. Michael von Marks & Spencer (vgl. Economist 2000) aus Großbritannien. Neben diesem ersten Einsatz erlebten Handelsmarken in den 1920er Jahren einen ersten Durchbruch, als Handelsunternehmen vermehrt feststellten, dass sie die Kommunikationskampagnen der Markenartikel mit einer sinkenden Handelsspanne bezahlten. Handelsunternehmen waren zu der Zeit im Vergleich zu Herstellern von Markenartikeln relativ klein und besaßen nur eine geringe Marktmacht. Handelsmarken setzten sich international nur wenig durch. Das änderte sich 1976, als das Handelsunternehmen Carrefour sogenannte *Gattungsmarken (produits libres)* einführte. Diese Gattungsmarken profilierten sich ausschließlich über den Preis, waren qualitativ nicht hochwertig und meist schlicht in ihrer Verpackung. Viele Händler nahmen diese Art Handelsmarken in ihr Sortiment auf. Infolgedessen stieg der Wettbewerb untereinander an. Ein Qualitätsimage konnten Handelsunternehmen mit den Gattungsmarken nicht aufbauen, weshalb beispielsweise Carrefour diese Mitte der 1990er Jahre wieder aus dem Sortiment nahm (vgl. Lincoln und Thomassen 2008, S. 33 ff.).

In Deutschland lassen sich die ersten Handelsmarken bis zum Beginn des 20. Jahrhunderts zurückverfolgen. Hartl (1960, S. 18) berichtet von einer Edeka Handelsmarke um 1911/1912. Insbesondere als Firmenmarken traten die Handelsmarken damals in Erscheinung und wurden durch massive Kommunikationskampagnen der Hersteller bis gegen Ende der 1950er Jahre zurückgedrängt. In den 1960er Jahren wurden Handelsmarken als Instrument zur Profilierung über den Preis entdeckt. Die Preisbindung der zweiten Hand schrieb dem Handel einheitliche Preise für Markenartikel vor, sodass Handelsmarken eine gute Möglichkeit waren, diese Preisbindung zu umgehen (vgl. Oehme 2001, S. 295). Beispielsweise wurde 1964 die Handelsmarke Privileg eingeführt (vgl. Privileg 2015). Als 1976 Carrefour Gattungsmarken einführte, übernahmen deutsche Handelsunternehmen diese Vorgehensweise schnell. 1978 wurden u. a. von Tengelmann die Gattungsmarke A&P sowie Die Sparsamen von Spar eingeführt. Der Handel verfolgte mit den Gattungsmarken insbesondere die Ziele, sich gegenüber den aufkommenden Discountern zu behaupten und Kunden an die eigene Einkaufsstätte zu binden. Eine große Bedeutung konnten Handelsmarken zu der Zeit z. B. in den Warengruppen Papier, Konserven und Kaffee erlangen. In anderen Bereichen wie Waschmittel, Feinkost oder Süßwaren besaßen Gattungsmarken eine geringe Bedeutung. Eine konsequente Markenpolitik wurde damals bei den Gattungsmarken nicht angewandt. Das Profilierungsinstrument Preis stand eindeutig im Vordergrund. Top-Marken waren zu der Zeit nicht von der positiven Entwicklung der Handelsmarken bedroht und wurden verstärkt nachgefragt. In diesem Zusammenhang wird von einer Markenpolarisierung gesprochen, da Marken mit mittlerem Qualitäts- und Preisniveau verdrängt wurden. In der zweiten Hälfte der 1980er Jahre verloren Handelsmarken u. a. aufgrund steigender Einkommen und einer verstärkten Individualisierung der Verbraucherbedürfnisse an Bedeutung. Erst durch die Wiedervereinigung Deutschlands erlebten sie eine erneute Renaissance. Sie wiesen einen verbesserten Produktauftritt und eine klare Kernkompetenz auf. Beispielsweise führte Rewe die Marken Today und Erlenhof ein. Diese Entwicklung mündete Ende der 1990er Jahre in eine zunehmende *Emanzipation der Handelsmarke*. Handelsunternehmen schufen Handelsmarken, die nicht mehr als klassisches Pendant zur Herstellermarke anzusehen waren und über eine eigene Markenidentität verfügten. Dies wird als Premium-Handelsmarke bezeichnet (vgl. Schenk 2004, S. 122 f.; Bruhn 2001, S. 13 ff.; Bruhn 1996, S. 9 f.; Pretzel 1996, S. 127 f.). Zusammenfassend können somit drei Entwicklungsstufen der Handelsmarke festgehalten werden, die gleichzeitig Möglichkeiten der Positionierung von Handelsmarken darstellen (vgl. Ahlert und Kenning 2007, S. 155; Bruhn 2001, S. 11): Gattungsmarke, klassische Handelsmarke und Premium-Handelsmarke. Diese werden in der Tab. 1.2 anhand verschiedener Merkmale einander

1.2 Entstehung und Arten von Handelsmarken

Tab. 1.2 Entwicklungsstufen von Handelsmarken. (In Anlehnung an Berentzen 2010, S. 43 ff.; Lincoln und Thomassen 2008, S. 100 f.; Ahlert und Kenning 2007, S. 154 ff.; Mattmüller und Tunder 2004a, S. 229 ff.; Schenk 2004, S. 122 ff.; Bruhn 2001, S. 10 ff.; Dölle 2001, S. 134 f.; Dumke 1996, S. 34 ff.)

Kriterien	Gattungsmarke	Klassische Handelsmarke	Premium-Handelsmarke
Andere Bezeichnungen	No-Names, Generika, generics, weiße Ware, Discount-Handelsmarken	Me-too-Marken, Copy-Cat, Pseudomarken	Gestalt-, Pionier-, Profilierungs- oder Leadmarken
Produkte	Basisprodukte des täglichen Lebens	Großvolumige Einzelartikel	Große Kategorien und imagebildende Produkte
Preislage	Preiseinstieg (im Lebensmitteleinzelhandel Orientierung am Aldi-Preis)	Unterhalb des Marktführers	Oberhalb des Marktführers
Qualität/Image	Sicherung einer Mindestqualität	Vergleichbar mit Zweit- und Drittmarken (sog. Mitte-Marken), aber mitunter geringer wahrgenommen	Besser oder genauso gut wie Marke
Kaufmotivation	Preis	Preis-Leistung	Zusatznutzen
Einsatzgebiete im Handel	Abbildung eines Preiseinstiegssortiments meist als Alternative zu Discountern	Reduzierung der Sortimentskomplexität	Positionierung
Gestaltung	Einfache Produktgestaltung, bewusster Verzicht auf differenzierungsfähige Produktmerkmale	Häufig Imitation von Farbe, Logo und Verpackung von Marken	Eigenständige Gestaltung und Führung der Marke
Beispiele	TiP (real,-), Gut & Günstig (Edeka), ja! (Rewe); Ratskrone (Edeka)	real,- quality, Today (Rewe und Penny), Viva Vital (Netto Markendiscount), Eldena (Aldi Nord), River (Aldi Nord)	real,- selection, Edeka Bio, Edeka La France Rewe Feine Welt, Rewe Bio, Bio Sonne (Norma), Penny to go; Unser Norden (coop)

gegenübergestellt (vgl. Berentzen 2010, S. 43 ff.; Ahlert und Kenning 2007, S. 154 ff.; Mattmüller und Tunder 2004a, S. 229 ff.; Schenk 2004, S. 122 ff.; Bruhn 2001, S. 10 ff.; Dölle 2001, S. 134 f.; Dumke 1996, S. 34 ff.):

- *Gattungsmarken* zeichnen sich durch eine einfache Produktgestaltung aus und werden häufig insbesondere durch Verbrauchermärkte und SB-Warenhäuser als Discountalternative benutzt. Die Produktgestaltung ist meist einfach gehalten. Gattungsmarken werden häufig in Produktgruppen mit geringem Einkaufsrisiko eingesetzt, sollten selbsterklärend und modeunabhängig sein. Es handelt sich bei den Gattungsmarken nicht um anonyme Ware, da eine minimale Markierung vorhanden ist. Heute werden häufig Dachmarken genutzt, um das gesamte Preiseinstiegssortiment zu kennzeichnen.

Praxisbeispiel: real,- SB-Warenhaus Marke ohne Namen

Im Oktober 2013 führte das SB-Warenhaus real,- eine neue Gattungsmarke ein. Um die Glaubwürdigkeit der Preisstellung der Marke zu kommunizieren, wurde sogar auf einen Namen verzichtet. Weiterhin ist die gestalterische Aufmachung der Produkte sehr schlicht und einfach gehalten. Die Verpackung ist in einem auffälligen Gelb gestaltet. Die Produktqualität zeichnet sich durch einen gewissen Mindeststandard aus (vgl. Presseportal 2014). Die Handelsmarke weist damit eine hohe Ähnlichkeit zu den ersten Gattungsmarken in den 1970er Jahren auf.

- *Klassische Handelsmarken* sind vergleichbar mit den Zweit- und Drittmarken (Mitte-Marken) der Hersteller. Unter Zweit- oder Drittmarken werden Marken verstanden, die von einem Hersteller neben seiner Hauptmarke aufgebaut werden. Hersteller verfolgen damit u. a. die Strategie, den Markt nicht nur mit einer Marke zu bearbeiten, und können damit mehr Konsumenten erreichen. Beispiele für Zweit- bzw. Drittmarken sind Spee oder Weißer Riese des Unternehmens Henkel mit der Hauptmarke Persil. Die klassische Handelsmarke wird häufig zur Reduzierung der Sortimentskomplexität eingesetzt. Als Discounter die Preisbindung der zweiten Hand umgehen mussten, haben sie klassische Handelsmarken eingesetzt und häufig die Verpackung, das Logo und andere Elemente des Herstellers kopiert. Daher wurden sie auch als Me-too- oder Pseudomarken bezeichnet. Ferner wurden häufig Fantasienamen benutzt. Beispielsweise heißt die Kaffeemarke von Norma Rösta. Die Verpackungsgestaltung erinnert sehr stark an die von Jacobs Filterkaffee. Preislich sind klassische Handelsmarken unter der Herstellermarke angesiedelt. Konsumenten kaufen die Produkte aufgrund des Preis-Leistungs-Verhältnisses.
- *Premium-Handelsmarken* sind seit den 1990er Jahren zunehmend im Einsatz. Im Vordergrund steht bei diesen Handelsmarken weder ein sehr günstiger Preis noch eine Imitation von Marken. Vielmehr führt der Handel seine Marke nach den modernen Grundsätzen der Markenführung und schafft für den Konsumenten einen Zusatznutzen. Damit besteht eine noch bessere Möglichkeit der Positionierung.

1.2 Entstehung und Arten von Handelsmarken

Im Folgenden wird erläutert, wie der Erfolg der Handelsmarken erklärt werden kann. In der Literatur werden dazu drei Ansätze unterschieden: konjunktur-, verbraucher- und wettbewerbsbezogene Ansätze (vgl. Ahlert et al. 2001, S. 246). Diese werden im Nachfolgenden kurz vorgestellt.

Der konjunkturbezogene Erklärungsansatz stellt die Hypothese in den Mittelpunkt, dass der Marktanteil der Handelsmarken von der konjunkturellen Lage abhängig ist. Folglich führt ein konjunktureller Abschwung zu einem steigenden Marktanteil der Handelsmarken, da Konsumenten weniger Einkommen zur Verfügung haben und Handelsmarken aufgrund des Preisabstandes zur Herstellermarke attraktiver wirken. In Phasen des wirtschaftlichen Aufschwungs verläuft diese Entwicklung entgegengesetzt und Konsumenten sollten wieder vermehrt zu Herstellermarken greifen (vgl. Hoch und Banerji 1993, S. 58 f.; Kornobis 1997, S. 239; Lamey et al. 2007). Lamey et al. (2007) untersuchen über einen Zeitraum von mehr als 20 Jahren die Entwicklung der Marktanteile von Handelsmarken und des Bruttoinlandsprodukts in Amerika, Belgien, Deutschland und Großbritannien. Sie bestätigen grundsätzlich den Zusammenhang der konjunkturellen Entwicklung und des Handelsmarkenanteils, weisen aber darauf hin, dass Veränderungen des Bruttoinlandsprodukts ein asymmetrisches Verhältnis zwischen dem Umfang und der Geschwindigkeit des Auf- und Abstiegs des Handelsmarkenanteils hervorbringen. Demnach ist der Handelsmarkenanteil nicht im gleichen Maß rückläufig, wie es der wirtschaftliche Aufschwung einer Volkswirtschaft vermuten lassen würde. Kunden greifen in wirtschaftlich schwierigen Zeiten schneller zu Handelsmarken. Sie verändern dieses Verhalten in Zeiten des wirtschaftlichen Aufschwungs jedoch langsamer. Kunden, die während der wirtschaftlichen Krise zu Handelsmarken gegriffen haben, bleiben somit offensichtlich auch nach der wirtschaftlichen Erholung bei ihrer Wahl (vgl. Lamey et al. 2007, S. 11). Die Aussagen des konjunkturellen Erklärungsansatzes können jedoch nicht pauschal auf alle Arten von Handelsmarken übertragen werden. Es ist beispielsweise denkbar, dass Premium-Handelsmarken nicht im gleichen Ausmaß von konjunkturellen Entwicklungen betroffen sind wie Gattungs- oder klassische Handelsmarken (vgl. Berentzen 2010, S. 39 f.; Ahlert et al. 2001, S. 249).

Der verbraucherbezogene Erklärungsansatz sieht in Veränderungen des Kaufverhaltens der Konsumenten den Grund für den Erfolg von Handelsmarken. Als Ursachen werden das hybride Kaufverhalten der Konsumenten und die sinkende Markentreue benannt (vgl. Ahlert et al. 2001, S. 249 f.). Konsumenten weisen heute ein zunehmendes Preisbewusstsein auf und hinterfragen den Preis von Markenartikeln stärker. Unterstützt wird diese kritische Haltung von zahlreichen Ergebnissen u. a. der Stiftung Warentest, die Handelsmarken eine vergleichbare oder bessere Qualität als Markenprodukten zuschreiben (siehe Praxisbeispiel). In Untersuchungen zeigte sich, dass das Preisbewusstsein der Konsumenten einen Einfluss auf die Einstellung zu Handelsmarken bzw. den Kauf generell hat (vgl. Glynn und Chen 2009; Garretson et al. 2002; Batra und Sinha 2000). Das Phänomen des Smart Shoppers (siehe Abschn. 2.2.3) hat dabei keinen bzw. einen geringen Einfluss auf den Kauf von Handelsmarken. Smart Shopper sind eher an Preisreduzierungen für Markenprodukte interessiert (vgl. Garretson et al. 2002, S. 97).

> **Praxisbeispiel: Stiftung Warentest Geschirrspültabs**
> Die Stiftung Warentest untersuchte im Jahr 2010 verschiedene Geschirrspültabs. Sieger des Tests waren Tabs der Marke Somat 9 (Note 2,1). Gleich dahinter waren jedoch Produkte von Aldi und Lidl platziert. Akuta komplett bzw. Alio complete (Aldi Nord bzw. Aldi Süd) sowie W5 All-in-1 (Lidl) schnitten mit einer Gesamtnote von 2,2 ähnlich gut wie Somat ab. Dabei muss jedoch der Preisunterschied bedacht werden: 5,60 EUR (Somat) vs. 2,99 EUR (Handelsmarken). Weiterhin ist der Packungsinhalt unterschiedlich. Somat hat 24 Tabs je Packung, die Handelsmarken 40 Tabs je Packung. Ein Spülgang mit Somat kostet demnach 0,23 EUR gegenüber 0,07 EUR mit den Handelsmarken bei einem nahezu vergleichbaren Ergebnis (vgl. Test 2010).

Schließlich geht der wettbewerbsbezogene Erklärungsansatz davon aus, dass Veränderungen im Handel zum Erfolg von Handelsmarken geführt haben. Demnach sind Veränderungen im Wettbewerb ursächlich dafür, dass Handelsunternehmen sich immer mehr Marken-Know-how aneignen, welches zur Führung der eigenen Handelsmarken eingesetzt wird. Eine Markenstrategie ist bei vielen Handelsunternehmen deutlich erkennbar und die Führung der eigenen Marken wird professionalisiert. Somit verfolgen Handelsunternehmen in Bezug auf ihre Handelsmarken konkrete Ziele und Strategien (vgl. Ahlert et al. 2001, S. 251). Auf den Prozess des Handelsmarkenmanagements wird in Kap. 2 näher eingegangen.

1.3 Bedeutung von Handelsmarken

1.3.1 Aus Konsumentensicht

Die Bedeutung der Handelsmarken aus Konsumentensicht spiegelt sich am ehrlichsten im Kaufverhalten der Kunden wider. Hierzu ist beispielsweise ein Rückgriff auf Paneldaten möglich. Abb. 1.2 macht deutlich, dass der Marktanteil der Preiseinstiegs-Handelsmarken seit 2007 nahezu unverändert zwischen 24 und 25 % liegt. Eine positive Entwicklung verzeichnen Mehrwert-Handelsmarken, die 2014 auf einen Marktanteil von 13,2 % kommen. Diese positive Entwicklung geht zulasten der Herstellermarken, wobei insbesondere Zweit- und Drittmarken Marktanteile verlieren. Im Jahr 2014 betrug der Marktanteil der Herstellermarken in Deutschland 62,2 % (vgl. GfK 2015, S. 5).

Aus Konsumentensicht können folgende Faktoren identifiziert werden, die einen *Einfluss auf den Kauf einer Handelsmarke* haben (vgl. GfK Compact 2010; Glynn und Chen 2009; Kaapke 2005, S. 149; Koppe 2003, S. 57; Batra und Sinha 2000; Burton et al. 1998, S. 300 ff.; Dumke 1996, S. 60):

- *Kaufrisiko*
  Konsumenten kaufen Handelsmarken insbesondere dann, wenn das empfundene Kaufrisiko gering ist. Wenn mit dem Kauf demnach ein geringerer Fehler gemacht

1.3 Bedeutung von Handelsmarken

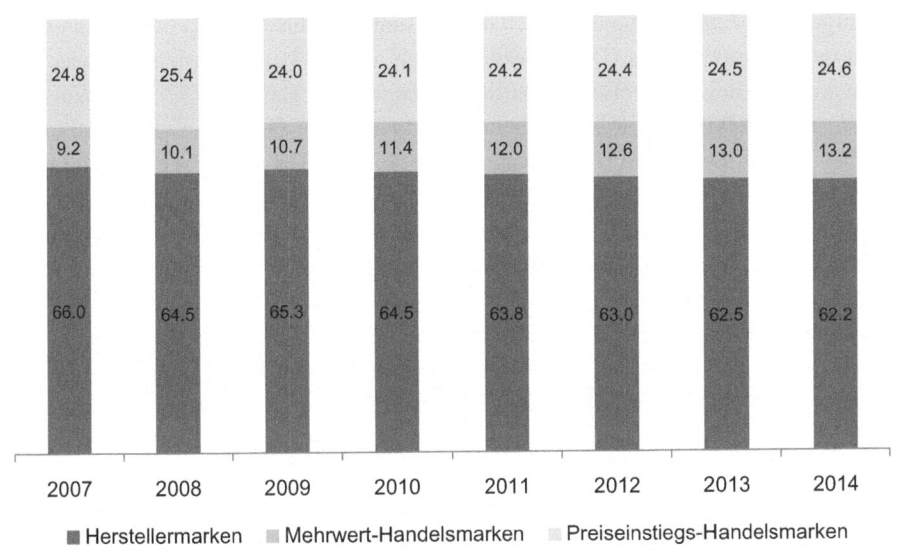

Abb. 1.2 Entwicklung der Marktanteile von Marken. (In Anlehnung an GfK 2015, S. 5)

werden kann. Beispielsweise wollen Konsumenten für Zahncreme, Shampoo oder Gesichtscreme aufgrund des direkten Körperkontakts und des damit verbundenen Risikos eher einen Fehlkauf vermeiden. Bei Aluminiumfolie oder Gemüsekonserven fällt diese Risikobewertung deutlich anders aus. Das wahrgenommene Kaufrisiko von Handelsmarken hängt u. a. vom Prestigewert der Warengruppe (z. B. Champagner), von der Leichtigkeit der Qualitätsbeurteilung (Parfüm vs. Toilettenpapier) und der Körpernähe des Produktes (Lippenstift vs. Haushaltstücher) ab.

- *Anteil von Such- und Erfahrungseigenschaften*
  Weiterhin werden Handelsmarken eher gekauft, wenn das Produkt über mehr Such- als Erfahrungseigenschaften verfügt, wenn also mehr Eigenschaften eines Produktes vor dem Kauf beurteilt werden können.
- *Preisbewusstsein und Involvement der Kunden*
  Ein hohes Preisbewusstsein sowie ein niedriges Involvement der Kunden sind weitere Einflussfaktoren auf den Kauf von Handelsmarken.
- *Soziodemografische Faktoren*
  In vielen Studien wurde der Einfluss soziodemografischer Faktoren auf den Kauf einer Handelsmarke untersucht. Dabei zeigen sich aber sehr inkonsistente Ergebnisse. Übereinstimmend zeigen jedoch mehrere Studien, dass die Größe der Familie und das zur Verfügung stehende Einkommen den Kauf von Handelsmarken beeinflussen.
- *Impulsives Kaufverhalten und Markenloyalität*
  Ebenso zeigt sich, dass Handelsmarken weniger impulsiv und eher von weniger markenloyalen Kunden gekauft werden.

Das aufgezeigte Entscheidungsmuster von Konsumenten für Handelsmarken kann zum Teil in den Umsatzanteilen (Daten beziehen sich auf 2013) je Warengruppe wiedergefunden werden. Beispielsweise weisen die Warengruppen Käse SB (57,3 %), Wurst SB (56,5 %) und Tiefkühlkost (54,3 %) hohe Marktanteile für Handelsmarken im Lebensmittelbereich auf. Diese sind für Süßwaren (30,9 %) oder Bier (12,7 %) bedeutend geringer. Im lebensmittelnahen Bereich zeigen die Warengruppen Papierhygiene (69,4 %) und Tierfutter und -hygiene (56,1 %) besonders hohe Marktanteile für Handelsmarken auf, während bei Mund- (13,6 %) oder Haarpflege (8,5 %) seltener zu Handelsmarken gegriffen wird (vgl. Nielsen 2015).

Zusammenfassend werden die Funktionen von Handelsmarken aus Konsumentensicht erläutert. Neben den bereits angesprochenen Funktionen einer Marke (siehe Abschn. 1.1) ist insbesondere der *Erwerb von* preisgünstigen Produkten anzuführen. 76 % der Deutschen sehen im Kauf von Handelsmarken eine Möglichkeit, gute Qualität zu einem guten Preis zu erstehen. 88 % geben an, dass die Qualität von Handelsmarken genauso gut wie die der Herstellermarken ist (vgl. MetrixLab 2014). Der POS-Marketing Report 2016 weist in seiner aktuellen Studie aus, dass rund 50 % der Deutschen davon ausgehen, dass es spürbare Qualitätsunterschiede zwischen Handels- und Herstellermarken gibt. Weiterhin wird ausgewiesen, dass knapp zwei Drittel der Kunden lieber zu einer günstigen Marke eines Händlers als zu einer Herstellermarke greifen (vgl. Lebensmittelzeitung 2016). Damit wird deutlich, dass Kunden sehr wohl wissen, dass das Preis-Leistungs-Verhältnis der Handelsmarken besser ist. Ein Qualitätssignal wird aber eindeutig eher von der Herstellermarke ausgestrahlt. Das empfundene Preis-Leistungs-Verhältnis ist somit für den Konsumenten entscheidend (vgl. Kaapke 2005, S. 149). Das macht deutlich, dass eine zweite Funktion von Handelsmarken der Erwerb von Produkten mit einer gleichbleibenden Qualität ist. Darauf aufbauend besteht die Option, dass Konsumenten den Kauf von Herstellermarken durch den Kauf von Handelsmarken substituieren. Weiterhin stellen Handelsmarken eine Möglichkeit dar, die Treue zu einer Einkaufsstätte zu vereinfachen. Immerhin geben 44 % der Deutschen an, dass die Auswahl von Handelsmarken ein wichtiges Kriterium für die Wahl der Einkaufsstätte ist (vgl. MetrixLab 2014). Durch die Schaffung von Premium-Handelsmarken und damit verbunden das Angebot von innovativen Produkten kann der Konsument die vorhandenen Auswahlmöglichkeiten ergänzen und das Einkaufserlebnis steigern (vgl. Bruhn 1996, S. 14; Bruhn 2001, S. 27; Schwertfeger 2012, S. 157).

1.3.2 Aus Herstellersicht

Handelsmarkenprodukte müssen produziert werden. Grundsätzlich können Handelsunternehmen ihre Handelsmarken über Hersteller beschaffen oder selbst als Hersteller tätig werden. Letzteres gewinnt immer mehr an Bedeutung, wie Beispiele von Edeka oder Lidl aus dem Lebensmittelbereich zeigen.

Praxisbeispiel: Eigenproduktion Lidl und Edeka

Der Discounter Lidl hat im Jahr 2008 angekündigt, eine eigene Schokoladenfabrik zu bauen. Das Unternehmen wollte sich unabhängiger von Herstellern machen. Letztlich können damit eigene Sortimentsstrategien besser verwirklicht werden. Im Jahr 2010 wurde die Schokoladenfabrik eröffnet. Pro Jahr werden etwa 280 Mio. Tafeln Schokolade produziert (vgl. Wer zu Wem 2015). Auf der Seite der Fabrik heißt es dazu: „Als Hersteller von Handelsmarken höchster Qualität streben wir die Kostenführerschaft an. Durch fortschrittliches, nachhaltiges Wirtschaften und schonenden Umgang mit natürlichen Ressourcen schaffen wir die Grundlage für Erfolg und Wachstum. Ein verantwortungsvolles Miteinander leitet dabei stets unser Handeln. […] Der Vertrieb unserer Erzeugnisse erfolgt exklusiv in den Filialen unseres festen Partners Lidl" (Solent GmbH & Co. KG 2014). Im Jahr 2012 eröffnete Lidl auf dem Produktionsgelände eine Brotfabrik, die Brot und Brötchen für die Backstationen von Lidl herstellt (vgl. Bonback GmbH & Co. KG 2014). Diese Produktionsanlage dürfte eine wichtige Voraussetzung für die starke Expansion des Discounters in der Warengruppe Backwaren gewesen sein.

Die Edeka-Gruppe besitzt auch eigene Produktionsstätten, u. a. für Fleisch, Backwaren sowie Fruchtsaft. Als Motivation wird geäußert, dass es für einige Produkte bereits nur noch zwei Lieferanten gebe. Es bestehe die Gefahr, in eine einseitige Abhängigkeit zu kommen, die Edeka vermeiden möchte (vgl. Focus 2014).

In den meisten Fällen übernehmen Hersteller, und nicht das Handelsunternehmen selbst, die Produktion. Dabei besitzen Handelsmarken für den Hersteller die nachfolgenden *Funktionen*. Durch die Produktion von Handelsmarken hat der Hersteller die Möglichkeit, Überkapazitäten abzubauen. Durch höhere Produktionsmengen können sich Erfahrungskurveneffekte einstellen und weitere Kostenverbesserungen eintreten. Ebenso besteht die Möglichkeit, eine Mehrproduktstrategie aufzubauen. Durch die zusätzliche Produktion von Handelsmarken neben den eigenen Herstellermarken besteht die Chance, das Absatzpotenzial zu erweitern und die eigene Abhängigkeit von der Herstellermarke zu verringern (vgl. Bruhn 1996, S. 14). Ein Hersteller wird sich nicht nur aufgrund der Möglichkeit, das Risiko zu reduzieren, zur Produktion von Handelsmarken entschließen, sondern auch dann, wenn er nicht auf einem monopolistischen Markt agiert (vgl. Dumke 1996, S. 62).

Falls Hersteller neben eigenen Produkten auch Handelsmarken produzieren, besteht immer die Gefahr, dass Konsumenten die zweigleisige Produktion entdecken. Damit verbunden sind dann oftmals Fragen, ob die Handelsmarke wirklich aus anderen Bestandteilen besteht als das Markenprodukt. Verschiedene Publikumszeitschriften decken immer wieder für Konsumenten die Hersteller hinter den Marken auf. Darüber hinaus existieren zu diesen Themen zahlreiche Bücher und Internetseiten. Dabei wird oftmals deutlich, dass die verschiedenen Handelsmarken von denselben Produzenten (siehe Praxisbeispiel Warenrückruf) hergestellt und gleichzeitig auch mehrere Handelsmarken produziert werden.

> **Praxisbeispiel: Warenrückruf**
> Das Unternehmen Hans Freitag veröffentlichte am 21.06.2014 einen Warenrückruf. Kekse sollten aufgrund von Metallkörpern im Produktionsprozess lieber nicht gegessen werden. Betroffen waren Gebäck- und Waffelmischungen von Biscotto (Aldi Nord), Unser Norden (Coop), Gut & Günstig (Edeka), Biscoteria (Netto Markendiscount), Delicia (Norma) und TiP (real,-) (vgl. Freitag-Meyer 2014). Das Beispiel macht sehr eindrucksvoll deutlich, dass viele große Handelsunternehmen bei ein und demselben Produzenten fertigen lassen und zwischen den Handelsmarken objektiv kaum ein Unterschied bestehen dürfte.

1.3.3 Aus Handelssicht

Im Rahmen von Abschn. 1.2 wurde bereits angesprochen, dass die Motivation, Handelsmarken anzubieten, u. a. darin gesehen werden kann, den Kunden eine Discountalternative zu bieten. Grundsätzlich besitzen Handelsmarken in den verschiedenen Betriebsformen des Handels eine unterschiedliche Bedeutung. Typischerweise weist die Betriebsform Discounter einen hohen Anteil an Handelsmarken auf (69,2 %). Verbraucher-/Supermärkte sowie SB-Warenhäuser fokussieren sich in ihrer Sortimentspolitik stärker auf Markenprodukte, sodass der Handelsmarkenanteil bei 21,4 % bzw. 18 % liegt (vgl. GfK 2013).

Aus Sicht der Handelsunternehmen weisen Handelsmarken verschiedene *Funktionen* auf. Grundsätzlich können Handelsunternehmen über Handelsmarken ein eigenständiges Sortimentsprofil erzeugen. Darauf aufbauend ist eine Profilierung gegenüber den Wettbewerbern möglich. Mit der Handelsmarke besteht auch die Möglichkeit, innovative Produkte zu entwickeln, die es bislang in dieser Form noch nicht gab (vgl. Bruhn 2001, S. 27 f.; Schenk 2001, S. 83). Das Praxisbeispiel der Handelsmarke alverde von dm beweist das sehr anschaulich.

> **Praxisbeispiel: alverde**
> Das Unternehmen dm Drogeriemarkt führte bereits im Jahr 1989 die Handelsmarke alverde für den Sortimentsbereich Naturkosmetik ein. Das Unternehmen war damit Vorreiter der Branche und sicher auch Wegbereiter für die Naturkosmetik. Die Handelsmarke umfasst Kosmetikprodukte, die frei von synthetischen Duft-, Farb- und Konservierungsstoffen sind. Sie gehört zu den am meisten verkauften Naturkosmetik-Marken in Deutschland (vgl. dm 2011).

Neben dem eigenständigen Sortimentsprofil werden Handelsmarken auch zur Dokumentation der preislichen Leistungsfähigkeit genutzt. Ferner stellen sie eine Möglichkeit dar, einen Gegenpol zu anderen Betriebsformen zu bilden (vgl. Bruhn 2001, S. 27 f.; Schenk 2001, S. 83). Häufig bewerben Handelsunternehmen gerade die Gattungsmarken als sogenannte Discountalternativen und vollziehen Preisänderungen von Discountern sofort nach, wie das Beispiel Rewe beweist.

1.3 Bedeutung von Handelsmarken

Praxisbeispiel: Rewe Tiefpreiskontrolle

Im Jahr 2010 bewarb das Unternehmen Rewe seine Gattungsmarke ja! mit einer täglichen Tiefpreiskontrolle. In großen Werbeanzeigen wurde ausgesagt, dass alle Artikel der Handelsmarke täglich mit deutschen Discountern verglichen werden und der Preis nach unten angepasst wird (vgl. Presseportal 2010).

Die Aufnahme von Handelsmarken in das Sortiment stellt für Handelsunternehmen grundsätzlich eine Möglichkeit der Verbesserung des Einkaufsstättenimages dar. Weiterhin besteht die Chance, Konsumenten über die Handelsmarke an die Einkaufsstätte zu binden (vgl. Kaapke 2005, S. 147 f.). Handelsmarken werden auch als Mittel zur Spannensicherung und Ertragssteigerung eingesetzt (vgl. Bruhn 2001, S. 27 f.; Schenk 2001, S. 83). Bei der Produktion von Handelsmarken wird die Tätigkeit des Herstellers auf die Kernfunktion der Produktion reduziert. Einige Hersteller entsprechen dabei dem Wunsch der Handelsunternehmen nach günstigen Handelsmarken und kalkulieren die Auslastung freier Produktionskapazitäten nur auf Teilkostenbasis. Es wird somit auf die volle Deckung der Fixkosten verzichtet. Weitere Kostenunterschiede entstehen, da keine bzw. geringere Vermarktungskosten (u. a. Kosten für Werbung und Verkaufsförderung) existieren. Die Vermarktungskosten stellen bei Markenprodukten einen großen Kostenblock dar. Gerade beim Wegfall dieser Kosten wird ein wesentlicher Kalkulationsunterschied zwischen Hersteller- und Handelsmarken gesehen (vgl. Vanderhuck 2001, S. 115 ff.). Ailawadi und Harlam (2004, S. 155 ff.) weisen in ihrer Studie nach, dass die prozentuale Spanne von Handelsmarken höher ist als von Herstellermarken. Die Betragsspanne muss das aber aufgrund des niedrigen Preises der Handelsmarke nicht sein. Damit der gleiche Gewinn wie mit der Herstellermarke erzielt werden kann, muss demnach mehr Absatz generiert werden. Die Abb. 1.3 verdeutlicht die Aussagen noch einmal.

Dabei muss bedacht werden, dass die Aussage insbesondere für Kunden, die überwiegend Handelsmarken kaufen, nicht stimmt. Forschungsergebnisse von Bauer et al. (2004) zeigen, dass Kunden, die als starke Handelsmarken-Käufer charakterisiert werden können, der Einkaufsstätte gegenüber nicht treu sind. Im Gegenteil, diese Kunden haben eher erkannt, dass sie mit Handelsmarken Geld sparen können, und sind eher generell Handelsmarken gegenüber treu. Werden zusätzlich keine Qualitätsunterschiede zwischen den Handelsmarken festgestellt, ist es wahrscheinlich, dass Kunden eher zum Discounter abwandern (vgl. Bauer et al. 2004, S. 23; Ailawadi und Harlam 2004, S. 162).

Es wird also deutlich, dass die Treue zur Einkaufsstätte durch Handelsmarken bei Kunden mit einem sehr hohen Anteil an Handelsmarken nicht hergestellt werden kann.

Entscheidet sich ein Handelsunternehmen für die Einführung von Handelsmarken, sind verschiedene Erfolgsfaktoren identifizierbar (vgl. Schenk 2001, S. 84; Bruhn 1996, S. 28; Dumke 1996, S. 55 f.):

- hohes Qualitätsniveau der Ware,
- gewisse Unternehmensgröße,
- nötige Finanzkraft,

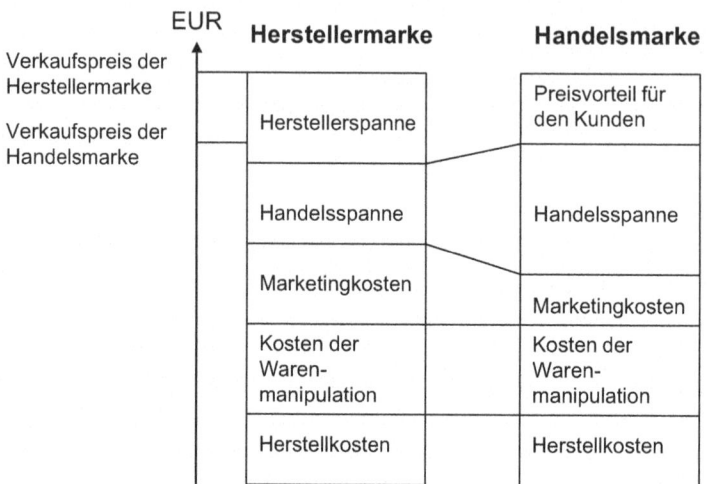

Abb. 1.3 Vergleich der Kostenblöcke von Hersteller- und Handelsmarke. (In Anlehnung an Ahlert et al. 2000, S. 44)

- geeignete Organisationsstruktur mit integrativem Handelsmarkenmanagement,
- Harmonie mit den übrigen Maßnahmen des Handelsmarketings,
- Harmonie mit der Corporate Identity,
- beschaffungswirtschaftliche Voraussetzungen,
- permanente Erfolgskontrolle,
- geringer Preiswettbewerb zwischen Marken (vgl. Raju et al. 1995) und
- hohe Preissensibilität der Kunden bezüglich Marke und Handelsmarke (vgl. Raju et al. 1995).

1.4 Zusammenfassung

Das erste Kapitel des Buches hat sich mit der Abgrenzung der Begriffe Marke und Handelsmarke beschäftigt. Weiterhin wurden Entwicklungsrichtungen von Handelsmarken aufgezeigt sowie die Bedeutung der Handelsmarken aus Sicht der Konsumenten, Hersteller und Händler betrachtet. Im zweiten Kapitel dieses Buches erfolgt eine intensive Auseinandersetzung mit dem Management von Handelsmarken.

Abschließend werden verschiedene Einflussfaktoren des Handelsmarkenmanagements vorgestellt, die im nachfolgenden Kapitel intensiver betrachtet werden (siehe Abb. 1.4). Grundsätzlich können interne und externe Faktoren, die das Handelsmarkenmanagement beeinflussen, unterschieden werden. Zu den externen Faktoren gehören u. a. Faktoren der ökonomischen Umwelt, des Wettbewerbs oder verbraucherbezogene Einflüsse. Interne Faktoren sind beispielsweise die Investitionen in die Handelsmarke, die Warengruppe oder die gewählte Handelsmarkenstrategie.

1.4 Zusammenfassung

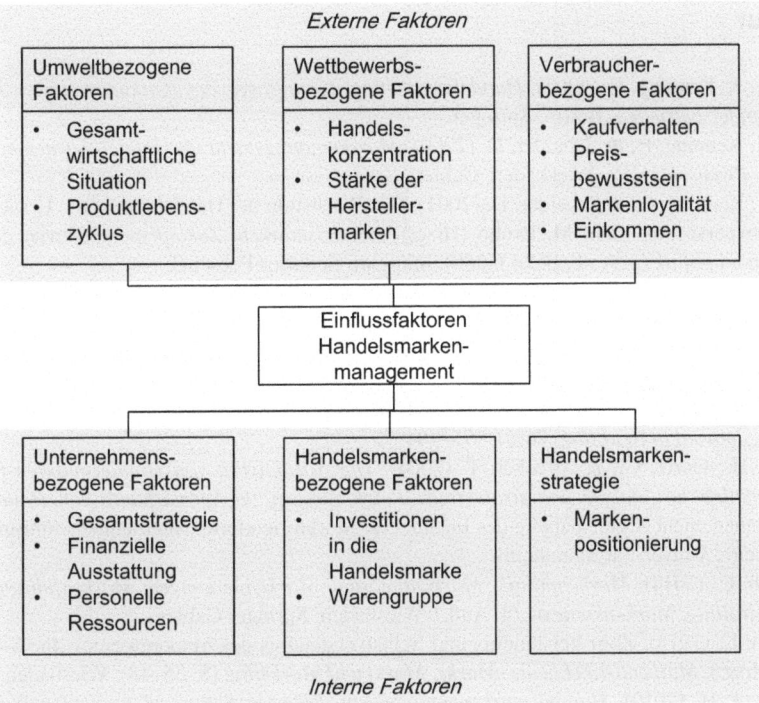

Abb. 1.4 Einflussfaktoren des Handelsmarkenmanagements. (In Anlehnung an Sattler und Völckner 2013, S. 163)

> **Aufgaben zur Wiederholung und Vertiefung**
> 1. Ordnen Sie den verschiedenen Definitionen aus Tab. 1.1 die Sichtweisen des Markenbegriffs zu. Versuchen Sie anschließend zu begründen, warum bestimmte Sichtweisen im Handel eine geringere Bedeutung gespielt haben.
> 2. Beschreiben Sie die Entwicklung der Handelsmarken. Führen Sie zu den jeweiligen Handelsmarkentypen Beispiele an.
> 3. Untersuchen Sie für drei selbst gewählte Markenproduzenten, ob diese Handelsmarken produzieren. Falls ja, kaufen Sie das Markenprodukt und das Handelsmarkenprodukt und führen Sie einen Geschmackstest durch.
> 4. Welche Funktionen besitzen Handelsmarken aus Konsumenten-, Hersteller- und Handelsperspektive?
> 5. Ordnen Sie die verschiedenen Funktionen von Handelsmarken aus Handelssicht den drei Entwicklungsstufen der Handelsmarken zu. Welche Handelsmarkentypen sind für welche Funktionen geeignet, weniger geeignet oder ungeeignet?
> 6. Vergleichen Sie den Preis eines beliebigen Markenproduktes und einer vergleichbaren Handelsmarke. Erklären Sie, warum es zu Preisunterschieden kommt.

Literatur

Ahlert, D., & Kenning, P. (2007). *Handelsmarketing. Grundlagen der marktorientierten Führung von Handelsbetrieben*. Berlin: Springer.

Ahlert, D., Kenning, P., & Scheider, D. (2000). *Markenmanagement im Handel. Strategien – Konzepte – Praxisbeispiele*. Wiesbaden: Gabler.

Ahlert, D., Kenning, P., & Scheider, D. (2001). Das Wachstum der Handelsmarken – Ursachen und Zukunftsperspektiven. In M. Bruhn (Hrsg.), *Handelsmarken. Zukunftsperspektiven der Handelsmarkenpolitik* (3. Aufl., S. 243–260). Stuttgart: Schäffer-Poeschel.

Ailawadi, K. L., & Harlam, B. (2004). An empirical analysis of the determinants of retail margins. The role of store-brand share. *Journal of Marketing, 68*(1), 147–165.

Ausschuss für Definitionen zu Handel und Distribution. (2006). *Katalog E, Definitionen zu Handel und Distribution* (5. Aufl.). Köln: ifH.

Batra, R., & Sinha, I. (2000). Consumer-level factors moderating the success of private label brands. *Journal of Retailing, 76*(2), 175–191.

Bauer, H. H., Görtz, G., & Strecker, T. (2004). *Die Attraktivität von Handelsmarken-Käufern. Eine empirische Analyse und strategische Empfehlungen zur Vermarktung von Handelsmarken*. Management Arbeitspapiere des Instituts für Marktorientierte Unternehmensführung, M92. Mannheim: Universität Mannheim.

Baumgarth, C. (2014). *Markenpolitik. Markentheorien, Markenwirkungen, Markenführung, Markencontrolling, Markenkontexte* (4. Aufl.). Wiesbaden: Springer Gabler.

Berekoven, L. (1978). Zum Verständnis und Selbstverständnis des Markenwesens. In C.-A. Andreae (Hrsg.), *Markenartikel heute. Marke, Markt und Marketing* (S. 35–48). Wiesbaden: Gabler.

Berentzen, J. B. (2010). *Handelsmarkenmanagement. Solution Selling in vertikalen Wertschöpfungsnetzwerken*. Wiesbaden: Gabler Research.

Bonback GmbH & Co. KG. (2014). Wir über uns. https://www.bonback.de/. Zugegriffen: 9. März 2015.

Bruhn, M. (1996). Bedeutung der Handelsmarke im Markenwettbewerb – eine Einführung in den Sammelband. In M. Bruhn (Hrsg.), *Handelsmarken im Wettbewerb. Entwicklungstendenzen und Zukunftsperspektiven der Handelsmarkenpolitik* (S. 3–35). Stuttgart: Schäffer-Poeschel.

Bruhn, M. (2001). Bedeutung der Handelsmarke im Markenwettbewerb – eine Einführung. In M. Bruhn (Hrsg.), *Handelsmarken. Zukunftsperspektiven der Handelsmarkenpolitik* (3. Aufl., S. 3–48). Stuttgart: Schäffer-Poeschel.

Bruhn, M. (2004). Begriffsabgrenzungen und Erscheinungsformen von Marken. In M. Bruhn (Hrsg.), *Handbuch Markenführung. Kompendium zum erfolgreichen Markenmanagement* (2. Aufl., Bd. 1, S. 3–49). Wiesbaden: Gabler.

Burmann, C., Halaszovich, T., Schade, M., & Hemmann, F. (2015). *Identitätsbasierte Markenführung. Grundlagen – Strategie – Umsetzung – Controlling* (2. Aufl.). Wiesbaden: Springer Gabler.

Burton, S., Lichtenstein, D. R., Netemeyer, R. G., & Garretson, J. A. (1998). A scale for measuring attitude toward private label products and an examination of its psychological and behavioral correlates. *Journal of the Academy of Marketing Science, 26*(4), 293–306.

De Chernatony, L., McDonald, M., & Wallace, E. (2011). *Creating powerful brands* (4. Aufl.). Oxford: Butterworth-Heinemann.

Dm. (2011). Über Alverde. https://www.dm.de/dm-marken/alverde/ueber-alverde/. Zugegriffen: 19. Juni 2016.

Dölle, V. (2001). Konzepte und Positionierung von Handelsmarken – dargestellt an ausgewählten Beispielen. In M. Bruhn (Hrsg.), *Handelsmarken. Zukunftsperspektiven der Handelsmarkenpolitik* (3. Aufl., S. 131–145). Stuttgart: Schäffer-Poeschel.

Literatur

DPMA. (2014). Statistiken zu Marken. http://presse.dpma.de/presseservice/datenzahlenfakten/statistiken/marke/. Zugegriffen: 12. Febr. 2015.

Dumke, S. (1996). *Handelsmarkenmanagement*. Hamburg: S + W.

Economist. (2000). Marks and Spencer. Shelving the saint. http://www.economist.com/node/293530. Zugegriffen: 18. Febr. 2015.

Edeka. (2015). Unsere Eigenmarken – Gut&Günstig. http://www.edeka.de/unsere-marken/eigenmarken-lebensmittel/gut-guenstig/edeka_gutundguenstig.jsp. Zugegriffen: 26. Febr. 2015.

Eight O'Clock. (2015). Eight O'Clock coffee history. http://www.eightoclock.com/eight-o-clock-coffee-history. Zugegriffen: 18. Febr. 2015.

Esch, F.-R. (2014). *Strategie und Technik der Markenführung* (8. Aufl.). München: Vahlen.

Focus. (2014). Edeka sagt Industrie mit Eigenmarken den Kampf an. http://www.focus.de/finanzen/news/unternehmen/unzufrieden-mit-lieferanten-edeka-sagt-industrie-mit-eigenmarken-den-kampf-an_id_3809536.html. Zugegriffen: 9. März 2015.

Freitag-Meyer, A. (2014). Achtung! Warenrückruf wegen Metallfremdkörper. In Keksblog by Hans Freitag. http://www.keksblog.com/allgemein/achtung-warenrueckruf-wegen-metallfremdkoerper/. Zugegriffen: 9. März 2015.

Garretson, J. A., Fisher, D., & Burton, S. (2002). Antecedents of private label attitude and national brand promotion attitude: Similarities and differences. *Journal of Retailing, 78*(2), 91–99.

GfK. (2013). Consumer Index Total Grocery 09/2013. http://www.gfk-verein.org/sites/default/files/medien/1/dokumente/gfk_consumerindex_09_2013.pdf. Zugegriffen 11. März 2015.

GfK. (2015). Consumer Index Total Grocery 12/2014. http://www.gfk-verein.org/sites/default/files/medien/4536/dokumente/ci_12_2014.pdf. Zugegriffen: 11. Febr. 2015.

GfK Compact. (2010). Eine Frage des Vertrauens. http://www.gfk-compact.de/index.php?article_id=175&clang=0. Zugegriffen: 5. März 2015.

Glynn, M. S., & Chen, S. (2009). Consumer-factors moderating private label brand success: Further empirical results. *International Journal of Retail & Distribution Management, 37*(11), 896–914.

Hartl, F. (1960). *Handels- und Herstellermarken in der Lebensmittelbranche*. Köln: Westdeutscher Verlag.

Hoch, S. J., & Banerji, S. (1993). When do private labels succeed? *Sloan Management Review, 34*(Summer), 57–67.

Homburg, C. (2015). *Marketingmanagement* (5. Aufl.). Wiesbaden: Springer Gabler.

Kaapke, A. (2005). Handelsmarken – Fluch und Segen zugleich? Eine perspektivische Betrachtung. In B. Gaiser, R. Lixweiler, & V. Brucker (Hrsg.), *Praxisorientierte Markenführung. Neue Strategien, innovative Instrumente und aktuelle Fallstudien* (S. 141–154). Wiesbaden: Gabler.

Koppe, P. (2003). *Handelsmarken und Markenartikel. Wahrnehmungsunterschiede aus Sicht der Marktteilnehmer*. Wien: Service Fachverlag.

Kornobis, K.-J. (1997). Die Entwicklung von Handelsmarken – Untersuchungen von Zukunftsperspektiven im Verbrauchsgüterbereich. In M. Bruhn (Hrsg.), *Handelsmarken, Entwicklungstendenzen und Zukunftsperspektiven der Handelsmarkenpolitik* (2. Aufl., S. 237–264). Stuttgart: Schäffer-Poeschel.

Lamey, L., Deleersnyder, B., Dekimpe, M. G., & Steenkamp, J.-B. E. M. (2007). How business cycles contribute to private-label success: Evidence from the United States and Europe. *Journal of Marketing, 71*(1), 1–15.

Lebensmittelzeitung. (29.01.2016). Kunden wollen Marken im Discounter. *Lebensmittelzeitung*, S. 55–56.

Lincoln, K., & Thomassen, L. (2008). *Private label. Turning the retail brand threat into your biggest opportunity*. London: Kogan Page.

Mattmüller, R., & Tunder, R. (2004a). *Strategisches Handelsmarketing*. München: Vahlen.

Mattmüller, R., & Tunder, R. (2004b). Handelsmarkenstrategie. In M. Bruhn (Hrsg.), *Handbuch Markenführung, Kompendium zum erfolgreichen Markenmanagement* (2. Aufl., Bd. 1, S. 949–973). Wiesbaden: Gabler.
Meffert, H., & Burmann, C. (2001). Identitätsorientierte Markenführung – Konsequenzen für die Handelsmarke. In M. Bruhn (Hrsg.), *Handelsmarken. Zukunftsperspektiven der Handelsmarkenpolitik* (3. Aufl., S. 49–69). Stuttgart: Schäffer-Poeschel.
Meffert, H., & Burmann, C. (2002a). Wandel in der Markenführung – vom instrumentellen zum identitätsorientierten Markenverständnis. In H. Meffert, C. Burmann, & M. Koers (Hrsg.), *Markenmanagement. Grundfragen der identitätsorientierten Markenführung* (S. 17–33). Wiesbaden: Gabler.
Meffert, H., & Burmann, C. (2002b). Theoretisches Grundkonzept der identitätsorientierten Markenführung. In H. Meffert, C. Burmann, & M. Koers (Hrsg.), *Markenmanagement, Grundfragen der identitätsorientierten Markenführung* (S. 35–72). Wiesbaden: Gabler.
Mellerowicz, K. (1963). *Markenartikel. Die ökonomischen Gesetze ihrer Preisbildung und Preisbindung* (2. Aufl.). München: Beck.
MetrixLab. (2014). Handelsmarkenstudie 2014. http://www.lebensmittelzeitung.net/studien/pdfs/639_.pdf. Zugegriffen: 5. Febr. 2015.
Nielsen. (2015). Handelsmarkenanteile bei Food und Nearfood im deutschen Lebensmitteleinzelhandel (inkl. Drogeriemärkte) in den Jahren 2008 bis 2013 nach Warengruppen (in Prozent), zitiert nach: Handelsdaten.de. Zugegriffen: 9. März 2015.
Oehme, W. (2001). *Handels-Marketing. Vom namenlosen Absatzmittler zur markanten Retail Brand* (3. Aufl.). München: Vahlen.
Presseportal. (2010). Rewe senkt die Preise. Das Unternehmen folgt umgehend den Preissenkungen der Discounter und setzt seine tägliche Tiefpreiskontrolle für ja! Artikel konsequent um. http://www.presseportal.de/pm/52007/1678694/rewe-senkt-die-preise-das-unternehmen-folgt-umgehend-den-preissenkungen-der-discounter-und-setzt. Zugegriffen: 11. März 2015.
Presseportal. (2014). Ausgezeichnet: Ohne Schnickschnack. Ohne teuer. Marke ohne Namen wird nur acht Monate nach Markteinführung als bestes Eigenmarkenprodukt ausgezeichnet. http://www.presseportal.de/pm/58538/2749463/ausgezeichnet-ohne-schnickschnack-ohne-teuer-marke-ohne-namen-wird-nur-acht-monate-nach-markteinf. Zugegriffen: 26. Febr. 2015.
Pretzel, J. (1996). Die Entwicklung von Handelsmarken – Untersuchungen und Zukunftsperspektiven im Verbrauchsgüterbereich. In M. Bruhn (Hrsg.), *Handelsmarken im Wettbewerb; Entwicklungstendenzen und Zukunftsperspektiven der Handelsmarkenpolitik* (S. 121–148). Stuttgart: Schäffer-Poeschel.
Privileg. (2015). Marke privileg, 50 Jahre Qualität. http://www.privileg.de/themen/privileg/marke-privileg/geschichte/. Zugegriffen: 18. Febr. 2015.
Raju, J. S., Sethuraman, R., & Dhar, S. K. (1995). The introduction and performance of store brands. *Management Science, 41*(6), 957–978.
Sattler, H., & Völckner, F. (2013). *Markenpolitik* (3. Aufl.). Stuttgart: Kohlhammer.
Schenk, H.-O. (1991). *Marktwirtschaftslehre des Handels*. Wiesbaden: Gabler.
Schenk, H.-O. (2001). Funktionen, Erfolgsbedingungen und Psychostrategie von Handels- und Gattungsmarken. In M. Bruhn (Hrsg.), *Handelsmarken. Zukunftsperspektiven der Handelsmarkenpolitik* (3. Aufl., S. 71–98). Stuttgart: Schäffer-Poeschel.
Schenk, H.-O. (2004). Handels-, Gattungs- und Premiummarken des Handels. In M. Bruhn (Hrsg.), *Handbuch Markenführung, Kompendium zum erfolgreichen Markenmanagement* (2. Aufl., Bd. 1, S. 119–150). Wiesbaden: Gabler.
Schröder, H. (2012). *Handelsmarketing. Strategien und Instrumente für den stationären Einzelhandel und für Online-Shops* (2. Aufl.). Wiesbaden: Springer Gabler.

Schwertfeger, M. (2012). *Einkaufserlebnisse im Handel. Theoretische Konzeption und empirische Analyse.* Wiesbaden: Springer Gabler.

Solent GmbH & Co. KG. (2014). Wir über uns. https://www.solent-schokolade.com/. Zugegriffen: 9. März 2015.

Test. (2010). Geschirrspültabs. Somat knapp vorn. https://www.test.de/Geschirrspueltabs-Somat-knapp-vorn-1847365-0/. Zugegriffen: 25. März 2015.

Vanderhuck, R. W. (2001). Renditeverbesserung durch Handelsmarken für Hersteller und Handel? – Erfahrungen aus der Praxis. In M. Bruhn (Hrsg.), *Handelsmarken. Zukunftsperspektiven der Handelsmarkenpolitik* (3. Aufl., S. 113–130). Stuttgart: Schäffer-Poeschel.

Wer zu Wem. (2015). Solent. http://www.wer-zu-wem.de/firma/solent.html. Zugegriffen: 9. März 2015.

Prozess des Handelsmarkenmanagements

2

Zusammenfassung

Das Management von Handelsmarken bedarf immer mehr einer strategischen, zielorientierten Steuerung. Der Wettbewerb zwischen Handelsunternehmen wird in vielen Brachen intensiver. Wenn Handelsmarken zur Imageprofilierung und Wettbewerbsabgrenzung genutzt werden sollen, dann sollte das Handelsmarkenmanagement professionalisiert werden. Hierzu kann ein idealtypischer Prozess aus den Stufen Situationsanalyse, Ziele und Strategien, Beschaffung, Marketing-Mix und Controlling bestehen.

Schlüsselfragen des Kapitels

- Wie kann das Management von Handelsmarken strukturiert werden?
- Welche Einflussfaktoren können im Rahmen der Situationsanalyse für das Handelsmarkenmanagement identifiziert werden?
- Welche Ziele können mit Handelsmarken verfolgt werden?
- Welche Strategieperspektiven müssen innerhalb des Handelsmarkenmanagements bedacht werden?
- Wie kann eine Beschaffung von Handelsmarken strukturiert werden?
- Wie können Aktivitätsfelder für das Handelsmarkenmanagement entdeckt werden?
- Wie erfolgt die Auswahl eines Lieferanten für Handelsmarken?
- Welche Aspekte sind im Marketing-Mix von Handelsmarken zu beachten?
- Welchen Stellenwert spielt Social-Media-Marketing für Handelsmarken?
- Welche Instrumente des strategischen Controllings sind für das Handelsmarkenmanagement bedeutsam?
- Welche Kennzahlen können für ein operatives Controlling verwendet werden?
- Welche am Handelsmarkenmanagement Beteiligte können identifiziert werden?

Abb. 2.1 Prozess des Handelsmarkenmanagements. (In Anlehnung an Berentzen 2010, S. 130)

2.1 Überblick

Bereits Schenk (1984) bemerkt, dass Handelsmarken als Instrument des Handelsmarketings anzusehen sind. Handelsmarken müssen dazu Konzeption aufweisen, die geeignet ist, das Unternehmen zu profilieren, sie müssen optimal in das Sortiment des Handelsunternehmens integriert sowie permanent auf ihren Erfolgsbeitrag kontrolliert werden. Weiterhin muss eine stimmige Markenkonzeption vorhanden sein (vgl. Schenk 1984, S. 41). Dabei sollten Handelsmarken genauso professionell eingeführt und gepflegt werden wie Markenprodukte (vgl. Oehme 2001, S. 153). Insgesamt wird deutlich, dass auch Handelsmarken zunehmend ein systematisches Management erfordern. Abb. 2.1 stellt dazu einen idealtypischen Prozess des Handelsmarkenmanagements vor. Dieser wird in den nachfolgenden Kapiteln intensiv diskutiert.

▶ Unter **Handelsmarkenmanagement** wird ein systematischer Prozess der marktorientierten Führung von Handelsmarken verstanden. Basierend auf einer Situationsanalyse werden Ziele und Strategien für die Handelsmarke konzipiert, wird deren Beschaffung organisiert sowie über die Ausgestaltung der Marketing-Instrumente entschieden. Begleitet werden die einzelnen Phasen durch ein Controlling.

2.2 Situationsanalyse

Bereits in Abb. 1.4 wurde eine Klassifikation der Einflussfaktoren der Handelsmarkenführung in interne und externe Faktoren vorgenommen. Im Rahmen dieses Abschnitts erfolgt nun eine intensivere Beschäftigung mit den externen Faktoren. Im Detail werden umwelt-, wettbewerbs- und konsumentenbezogene Faktoren näher betrachtet.

Grundsätzlich muss ein Handelsunternehmen mit der Situationsanalyse klären, ob das Führen von Handelsmarken in dem existierenden Umfeld des Handelsunternehmens überhaupt als betriebswirtschaftlich sinnvoll angesehen werden kann. Die Situationsanalyse soll

2.2 Situationsanalyse

hierbei die Ausgangsbedingungen auflisten, sodass später die Bestimmung von Zielen sowie die Ableitung der zur Zielerreichung notwendigen Strategien und aller anderen Schritte erfolgen können. Demnach muss auch die Frage geklärt werden, ob die jeweilige Warengruppe überhaupt für das Führen von Handelsmarken geeignet ist (siehe hierzu Abschn. 1.3.1).

2.2.1 Umweltbezogene Faktoren

Im Rahmen der Betrachtung von umweltbezogenen Faktoren werden die gesamtwirtschaftliche Situation in Deutschland sowie der Produktlebenszyklus betrachtet. Detailliert wird innerhalb der gesamtwirtschaftlichen Situation auf die Entwicklung der Wirtschaftskraft sowie der Bevölkerung eingegangen. Die Auseinandersetzung mit diesen Faktoren kann mit dem konjunkturbezogenen Erklärungsansatz begründet werden.

Eine Betrachtung des *Bruttoinlandsprodukts* als Maß für die wirtschaftliche Leistung einer Volkswirtschaft innerhalb eines bestimmten Zeitraums zeigt, dass sich die durchschnittlichen Wachstumszahlen des Bruttoinlandsprodukts in Deutschland seit Jahrzehnten verringern. Ergab sich im Zeitraum 1980 bis 1991 noch ein durchschnittliches Wachstum von 2,6 % pro Jahr, beträgt dieses im Zeitraum 2000 bis 2010 nur noch 0,9 % pro Jahr. 2009 sank das Bruttoinlandsprodukt sogar (vgl. Statistisches Bundesamt 2016). Abb. 2.2 stellt die preisbereinigte Entwicklung des Bruttoinlandsprodukts in Deutschland dar.

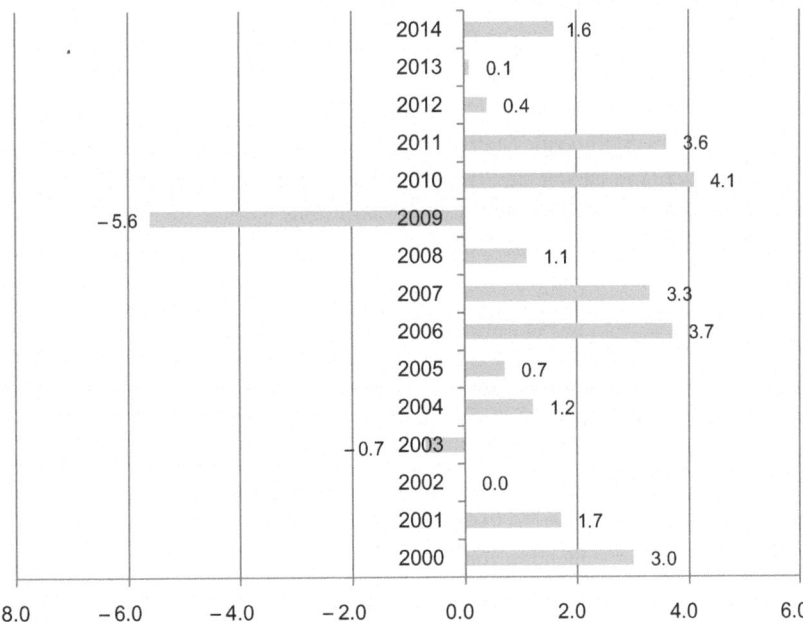

Abb. 2.2 Entwicklung des Bruttoinlandsprodukts (preisbereinigt, Veränderung in Prozent zum Vorjahr). (In Anlehnung an Statistisches Bundesamt 2016)

Im Zusammenhang mit der Wirtschaftsleistung wird auch die *Entwicklung der Beschäftigung* bzw. der Arbeitslosigkeit in Deutschland thematisiert. Hierzu wird die Erwerbsquote (Anteil der Erwerbspersonen an der Bevölkerung) genutzt. Seit 2006 ist ein Anstieg der Anzahl erwerbstätiger Personen zu verzeichnen. Im Jahr 2013 waren in Deutschland insgesamt 41,8 Mio. Menschen erwerbstätig, wovon 29,2 Mio. Menschen in einem sozialversicherungspflichtigen Beschäftigungsverhältnis waren. Die sozialversicherungspflichtig Beschäftigten sind zu 54 % Männer und 46 % Frauen. Weiterhin kann festgestellt werden, dass insbesondere Arbeitsverhältnisse in Teilzeit zunehmen (vgl. Bundesagentur für Arbeit 2014, S. 18 f.). Im selben Jahr waren insgesamt 2,95 Mio. Menschen arbeitslos, was mit einer *Arbeitslosenquote* von 7,7 % einhergeht. 32,2 % der Arbeitslosen in Deutschland sind im Alter von 50 bis 64 Jahren. 35,6 % der Arbeitslosen gelten als Langzeitarbeitslose. 43,5 % der Arbeitslosen besitzen keine Berufsausbildung (vgl. Bundesagentur für Arbeit 2014, S. 44).

Neben der wirtschaftlichen Entwicklung ist es für das Handelsmarkenmanagement auch wichtig, sich mit der *Entwicklung der Bevölkerung* auseinanderzusetzen. Daraus können u. a. Implikationen für zu bearbeitende Warengruppen und die Ausgestaltung der Handelsmarken gewonnen werden. Nach Berechnung des Statistischen Bundesamts lebten zum 31.12.2013 80,8 Mio. Menschen (vgl. Statisches Bundesamt 2014) in Deutschland. Für das Jahr 2030 wird prognostiziert, dass nur noch 77 Mio. Menschen in Deutschland leben werden. Eine Bevölkerungsabnahme ist zu verzeichnen, da die Anzahl der Geburten die Sterbefälle unterschreitet. Während im Jahr 1991 noch 830.000 Kinder geboren wurden, ist diese Zahl im Jahr 2008 auf 683.000 gesunken. Bis zum Jahr 2030 wird nochmals mit einem Rückgang auf 580.000 Geburten pro Jahr gerechnet. Damit verbunden ist eine Verringerung der durchschnittlichen Anzahl der Kinder je Frau auf 1,38 feststellbar. Für den zahlenmäßigen Erhalt der Generation wären aber 2,1 Kinder pro Frau notwendig (vgl. Statistische Ämter des Bundes und der Länder 2011, S. 10 ff.). In Deutschland ist seit ca. 30 Jahren eine Geburtenrate von 1,4 Kindern je Frau zu verzeichnen. Die durchschnittliche Lebenserwartung beträgt für Männer 77,2 Jahre, für Frauen 82,4 Jahre. Bis zum Jahr 2030 wird mit einem Anstieg der Lebenserwartung um vier Jahre bei Männern und drei Jahre bei Frauen gerechnet. Gleichzeitig wird davon ausgegangen, dass sich die Zahl der Sterbefälle in Deutschland auf etwa 1.000.000 Menschen pro Jahr einstellen wird (vgl. Statistische Ämter des Bundes und der Länder 2011, S. 13 ff.). 2011 wurden auf 1000 Einwohner 8,1 Kinder geboren, es sind jedoch 10,4 Menschen gestorben (vgl. Statistisches Bundesamt 2014, S. 29). Eine abnehmende Bevölkerungsanzahl ist die Schlussfolgerung aus den vorangegangenen Fakten. Hierbei entwickelt sich die Bevölkerungsanzahl regional sehr unterschiedlich. Es wird geschätzt, dass alleine Sachsen-Anhalt bis 2030 im Vergleich zu 2008 ca. 21,2 % seiner Bevölkerung verliert. Am besten schneiden die Bayern ab, die 2030 nur 0,4 % weniger Bevölkerung aufweisen werden als 2008 (vgl. Statistische Ämter des Bundes und der Länder 2011, S. 21). Der *Altersaufbau* der Bevölkerung ist von hoher Aussagekraft, denn zum einen spiegeln sich darin die demografischen Entwicklungen wider. Zum anderen kann

2.2 Situationsanalyse

daraus die Bevölkerungsentwicklung in den nächsten Jahrzehnten abgeleitet werden. Im Jahr 2008 gehörten knapp 16,7 Mio. Menschen der Altersgruppe 65 Jahre und älter an, was 20 % der Gesamtbevölkerung entspricht. 49,7 Mio. Menschen (61 % der Bevölkerung) gehörten 2005 der erwerbstätigen-Gruppe an (20 bis unter 65 Jahre). Im Jahr 2030 werden nur noch 54 % dieser Gruppe angehören, während 22,3 Mio. Menschen bzw. 29 % der Gesamtbevölkerung 65 Jahre und älter sein werden. Zukünftig wird es somit mehr Menschen über 65 als unter 20 Jahren geben (vgl. Statistische Ämter des Bundes und der Länder 2011, S. 23).

Für das Handelsmarkenmanagement ist es auch wichtig, sich mit dem Konzept des *Produktlebenszyklus* auseinanderzusetzen (siehe hierzu Abb. 2.3). Lebenszyklusanalysen setzen sich grundsätzlich mit verschiedenen Phasen eines Lebenszyklus auseinander. Dabei können als Bezugsobjekte Produkte, Produktgruppen, Märkte oder Technologien verwendet werden (vgl. Benkenstein und Uhrich 2009, S. 52). Die klassische Anwendungsform des Lebenszykluskonzepts in der Betriebswirtschaftslehre stellt der Produktlebenszyklus dar. Dieser sagt aus, dass Produkte eine begrenzte Lebensdauer haben und verschiedene Phasen mit jeweils charakteristischen Merkmalen durchlaufen. Hierbei stellen die Umsatz- und Gewinnentwicklung abhängige Variablen und die Zeit die unabhängige Variable dar. Es handelt sich somit um eine dynamische Betrachtung. Dem Produktlebenszyklus liegt u. a. die Annahme zugrunde, dass die Existenz von Produkten zeitlich begrenzt ist und die Entwicklung der Absatzzahlen einen s-förmigen Verlauf aufweist, bis eine gewisse Sättigung erreicht ist, worauf ein Rückgang folgt. Grundsätzlich ist der Lebenszyklus aber nicht als fest vorgegebener Verlauf zu verstehen, da beispielsweise durch Kommunikationsmaßnahmen der Verlauf beeinflusst werden kann (vgl. Tomczak et al. 2014, S. 31 f.; Bruhn 1997, S. 120 f.). Es können vier Phasen des

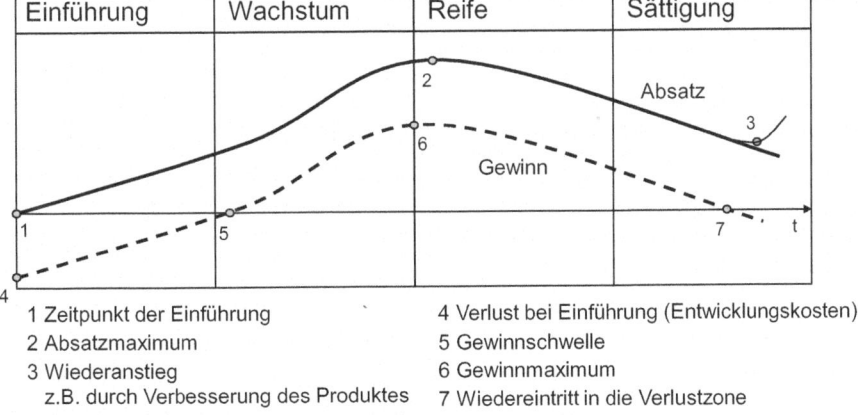

Abb. 2.3 Produktlebenszyklus – Grundmodell und Merkmale. (In Anlehnung an Homburg 2015, S. 449)

Produktlebenszyklus unterschieden werden (vgl. Becker 2013, S. 723 f.; Tomczak et al. 2014, S. 32 ff.):

1. *Einführungsphase*
Die Phase beginnt mit der Markteinführung eines Produkts und reicht bis zum Erreichen der Gewinnschwelle. Aus Unternehmenssicht ist es in dieser Phase entscheidend, dafür zu sorgen, dass sich das Produkt am Markt ausbreitet. Das ist u. a. von dem durch den Kunden wahrgenommenen Vorteil des neuen Produkts gegenüber Wettbewerbsprodukten, dem Distributionsgrad des neuen Produkts sowie der Bindung der Kunden an bisherige Produkte abhängig.
2. *Wachstumsphase*
Innerhalb der Wachstumsphase beginnt das Unternehmen, Gewinn mit dem Produkt zu erwirtschaften. Umsatz und Gewinn des Unternehmens steigen stark an. Weiterhin nimmt die Wettbewerbsintensität stark zu.
3. *Reifephase*
Die Reifephase ist durch das Erreichen des Wendepunktes des Umsatzes und stagnierende bis rückläufige Umsatzzahlen gekennzeichnet. Der Gewinn erreicht ebenso seinen Wendepunkt und ist anschließend rückläufig. Aufgrund der gestiegenen Wettbewerbssituation sind Unternehmen meist gezwungen, Preissenkungen vorzunehmen. Konsumenten sind in der Reifephase mit dem Produkt vertraut. Die Unsicherheit eines Anbieterwechsels aufgrund eines niedrigeren Preises wird wahrscheinlicher. Gerade im Übergang von der Wachstums- zur Reifephase können Überkapazitäten entstehen, die dann mit Preissenkungen oder der Übernahme der Produktion von Handelsmarken einhergehen.
4. *Rückgangsphase*
Die Umsätze sinken in dieser Phase weiterhin deutlich. Dies kann daran liegen, dass neue Produkte die Bedürfnisse der Konsumenten besser befriedigen oder der Konkurrenzdruck weiterhin sehr hoch ist und Preise gesenkt werden. Der Gewinn entwickelt sich demnach negativ. Die Rückgangsphase kann durch einen Relaunch des Produkts verlängert werden.

Nach den allgemeinen Erklärungen zum Modell des Produktlebenszyklus wird deutlich, dass dieses im Rahmen des Handelsmarkenmanagements auch genutzt werden kann, um beispielsweise Rückschlüsse zu ziehen, in welchen Situationen Handelsmarken auf den Markt treten können (vgl. Bruhn 1997, S. 120 f.). Dies erfolgt vor dem Hintergrund, dass auch Marken verschiedene Lebensphasen durchlaufen. Gerade in der Vergangenheit waren Markenprodukte eher innovativ. Im weiteren Verlauf galt es für den Hersteller, sein neues Produkt weiter auszubauen, sodass Wettbewerbsvorteile gegenüber aufkommenden Imitationen verteidigt werden können. In der Regel erfolgen in der Phase des Wachstums demnach hohe Aufwendungen für Kommunikation. Durch diese hohen Aufwendungen wächst i. d. R. der Markt, sodass Handelsunternehmen diesen als attraktiv für die Entwicklung von eigenen (klassischen) Handelsmarken einstufen. Gerade im

2.2 Situationsanalyse

Übergang von der Wachstums- zur Reifephase entsteht aufgrund von Überkapazitäten die Chance, freie Kapazitäten des Herstellers zur Produktion der Handelsmarken zu nutzen. Dies erhöht aber auch den Preisdruck. Aufgrund der Vertrautheit der Konsumenten mit dem Produkt sinkt die Hemmschwelle, auf eine günstigere Handelsmarke umzusteigen. Im weiteren Verlauf differenziert sich der Markt immer weiter aus. Steigen das Marktvolumen, die Anzahl der Konsumenten und der Preisdruck weiter an, führen Handelsunternehmen Gattungsmarken ein. Diese preisgünstige Alternative führt meistens dazu, dass Marken, die über eine schwache Positionierung verfügen, aus dem Markt ausscheiden (vgl. Bruhn 1997, S. 127 ff.).

Bei der Betrachtung der aktuellen Entwicklungen fällt jedoch auf, dass sich das beschriebene Modell heute leicht verändert hat. Beispielsweise fällt die Innovationsrolle nicht mehr nur Marken zu (siehe Praxisbeispiel Edeka Fix Mahlzeiten). Handelsunternehmen entwickeln unter Premium-Handelsmarken Produkte, für die es kein klassisches Pendant auf der Markenseite gibt. Dies wird beispielsweise sehr gut an den Bio-Handelsmarken sichtbar. Lange Zeit haben Markenprodukte den Bio-Trend nicht aufgegriffen. Weiterhin muss auch festgestellt werden, dass Handelsunternehmen heute mehr Risiko eingehen und Marken schneller kopieren, bevor der Markt über ein dementsprechendes Wachstum verfügt.

Praxisbeispiel: Edeka Fix Mahlzeiten

Edeka führte im Jahr 2012 innovative Fix-Produkte unter der Handelsmarke Edeka ein. Es handelt sich dabei um eine Zusammenarbeit mit dem Fraunhofer-Institut. Es wurde ein innovatives Verarbeitungsverfahren für Hackfleischprodukte entwickelt. „Damit ist es möglich, Fix-Produkte herzustellen, die bereits eine Portion Hackfleischzubereitung beinhalten. Das Besondere daran: Dank der innovativen Herstellungsmethode ist es gelungen, das typische Aroma von frischem Hackfleisch in Tüte und Becher zu bringen. Auch die Konsistenz der Hackfleischzubereitung in den fertigen Mahlzeiten entspricht der von frischem Hackfleisch. Die Zugabe von Pflanzenextrakten und eine schonende Gefriertrocknung macht die Hackfleischzubereitung ungekühlt lange haltbar – ganz ohne künstliche Konservierungsstoffe" (Edeka Verbund 2012).

Abschließend wird im Rahmen der umweltbezogenen Faktoren noch mit die zukünftige Entwicklung des Marktes behandelt. Grundsätzlich kann der Markt anhand des Preis-Leistungs-Verhältnisses in die Bereiche Economy, Standard und Premium aufgeteilt werden. Es wird vorausgesagt, dass der Standard-Bereich langfristig verschwinden wird und der Markt sich stark in Economy- und Premium-Segmente entwickelt (siehe Abb. 2.4). Im Economy-Segment wird weiterhin die Auswahl anhand eines Preis-Leistungs-Verhältnisses wichtig sein. Dagegen dominiert im Premium-Segment ganz bewusst nicht die Suche nach einem Preis-Leistungs-Verhältnis, sondern nach der eigenen Identität. Im Mittelpunkt stehen demnach solche Produkte, mit denen die eigene Identität ausgedrückt werden kann, unabhängig von Preis und Qualität (vgl. Celko und Jánszky 2014, S. 10). Diese Entwicklung ist auch für das Handelsmarkenmanagement wichtig, da deutlich wird, dass eine alleinige Positionierung der Handelsmarken über den Preis auf Dauer

Abb. 2.4 Veränderung der Marktsegmente. (In Anlehnung an Celko und Jánszky 2014, S. 10)

nicht ausreichen wird. Gerade Premium-Handelsmarken müssen dem Konsumenten die Möglichkeit geben, seine eigene Identität auszudrücken und damit einen Zusatznutzen zu stiften. Hierauf wird im weiteren Verlauf des Kapitels eingegangen.

2.2.2 Wettbewerbsbezogene Faktoren

In Deutschland kann seit Jahren eine *Steigerung der Einzelhandelsflächen* beobachtet werden. Während im Jahr 1990 77 Mio. qm Verkaufsfläche existierten, wuchs diese Zahl im Jahr 2000 auf 109 Mio. qm und im Jahr 2013 auf 123 Mio. qm (vgl. HDE 2014, S. 28). Deutschland belegt damit innerhalb von Europa Platz 5 bezogen auf die Verkaufsfläche in Quadratmeter pro Einwohner. Dieser Wert belief sich im Jahr 2013 auf 1,46 qm je Einwohner. Höhere Werte weisen nur Österreich (1,80 qm/Einwohner), Niederlande (1,67 qm/Einwohner), Schweiz (1,50 qm/Einwohner) und Finnland (1,47 qm/Einwohner) auf (vgl. HDE 2014, S. 29). Das enorme Flächenwachstum wird u. a. durch die Zunahme der Einkaufszentren ausgelöst. Allein deren Zahl hat sich nur in den Jahren 2005 bis 2014 von 363 auf 460 erhöht. Die 460 Einkaufszentren vereinen eine Verkaufsfläche von 14,4 Mio. qm auf sich (vgl. HDE 2014, S. 24). Die Umsatzentwicklung im Einzelhandel kann mit der positiven Entwicklung der Verkaufsflächen nicht mithalten. In Deutschland kann seit dem Jahr 2000 eine *negative reale Umsatzentwicklung* im Einzelhandel beobachtet werden, insbesondere in den Jahren 2007, 2009 und 2013. Wird der Umsatz des Einzelhandels im Jahr 2000 mit einem Index von 100 versehen, lautet die Prognose für 2014 97,0 Punkte (vgl. HDE 2014, S. 18, 19). Die Konsequenz aus der Zunahme der Verkaufsfläche und der Abnahme des Umsatzes ist ein *Rückgang der Verkaufsflächenproduktivität*. Diese belief sich im Jahr 2014 auf 3460 EUR/qm und entwickelt sich seit Jahren rückläufig (vgl. Hahn Gruppe 2015, S. 15).

Bei einer Betrachtung der wettbewerbsbezogenen Faktoren ist es auch wichtig, sich mit der *Entwicklung des E-Commerce* auseinanderzusetzen. Im Jahr 2014 belief sich der

2.2 Situationsanalyse

E-Commerce-Umsatz in Deutschland auf 43,6 Mrd. EUR. Das sehr dynamische Wachstum wird deutlich, wenn die Umsatzzahl aus 2009 mit 18,3 Mrd. EUR danebengestellt wird (bevh 2015). Heute wird gut jeder 10. EUR im Internet ausgegeben (vgl. pwc 2015, S. 10). Dabei kann festgestellt werden, dass die Relevanz des Online-Shoppings in den verschiedenen Branchen sehr unterschiedlich ausgeprägt ist. Den höchsten Umsatz im Online-Handel kann Bekleidung verzeichnen (8,5 Mrd. EUR), gefolgt von Unterhaltungselektronik (4,6 Mrd. EUR) und Büchern (3,7 Mrd. EUR) (vgl. bevh 2015). Abb. 2.5 stellt das Marktvolumen verschiedener Warenbereiche und den Online-Anteil gegenüber. Dabei wird sehr gut deutlich, dass beispielsweise der Bereich Lebensmittel ein sehr hohes Marktvolumen aufweist, bislang aber einen sehr geringen Online-Anteil besitzt. PricewaterhouseCoopers hat in diesem Zusammenhang bereits erste Sättigungstendenzen von Warenbereichen festgestellt. So zeigt sich bei Büchern, Musik und Filmen eine hohe Online-Durchdringung. Die Steigerung des Anteils der Online-Käufer ist in diesem Warenbereich demnach eher schwierig. 2014 konnte sogar ein leichter Rückgang der Online-Shopper festgestellt werden. Der Warenbereich Bücher, Musik und Filme stellt somit aus Sicht des Online-Handels eine reife Branche dar. Hingegen sind die Warenbereiche Lebensmittel oder baumarktspezifische Sortimente als Zukunftssegmente charakterisiert. Hier wird davon ausgegangen, dass der Anteil der Online-Käufer noch erheblich gesteigert werden kann (vgl. pwc 2015, S. 11, 12).

Nach der allgemeinen Entwicklung des Einzelhandels sowie der des Online-Handels wird abschließend die *Handelskonzentration* betrachtet. Diese wird beispielhaft anhand der Branchen Lebensmitteleinzelhandel und Drogeriemärkte dargestellt. Die Anzahl der Geschäfte in diesen Branchen lag Ende 2006 noch bei mehr als 50.000. Zum Ende 2013

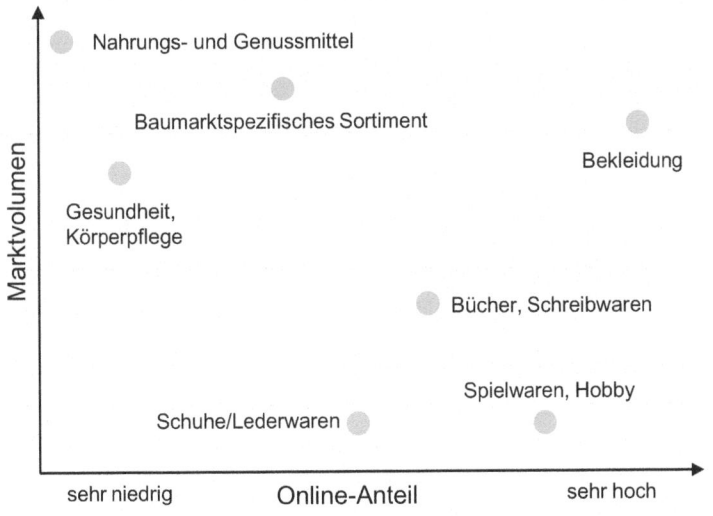

Abb. 2.5 Relevanz verschiedener Warenbereiche für den Online-Handel. (In Anlehnung an Hahn Gruppe 2014, S. 15)

konnten nur noch etwas mehr als 37.000 Geschäfte gezählt werden. Dies kann u. a. auf die Insolvenz von Schlecker zurückgeführt werden. Allein die Anzahl der Drogeriemärkte verringerte sich von 14.005 im Jahr 2008 auf 4022 im Jahr 2014 (vgl. Nielsen 2014, S. 13, 16). Der Drogeriemarkt besteht in Deutschland heute im Wesentlichen aus den vier Handelsunternehmen dm, Rossmann, Müller und budni. Allein dm und Rossmann wiesen für das Jahr 2014 einen Umsatz von 6,4 bzw. 5,4 Mrd. EUR auf. Im Lebensmitteleinzelhandel stellt sich die Situation ähnlich dar. Bei einer Betrachtung der Marktanteile der Top 5 im Lebensmitteleinzelhandel (Edeka-Gruppe, Rewe-Gruppe, Schwarz-Gruppe, Metro-Gruppe und Aldi) ergibt sich ein Marktanteil von über 80 % (vgl. Bundeskartellamt 2014, S. 78). Eine Handelskonzentration wird somit sehr deutlich.

Auf die *Stärke der Herstellermarken* wurde bereits in Abschn. 1.3.1 eingegangen. Dabei wurde gesagt, dass der Marktanteil der Herstellermarken aufgrund der Premium-Handelsmarken zurückgeht. Insgesamt ist die Betrachtung der wettbewerbsbezogenen Faktoren für das Handelsmarkenmanagement wichtig. Beispielsweise kann aus der zunehmenden Handelskonzentration eine Stärke von Handelsunternehmen in Verhandlungen gegenüber Lieferanten abgeleitet werden. Mit der zunehmenden Konzentration verbunden steigt das Abnahmevolumen von großen Handelsunternehmen, was wiederum die Verhandlungsbasis stärkt. Insgesamt macht die wettbewerbsbezogene Betrachtung aber auch deutlich, dass der Wettbewerb trotz zunehmender Konzentration intensiver wird. Dies zeigt sehr eindrucksvoll die Einlistung von Markenartikeln bei Aldi, die auch eine Auswirkung auf das Handelsmarkenmanagement hatte. In diesem Zusammenhang ist es folgenreich, wenn sich eine Handelsmarke in der Preispolitik über einen festen Preisabstand vom Markenartikel definiert. Verändert sich der Preis der Herstellermarke, muss demnach automatisch auch die Handelsmarke günstiger werden, was Folgen für die Handelsspanne hat. Darauf wird genauer in Abschn. 2.5.3 eingegangen.

> **Praxisbeispiel: Einlistung von Markenprodukten bei Aldi**
> Im Jahr 2015 machte das Unternehmen Aldi durch die Aufnahme von mehreren Markenprodukten auf sich aufmerksam. Unter anderem wurden die Marken Red Bull und Funny Frisch in das Sortiment aufgenommen. Dem Aldi-Prinzip getreu wurden die Markenprodukte zu einem sehr guten Preis eingeführt. Als Folge zeigten sich bei vielen Markenprodukten massive Preisveränderungen. Beispielsweise veränderte sich der Verkaufspreis einer Dose Red Bull von 1,49 auf 0,95 EUR (vgl. FAZ 2015).

2.2.3 Konsumentenbezogene Faktoren

Im Rahmen der Situationsanalyse des Managements von Handelsmarken ist es auch notwendig, sich mit konsumentenbezogenen Faktoren auseinanderzusetzen. Der Anteil des Einzelhandelsumsatzes an den *Konsumausgaben* geht in Deutschland seit Jahren zurück. Während im Jahr 2000 noch 35,8 % der Konsumausgaben im Einzelhandel ausgegeben wurden, belief sich diese Zahl 2013 auf 28,6 %. Gemessen am Verwendungszweck gab jeder Haushalt in Deutschland pro Monat 2310 EUR für Konsumzwecke aus. Dabei entfiel der höchste Anteil auf Wohnen, Energie und Instandsetzung (34,5 %). Für Nahrungs- und Genussmittel wurden 13,9 % der Konsumausgaben verwendet. Dieser Anteil ist seit Jahren unverändert bzw. rückläufig. Auch für Bekleidung und Schuhe ist der prozentuale Anteil der Konsumausgaben relativ stabil geblieben und lag 2013 bei 4,6 % (vgl. HDE 2014, S. 10; Statistisches Bundesamt 2015).

Weiterhin kann eine veränderte Preis-Orientierung in Deutschland festgestellt werden. 22 % der Deutschen kennen die Preise von den Artikeln, die sie regelmäßig kaufen. Dieser Wert ist nur in der Türkei noch höher (24 %). Immerhin 45 % der Deutschen sagen, dass sie die meisten Preise kennen und ihnen immer auffällt, wenn sich ein Preis ändert. Zusammenfassend geben 97 % der Konsumenten in Deutschland an, dass sie die Preise kennen bzw. es ihnen auffällt, wenn sich ein Preis ändert (vgl. Nielsen 2014, S. 49). Im Zusammenhang mit der Preisorientierung wird oft auch vom *smart shopper* gesprochen. Dieser beweist durch den Einkauf bei diskontierenden Betriebstypen Cleverness, denn Grundbedürfnisse werden auf diese Weise gestillt, womit Geld für andere Dinge ausgegeben werden kann, die dem Konsumenten wichtiger sind. Das zur Verfügung stehende Geld wird somit strategisch eingesetzt. Mit dieser Denkhaltung im Hintergrund können auch Umsatzsteigerungen vieler Luxusmarken erklärt werden. Betriebsformen, die eher in der Mitte, zwischen günstig und hochpreisig, positioniert sind, wie beispielsweise das Warenhaus, wird eine eher schwere Zukunft prognostiziert. Das Phänomen des Konsumententyps spiegelt die Bedeutung der Preis-Orientierung wider (vgl. Eggert 2006, S. 29 ff.; Zentes et al. 2012, S. 44). Als wesentliche Triebkräfte des Verbraucherverhaltens können neben der Convenience-Orientierung (Wegnahme von Stress) und der bereits angesprochenen Preis-Orientierung folgende identifiziert werden (vgl. Zentes et al. 2012, S. 43 ff.):

- *Individualisierung*
  Konsumenten streben nach einer Individualisierung ihres Lebensstils, der Ausdruck im Kaufverhalten findet (Mass Customization).
- *Digital Lifestyle*
  Basierend auf den noch aufzuzeigenden Entwicklungen der technologischen Umwelt erfolgt immer mehr eine Verknüpfung der Arbeitswelt mit der Freizeit. Die Grenzen zwischen beiden Welten verschwimmen.
- *Nachhaltigkeits-Orientierung*
  Konsumenten werden immer sensibler für Themen der Nachhaltigkeit sowie der sozialen und ökologischen Verantwortung eines jeden Einzelnen.

2.2.4 Technologische Faktoren

Innerhalb der technologischen Faktoren wird der Fokus verstärkt auf die Annahme und Verwendung verschiedener technologischer Entwicklungen durch Konsumenten gelegt. 79,5 % der Bevölkerung ab 14 Jahren haben im Jahr 2015 das Internet genutzt. Dabei benutzen 63,1 % der Befragten das Internet sogar täglich. Die tägliche Nutzung des Internets ist bei Männern grundsätzlich stärker ausgeprägt als bei Frauen. Es überrascht auch wenig, dass weit über 90 % der 14- bis 29-Jährigen das Internet täglich nutzen. In der Altersgruppe ab 60 Jahren sind es lediglich 29,6 %. In der Altersgruppe der 14- bis 29-Jährigen wird die meiste Zeit im Internet für Kommunikationszwecke und zur Mediennutzung, d. h. Videos abrufen oder Musik hören, genutzt. Interessant dabei ist, dass insbesondere die Video- und Audio-Nutzung im Internet seit Jahren steigt (vgl. ARD/ZDF Onlinestudie 2015). Diese Veränderung muss im Rahmen der Kommunikationspolitik für Handelsmarken beachtet werden. Schließlich wird deutlich, dass insbesondere junge Kunden heute anders angesprochen werden müssen.

In diesem Zusammenhang ist interessant, dass 98 % der Internetnutzer auch online einkaufen. Dabei kaufen drei von vier Onlineshoppern sogar mehrmals im Monat im Internet. Dabei nimmt insbesondere der Anteil älterer Onlineshopper weiter zu. Als Gründe für den Kauf im Internet werden der Komfort, der Preis und das vielfältige Warenangebot angegeben. Weiterhin kann festgehalten werden, dass die Grenzen zwischen stationärem Handel und Online-Handel immer weiter verschwimmen (vgl. Bitkom 2015).

Bei den technologischen Faktoren muss bedacht werden, dass eine junge Generation ganz anders mit technischen Dingen aufwächst und diese daher auch selbstverständlicher verwendet. Insgesamt besitzen 98 % der 12- bis 19-Jährigen ein Handy, wobei 92 % mittlerweile ein Smartphone haben (vgl. Medienpädagogischer Forschungsverbund Südwest 2015, S. 57). In der Altersgruppe der 12- bis 19-Jährigen verwenden 85 % der Jugendlichen den Messenger Dienst WhatsApp täglich (vgl. Medienpädagogischer Forschungsverbund Südwest 2015, S. 32). Durchschnittlich rufen Jugendliche WhatsApp 26-mal pro Tag auf. Jeder fünfte Jugendliche benutzt WhatsApp sogar mehr als 50-mal am Tag (vgl. Medienpädagogischer Forschungsverbund Südwest 2014, S. 50).

2.3 Ziele und Strategien

Das erfolgreiche Führen von Handelsmarken setzt klare *Ziele* voraus. Diese müssen auf einer Situationsanalyse basieren und sollen mittels Strategien erreicht werden. Weiterhin sind die Ziele von der jeweiligen Funktion der Handelsmarke (siehe Abschn. 1.3) abhängig. Grundsätzlich unterscheiden sich die Handelsmarkenziele von Unternehmen zu Unternehmen (vgl. Zentes und Hilt 2008, S. 490). Es können jedoch grundlegende Ziele des Handelsmarkenmanagements identifiziert werden, die allerdings nicht als Reihenfolge zu verstehen sind (vgl. Haller 2008, S. 229 f.; Zentes und Hilt 2008, S. 490 f.; Mattmüller und Tunder 2004, S. 958 ff.; Ahlert et al. 2001, S. 252 ff. Ahlert et al. 2000, S. 43 ff.):

- *Verbesserung der Ertragssituation*
  Handelsunternehmen verfolgen mit der Führung von Handelsmarken in ihrem Sortiment sehr häufig die Zielstellung der Ertragsverbesserung. In Abschn. 1.3.3 wurden bereits die Kostenblöcke von Hersteller- und Handelsmarken erläutert. Weiterhin

wurde deutlich gemacht, dass der prozentuale Betrag der Handelsspanne größer ist, der absolute Betrag jedoch meist nicht. Premium-Handelsmarken stellen dabei eine Ausnahme dar, da hier aufgrund des höheren Preises auch die absolute Handelsspanne größer ausfällt. Die Möglichkeit der Verbesserung der Ertragssituation stellt sich heute aufgrund der Wettbewerbssituation nicht für alle Anbieter gleich dar. Die Preisgestaltung insbesondere der Gattungsmarken ist zwischen den Handelsunternehmen nicht unterschiedlich. Ein Handelsunternehmen kann es sich heute nicht mehr erlauben, für ein Produkt einer Gattungsmarke einen anderen Preis zu verlangen als die Konkurrenten. Daher ist es gerade für kleine Handelsunternehmen erschwert möglich, mit Handelsmarken (insbesondere Gattungsmarken) die Ertragssituation zu verbessern.

- *Stärkung der Profilierung*
Handelsmarken leisten einen Beitrag zur Profilierung des Handelsunternehmens. Sie können eingesetzt werden, um positive Erfahrungen mit der Handelsmarke auf das Handelsunternehmen selbst zu übertragen (vgl. Liebmann und Foscht 2004, S. 497). Hierzu ist es erforderlich, dass sich die Handelsmarken vom Wettbewerb abheben. Es muss somit eine gewisse Einzigartigkeit existieren, für die ein strategisches Handelsmarkenmanagement eine grundlegende Voraussetzung ist.

- *Neukundengewinnung und Kundenbindung*
Verbunden mit der Profilierung kann mit Handelsmarken die Zielsetzung verfolgt werden, neue Kunden zu gewinnen bzw. bestehende Kunden stärker an das Unternehmen zu binden.

- *Sortimentsoptimierung*
Handelsmarken machen es möglich, dass Handelsunternehmen ihr Sortiment optimieren können. Dies kann durch eine Sortimentsbereinigung erfolgen, indem mehrere Herstellermarken mit einer ähnlichen Positionierung durch eine Handelsmarke ersetzt werden. Parallelsortimente werden damit reduziert. Gleichzeitig wird die Anzahl der Lieferanten verringert, was wiederum Kosten im Beschaffungsbereich senkt. Ferner besteht aber auch die Möglichkeit, Handelsmarken gezielt zur Sortimentsergänzung einzusetzen. Beispielsweise haben Lebensmitteleinzelhändler ihr Sortiment durch Handelsmarken in den Bereichen Bio und Fair Trade ergänzt. Herstellermarken haben in diesem Bereich oft kein warengruppenübergreifendes Sortiment.

Praxisbeispiel: Viva Vital

Der Discounter Plus (2009 durch Netto Markendiscount übernommen) führte im Jahr 2006 eine warengruppenübergreifende Handelsmarke ein, die das Thema bewusste Ernährung in den Mittelpunkt rückte. Das Sortiment umfasste mehr als 80 Produkte und zielte auf Kunden ab, die sich ausgewogen ernähren wollten. Laut Plus sollte damit der aufkommende Trend zu einer gesünderen Ernährung unterstützt werden. Die Handelsmarke Viva Vital wurde damals mit einer groß angelegten Kommunikationskampagne eingeführt (vgl. MED-Magazin 2006).

- *Erhöhung und Integration der Verbundpartner*
  In Verbundgruppen kann die Handelsmarke eingesetzt werden, um die Zusammengehörigkeit zwischen den Kooperationspartnern zu erhöhen (siehe Praxisbeispiel Katag).

> **Praxisbeispiel: Katag**
> Die Katag AG, nach eigenen Aussagen Europas größter Fashion-Dienstleister, stellt eine Art Verbundgruppe dar. Selbstständige Einzelhändler haben über die Katag AG die Möglichkeit, ihr Sortiment zu beziehen sowie weitere Dienstleistungen in Anspruch zu nehmen. Das Unternehmen bietet seinen Verbundpartnern eine Premium-Handelsmarke unter dem Namen (The Mercer) N. Y. an. Dabei handelt es sich um „feinste ausgewählte Lieblingsteile aus Kaschmir und Seide" (Katag 2015).

Tab. 2.1 kann entnommen werden, welche Handelsmarkentypen eher geeignet sind, bestimmte Ziele zu erreichen.

Nach der Zielsetzung folgt die Festlegung von Strategien. Dabei kann der Abb. 2.6 eine grundsätzliche Übersicht der Handelsmarkenstrategien entnommen werden. In Anlehnung an Becker (2013, S. 147) können vier grundlegende Marketingstrategien unterschieden werden: Marktfeld-, Marktstimulierungs-, Marktbearbeitungs- und Marktarealstrategien. Diese werden noch um die Aspekte Markenarchitektur, Handelsmarkentyp und Sortimentsbedeutung erweitert und nachfolgend behandelt.

Marktfeldstrategien legen fest, was das Unternehmen anbieten soll, und orientieren sich an den Kriterien Produkte und Märkte. Mit den Ausprägungen neue und bestehende können dann vier unterschiedliche Optionen identifiziert werden. Marktfeldstrategien wurden von Ansoff entwickelt und werden auch als Produkt-Markt-Matrix bezeichnet. Es handelt sich dabei um ein Werkzeug zur Planung von Wachstumsstrategien. Im Folgenden werden kurz die vier Optionen angesprochen und es wird ein Bezug zum Handelsmarkenmanagement hergestellt (vgl. Nagel und Mieke 2014, S. 289 ff.; Kreutzer 2013, S. 180 ff.; Berentzen 2010, S. 140 f.):

Tab. 2.1 Möglichkeit der Zielerreichung differenziert nach den Handelsmarkentypen

Handelsmarkenziele	Gattungsmarke	Klassische Handelsmarke	Premiumhandelsmarke
Verbesserung der Ertragssituation	Weniger geeignet	Geeignet	Sehr geeignet
Stärkung der Profilierung	Weniger geeignet	Geeignet	Sehr geeignet
Neukundengewinnung	Weniger geeignet	Geeignet	Sehr geeignet
Kundenbindung	Geeignet	Geeignet	Sehr geeignet
Sortimentsoptimierung	Geeignet	Sehr geeignet	Weniger geeignet

2.3 Ziele und Strategien

Abb. 2.6 Strategieoptionen von Handelsmarken. (In Anlehnung an Bruhn 2012, S. 552)

- *Marktdurchdringungsstrategien* setzen an bestehenden Märkten und bestehenden Produkten an. Es kann somit versucht werden, bestehende Kunden zu einer noch intensiveren Nutzung anzuregen oder Neukunden zu gewinnen. Dies kann beispielsweise durch das Angebot von veränderten Verpackungsgrößen oder Preissenkungen erreicht werden. Gerade diese beiden Beispiele sind auch im Rahmen des Handelsmarkenmanagements von Relevanz.
- *Marktentwicklung:* Im Rahmen der Marktentwicklung wird versucht, mit den bestehenden Produkten neue Märkte zu erschließen. Hierbei ist zum einen eine geografische Ausdehnung des Absatzgebietes denkbar. Zum anderen kann eine Marktentwicklung aber auch über die Ansprache neuer Kundensegmente erreicht werden. Für Handelsmarken kann im Rahmen der Marktentwicklung entschieden werden, dass Handelsunternehmen ihre Handelsmarken an allen Standorten in allen Ländern anbieten. Es ist auch möglich, seine Handelsmarke anderen Händlern zur Verfügung zu stellen. Diese Strategie ist bei Alnatura anzutreffen. Deren Produkte sind u. a. auch bei tegut, Globus und Migros zu finden. Weiterhin ist es auch denkbar, dass das Handelsmarken-Portfolio eines Einzelhändlers auf den Großhandel übertragen wird.
- *Produktentwicklung:* Werden modifizierte oder neue Produkte auf bestehenden Märkten angeboten, handelt es sich um eine Produktentwicklung. Dieser Ansatz ist insbesondere bei Premium-Handelsmarken anzutreffen. Ferner ist in den letzten Jahren bei vielen Handelsunternehmen aber auch der Ansatz zu finden, Konsumenten bewusst bei der Erfindung neuer Produkte einzubinden.

> **Praxisbeispiel: Edeka Selbermacher**
> Im Jahr 2013 rief Edeka seine Kunden dazu auf, neue Produkte für Cookies, Smoothies und Joghurts zu entwickeln. Insgesamt gingen mehr als 130.000 Vorschläge ein, aus denen dann drei Gewinner gekürt wurden. Die Produkte waren ab Mai 2014 bei Edeka unter der Handelsmarke Edeka zu erwerben (vgl. Edeka-Verbund 2014).

- *Diversifikation:* Mittels der Diversifikation wird versucht, Wachstum mit neuen Produkten auf neuen Märkten zu erreichen. Unternehmen haben damit auch die Möglichkeit, ihr Risiko zu streuen. Eine Diversifikation kann dabei horizontal (Erweiterung des Leistungsprogramms auf der gleichen Wirtschaftsstufe), vertikal (Aufnahme von Leistungen der vor- und nachgelagerten Wirtschaftsstufe) oder lateral (Vorstoß in völlig neue Bereiche) erreicht werden. Als Beispiel kann die Ausweitung des Tätigkeitsfelds der Handelsmarke von Lebensmittel auf Telekommunikation angeführt werden.

Marktstimulierungsstrategien beziehen sich auf die Festlegung der Marktbeeinflussung und Marktsteuerung, d. h., es erfolgt die Konkretisierung der Stimulierung der Zielpersonen. Hierzu werden zwei grundlegende Strategiemuster unterschieden: Preis-Mengen- und Präferenzstrategie. Eine Preis-Mengen-Strategie ist auf einen niedrigen Angebotspreis ausgerichtet (aggressiver Preiswettbewerb). Innerhalb des Marktes werden damit Konsumenten angesprochen, die als sogenannte Preis-Käufer charakterisiert werden können. Diese Strategie ist im Rahmen des Handelsmarkenmanagements typisch für Gattungsmarken und zum Teil auch für klassische Handelsmarken (vgl. Becker 2013, S. 214 f.). Da der Preis der Gattungsmarken ein starkes Profilierungsmittel ist, muss er bei den Unternehmen gleich sein. Das bedeutet in der Konsequenz für kleinere Händler aber auch, dass die Kalkulation dieser Artikel sehr schwer ist, da sie nicht über eine dementsprechende Absatzmenge verfügen. Im Rahmen der Beschaffung (siehe Abschn. 2.4) stehen kleinere Händler oftmals vor dem Problem, überhaupt einen Lieferanten zu finden.

> **Praxisbeispiel: Preis-Mengen-Strategie im Lebensmitteleinzelhandel**
> Wenn der Discounter Aldi die Preise senkt, wird dies kommunikativ vom Unternehmen begleitet. Alle anderen Wettbewerber ziehen aufgrund des intensiven Wettbewerbs meist direkt nach. Dabei dürfte auf der Hand liegen, dass nicht jeder Wettbewerber über die gleichen Absatzzahlen wie Aldi verfügt. Die Preissenkungen führen bei einigen Lebensmitteleinzelhändlern demnach zu geringen Erträgen oder sogar zu Verlusten je verkauftem Produkt. Im Jahr 2014 bezeichnete Alain Caparros, Vorstandsvorsitzender der Rewe Group, die Preissenkungen von Aldi als Wertvernichtung (vgl. Handelsblatt 2014).

Die *Präferenzstrategie* kann mit der Differenzierungsstrategie nach Porter gleichgesetzt werden. Es geht dabei darum, einen konsequenten Leistungsvorteil am Markt anzubieten. Dazu ist es erforderlich, Vorlieben (Präferenzen) bei den Konsumenten aufzubauen.

Daher wird die Präferenzstrategie auch als Markenstrategie bezeichnet. Diese Strategie ist für die Handelsmarkentypen klassische Handelsmarke und Premium-Handelsmarke geeignet. Insbesondere Premium-Handelsmarken müssen sehr starke Vorlieben aufbauen (vgl. Becker 2013, S. 182 ff.). Daher wird im weiteren Verlauf des Kapitels noch auf die Markenidentität und damit verbundene Konstrukte eingegangen.

Marktbearbeitungsstrategien haben die Aufteilung des Marktes in Marktsegmente und die Auswahl und Bearbeitung eines oder mehrerer dieser Marktsegmente zum Gegenstand. Grundsätzlich wird dabei die nachfolgende Unterteilung vorgenommen (vgl. Kreutzer 2013, S. 190 ff.):

- *Undifferenziertes Marketing*
  Bei der Wahl dieser Marktbearbeitungsstrategie wird der Gesamtmarkt mit einem einheitlichen Marketing-Mix angesprochen. Daher wird auch von einer Massenmarktstrategie gesprochen. Ein Transfer auf das Handelsmarkenmanagement würde bedeuten, dass Handelsunternehmen eine Handelsmarke im Sortiment haben und damit alle Zielgruppen gleichermaßen ansprechen. Undifferenziertes Marketing liegt häufig bei Gattungsmarken vor.
- *Differenziertes Marketing*
  Erfolgt eine Unterscheidung der Ausgestaltung des Marketing-Mix für unterschiedliche Marktsegmente, wird von einem differenzierten Marketing gesprochen. Das Unternehmen versucht, mehrere Segmente eines Marktes mit dem eigenen Angebot anzusprechen. Im Handelsmarkenmanagement ist diese Strategie anzutreffen, wenn eine Differenzierung der Handelsmarken vorgenommen wird und Kunden so mit verschiedenen Handelsmarken angesprochen werden. In diesem Zusammenhang wird auch von einem Handelsmarken-Portfolio gesprochen. Im Textileinzelhandel ist es typisch, dass unterschiedliche Handelsmarken innerhalb eines Unternehmens auf unterschiedliche Käufergruppen zugeschnitten sind.
- *Konzentriertes Marketing*
  Wählt ein Unternehmen aus den identifizierten Marktsegmenten gezielt eines oder einige wenige Marktsegmente aus, wird von einem konzentrierten Marketing gesprochen. Es findet somit eine Fokussierung statt. Beispielsweise stellt die gleichnamige Handelsmarke des Handelsunternehmens Alnatura eine Konzentration auf ein Marktsegment dar.

Marktarealstrategien beziehen sich auf die Festlegung der räumlichen Ausdehnung der Handelsmarke. Dabei ist ein Kontinuum von regional bzw. lokal über national bis hin zu international denkbar (vgl. Kreutzer 2013, S. 205 f.). Das Unternehmen Metro Cash & Carry nutzt beispielsweise die Handelsmarke Rioba, unter der Produkte für Cafés angeboten werden, international (vgl. Metro Group 2015). Viele Lebensmitteleinzelhändler entdecken regionale Produkte für sich und vermarkten diese meist unter einer eigenen Handelsmarke. Dabei muss aber auf eine sehr genaue Beschaffung geachtet werden, weil Regionalität bestimmte Erwartungen der Konsumenten weckt und keine internationalen

Produkte einbeziehen darf. Die Kommunikation der Handelsmarke ist hier letztlich entscheidend (siehe Praxisbeispiel).

> **Praxisbeispiel: Regionale Handelsmarken**
> Der Discounter Lidl führt seit 2010 eine regionale Handelsmarke *Ein gutes Stück Heimat* im Sortiment. Unter der Handelsmarke werden vorrangig Produkte aus Bayern angeboten (vgl. Lidl 2015). Rewe nutzt für regionale Lebensmittel die Handelsmarke *Rewe Regional*, die neben dem Schriftzug auch aus einer Deutschlandkarte besteht. In dieser sind dann jeweils rote Punkte für die Herkunft des Produktes eingezeichnet (vgl. Rewe 2015).
> Auch coop, eine Konsumgenossenschaft, die überwiegend in Norddeutschland aktiv ist, hat unter der Handelsmarke *Unser Norden* regionale Produkte eingeführt. „Das Sortiment von Unser Norden umfasst nahezu alles, was das Genießerherz begehrt. Von Milchprodukten, Brot- und Backwaren über Wurst und Feinkost bis hin zu Fertiggerichten und Obst und Gemüse. Alles frisch aus dem Norden – exklusiv bei sky!" (Coop 2015). Das Zitat macht deutlich, dass Konsumenten zu Recht erwarten können, dass es sich ausschließlich um Produkte aus Norddeutschland handelt. In diesem Zusammenhang stellt sich die Frage, ob immer garantiert werden kann, dass die Produkte aus der Region kommen. Reicht es aus, wenn die Produkte nur in der Region abgefüllt werden und die Inhaltsstoffe von ganz woanders kommen? Das Unternehmen hatte beispielsweise einen Honig unter der Handelsmarke *Unser Norden* im Sortiment. Dieser stammte jedoch nicht nur von Imkern aus Norddeutschland (vgl. Wassink 2007). Das kommunikative Versprechen der Handelsmarke wird an diesem Beispiel somit nicht eingelöst.

Neben den bereits angesprochenen Strategien muss sich das Handelsunternehmen auch überlegen, in welcher *Markenarchitektur* die Handelsmarken in Erscheinung treten sollen. Im Nachfolgenden werden zuerst die grundlegenden Strategien der Markenarchitektur erklärt. Dann wird auf spezielle Aspekte des Handelsmarkenmanagements eingegangen. Es können drei grundlegende markenstrategische Grundoptionen unterschieden werden (vgl. u. a. Esch 2014, S. 397):

- *Einzelmarken (auch als Produkt- oder Mono-Marken-Konzept bezeichnet)*
  Jedes Produkt des Unternehmens wird unter einer eigenen Marke angeboten. Die Einzelmarkenstrategie wird heute etwas aufgeweicht, d. h., dass auch mehrere Varianten des Produkts unter einer Marke angeboten werden, die aber dieselbe Positionierung besitzen. Transferiert auf den Handel würde das bedeuten, dass jedes Produkt unter einer eigenen Handelsmarke fungiert bzw. für eine Produktgruppe eine eigene Handelsmarke ins Leben gerufen wird. Diese Strategie bietet sich dann an, wenn das Unternehmen sehr heterogene Zielgruppen anspricht, die unterschiedliche Bedürfnisse und Ansprüche aufweisen. Ferner ist ein hinreichend großes Marktvolumen erforderlich. In diesem Zusammenhang muss noch auf eine Besonderheit hingewiesen werden. Bearbeitet das Unternehmen ein Marktsegment nur mit einer Marke,

2.3 Ziele und Strategien

handelt es sich um eine Einzelmarke. Setzt das Unternehmen zur Bearbeitung des Marktsegments aber auf mehrere Marken parallel, wird von einer Mehrmarkenstrategie gesprochen. Diese Unterscheidung soll im weiteren Verlauf aber keine Bedeutung mehr spielen. Mit einer Einzelmarke gelingt eine klare und spitze Positionierung eines Produkts. Die Marke kann sehr gut auf die Bedürfnisse der Zielgruppe ausgerichtet werden. Echte Innovationen sind daher als Einzelmarke besser zu vermarkten. Misserfolge wirken sich nicht auf andere Marken aus. Die Markt- und Kommunikationsbedingungen erschweren die Durchsetzung einer Einzelmarkenstrategie, da dementsprechend hohe Investitionen erforderlich sind. Die Amortisation dieser Investitionen wird durch verkürzte Produktlebenszyklen zunehmend erschwert (vgl. Esch 2014, S. 398 ff.; Burmann et al. 2015, S. 138 f.).

Praxisbeispiel: Einzelmarken bei Hellweg

Der Baumarktbetreiber Hellweg bietet in verschiedenen Warengruppen auch Handelsmarken an, die als Einzelmarken geführt werden. So existiert im Bereich Sanitär die Marke Valblue, in der Warengruppe Werkzeug die Marke MyTool. Weitere Handelsmarken sind: Vincent (Farben), Flector (Elektro) und Fundamo (Baustoffe/Fliesen).

- *Familienmarken:*
  Die Familienmarke stellt eine Mischung aus Einzel- und Dachmarke dar. Dabei werden mehrere Produkte, meist aus einer Produktlinie, unter einer einheitlichen Marke geführt. Es handelt sich somit um eine Art Dachmarke, nur dass auch noch andere Marken im Unternehmen geführt werden. Bei einer Familienmarke kann somit von der eindeutigen Positionierung der Marke profitiert werden. Gleichzeitig können aber auch Synergieeffekte genutzt werden, da mehrere Produkte unter der Familienmarke angeboten werden. Die Einführungskosten sind demnach wesentlich geringer. Das Unternehmen kann einen Imagetransfer erreichen und die Marke dehnen. Dabei muss jedoch die Positionierung der Familienmarke bedacht werden. Neue Produkte dürfen sich nicht so weit von der eigentlichen Positionierung entfernen, um die Akzeptanz der Familienmarke nicht zu beschädigen. Für den Erfolg einer Familienmarkenstrategie ist eine klare Markenpositionierung eine wichtige Voraussetzung (vgl. Esch 2014, S. 400 ff.).

Praxisbeispiel: Familienmarken

Der Verbrauchermarkt Edeka benutzt u. a. eine Familienmarkenstrategie für seine Handelsmarken. Dabei werden unter der Dachmarke Edeka mit dem Namenszusatz eines Landes jeweils Produkte, die mit dem jeweiligen Land assoziiert werden, positioniert. An dieser Stelle soll nur ein kleiner Auszug der Marken vorgestellt werden:

- Edeka Italia: „Unsere EDEKA Italia Produkt-Familie transportiert das Dolce Vita direkt in Ihre Küche" (Edeka 2015a).

- Edeka La France: „Selbstverständlich stellen wir alle EDEKA La France-Produkte nach Originalrezepten und mit besten Zutaten direkt in Frankreich her" (Edeka 2015b).

- *Dachmarken (auch als Umbrella Brand bezeichnet)*
  Führt ein Unternehmen alle seine Produkte unter einer einheitlichen Marke, handelt es sich um eine Dachmarkenstrategie. Häufig werden Dachmarken um Subbrands ergänzt. Für diese Strategie wird sich u. a. dann entschieden, wenn der Umfang des Produktprogramms zu groß ist, um eine sinnvolle Einzelmarkenstrategie zu verwenden. Bei Handelsmarken ist dies insbesondere bei Gattungsmarken der Fall. Weiterhin ist der Einsatz von Dachmarken empfehlenswert, wenn es sich um ein Produktprogramm handelt, welches starken Modeschwankungen unterliegt. Die Vorteile einer Dachmarkenstrategie sind dabei ähnlich wie die der Familienmarke. Der Aufwand der Marke wird durch mehrere Marken getragen, was eine Amortisation erleichtert. Neue Produkte können von dem Image der Dachmarke profitieren. Es besteht jedoch die Gefahr, dass im Rahmen von Dachmarken Innovationen nicht richtig zur Geltung kommen.
  Für die Ausgestaltung der Dachmarkenstrategie bei Handelsmarken ergeben sich zwei Möglichkeiten. Zum einen ist es denkbar, dass eine Handelsmarke quer über das gesamte Sortiment eingesetzt wird. Dann wird von einer Sortimentsmarke gesprochen. Demnach werden mehrere Artikel in mehreren Warengruppen unter einer Handelsmarke angeboten. Dabei existieren häufig keine Verbundbeziehungen zwischen den Produkten. Grundsätzlich wird eine solche Strategie häufig bei Gattungsmarken eingesetzt und kann im Lebensmitteleinzelhandel beispielsweise bei Rewe (ja!), Edeka (Gut & Günstig) oder Kaufland (K-Classic) und im Baumarkteinzelhandel beispielsweise bei Hellweg (Basic) oder Obi (Lux) beobachtet werden (vgl. Bruhn 2012, S. 27; Mattmüller und Tunder 2004, S. 961 ff.; Schenk 2004, S. 134 f.; Bruhn 2001, S. 33 ff.; Ahlert et al. 2000, S. 51 f.).
  Zum anderen kann das Handelsunternehmen auch seinen Unternehmensnamen für die Dachmarke verwenden. Von dieser Strategie wird insbesondere im Handel seit einigen Jahren häufiger Gebrauch gemacht. Diese Strategie war zuvor in den USA oder Großbritannien zu beobachten. Im Unterschied zu Deutschland wird in diesen Ländern auch für Gattungsmarken der Name des eigenen Handelsunternehmens benutzt (z. B. Tesco Everyday). In Deutschland lässt sich der Trend beobachten, dass mit der Bezeichnung der Handelsmarke analog zum Unternehmensnamen ein Imagetransfer erreicht werden soll. Das Handelsunternehmen möchte das aufgebaute Image des Unternehmens noch stärker nutzen und durch die Bezeichnung der Handelsmarke unterstreichen. Hierzu können Beispiele wie Penny, Rewe oder Alnatura angeführt werden.

2.3 Ziele und Strategien

Praxisbeispiel: Penny

Im Mai 2012 führte Penny als erster Discounter in Deutschland eine Handelsmarke ein, die den Namen des Unternehmens trägt. Die Rewe Group sagt hierzu selbst: „Vertriebs- und Handelsmarke namentlich zusammenzufassen ist bisher einzigartig im Discount – ein klares Qualitätsversprechen für die PENNY Kunden. Die PENNY Produktrange definiert den Preiseinstieg im Sortiment und ist durch das auffällige Logo für die Kunden leicht im Regal zu finden" (Rewe Group 2015). Die Einführung der Handelsmarke wurde mit zahlreichen Anzeigen (Abb. 2.7) und TV-Spots begleitet. Die Namensgebung ist mit dem Vorteil verbunden, dass positive Produkterlebnisse

Abb. 2.7 Anzeige Penny Handelsmarke. (Reidel 2012)

gleich auf die Einkaufsstätte übertragen werden. Das bringt jedoch auch den Nachteil mit sich, dass es bei negativen Erlebnissen einen stark umgekehrten Effekt gibt.

Vorteilhaft an dieser Strategie ist, dass Konsumenten die Handelsmarken wesentlicher leichter dem Handelsunternehmen zuordnen können. In Abhängigkeit von der Positionierung des Handelsunternehmens kann auch dessen Image auf die Handelsmarke übertragen werden (Imagetransfer). Weiterhin kann auch die Loyalität des Konsumenten gestärkt werden. Ein positiver Effekt auf den Handelsmarkenanteil wird für den Fall beobachtet, dass Handelsunternehmen den Handelsnamen in der Bezeichnung der Handelsmarke verwenden (vgl. Dhar und Hoch 1997). Ebenso können die Differenzierung von Wettbewerbern und die Einstellung zu Handelsmarken verbessert werden (vgl. Schnittka et al. 2015, S. 109).

Gleichzeitig besteht die Gefahr der Verbindung des Namens der Handelsmarke mit der Händlermarke aber auch darin, dass das Markenbild verwässert. Gerade dann, wenn unter einem Namen verschiedene Preis- und Qualitätsstufen angeboten werden und der Konsument diese kaum noch unterscheiden kann. Ebenso sind negative Folgen für die Händlermarke denkbar (vgl. Schnittka et al. 2015, S. 93; Becker et al. 2014, S. 92 f.; Geyskens et al. 2010, S. 804). In ihrer Studie kommen Schnittka et al. (2015) zu dem Ergebnis, dass der Name des Handelsunternehmens deckungsgleich mit der Handelsmarke eher für klassische Handelsmarken und nicht für Gattungsmarken eingesetzt werden sollte. Weiterhin empfiehlt sich der Einsatz in Kategorien mit einer niedrigen Markenrelevanz (vgl. Schnittka et al. 2015, S. 109).

In der Praxis können die einzelnen Strategien selten voneinander getrennt werden. Unternehmen wenden mehrere Strategien parallel an. Neben den grundsätzlichen Markenstrategien verweist Berentzen (2010, S. 151) darauf, dass im Rahmen des Handelsmarkenmanagements *spezifische Ansätze der Markenarchitektur* zu finden sind. Auch hier gilt, dass die Ansätze nicht überschneidungsfrei sind. Die Architektur der Handelsmarken kann wie folgt gegliedert werden (vgl. Berentzen 2010, S. 151 ff.):

- *Preisorientierung*
  Im Rahmen einer Preisorientierung wird die Handelsmarkenarchitektur so aufgebaut, dass eine klare Preisdifferenzierung zwischen den Handelsmarken zu erkennen ist. Im Sortiment befindet sich demnach eine Handelsmarke, die den Preiseinstiegsbereich abdeckt. Dies erfolgt häufig in Form von Gattungsmarken. Die klassische Handelsmarke übernimmt den Bereich des mittleren Marktes. Es handelt sich dabei oftmals um Me-too-Produkte, die eine deutliche Übereinstimmung zur Herstellermarke aufweisen. In der oberen Preiskategorie werden Premium-Handelsmarken eingesetzt. Das Beispiel der Globus SB-Warenhäuser verdeutlicht den Einsatz.

2.3 Ziele und Strategien

> **Praxisbeispiel: Globus SB-Warenhaus**
>
> Der SB-Warenhaus-Betreiber Globus hat seine Handelsmarken überwiegend nach einer Preisorientierung aufgebaut (Korrekt, Globus, Globus Gold). Im Bereich des Preiseinstiegs wird die Marke Korrekt eingesetzt. Dazu heißt es: „Diese Produkte erhalten Sie in der Region dauerhaft nirgendwo billiger. Dafür sorgen unsere Preisvergleicher durch die permanente Prüfung der Preise unserer Wettbewerber. Wir lassen uns nicht unterbieten! Wer dauerhaft Geld sparen will, braucht dabei nicht auf gute Qualität zu verzichten" (Globus 2015a). Im Bereich der Mitte wird die Handelsmarke Globus verwendet, die demnach denselben Namen trägt wie das Unternehmen selbst. „Diese Eigenschaften, auf die Globus seit 1828 als Familienbetrieb größten Wert legt, finden Sie jetzt verstärkt bei den Produkten der Marke ‚Globus'. Und nicht nur das: Diese Artikel sind auch preislich eine echte Alternative zu vergleichbaren Markenprodukten" (Globus 2015b). Im oberen Preisbereich wird die Handelsmarke Globus Gold eingesetzt. Hierzu sagt das Unternehmen selbst: „Das Etikett Globus Gold tragen nur Waren, die wir für besonders hochwertig halten. Von der Ananas, die so zart ist, dass man das Innere mit essen kann, bis zur Grapefruit, die wenig Bitterstoffe enthält und besonders süß-herb schmeckt" (Globus 2015c).

- *Warengruppenorientierung*
  Das Handelsunternehmen führt bei einer Warengruppenorientierung unterschiedliche Handelsmarken je Warengruppe. Es besteht somit eine Verbindung zur Familienmarke. Bei einer Warengruppenmarke bezieht sich der Geltungsbereich der Handelsmarke nicht nur auf ein Produkt, sondern auf eine ganze Warengruppe, beispielsweise Kosmetikprodukte. Es werden somit mehrere Produkte innerhalb einer Warengruppe unter einer Handelsmarke angeboten (vgl. Bruhn 2012, S. 27; Mattmüller und Tunder 2004, S. 961 ff.; Schenk 2004, S. 134 f.; Bruhn 2001, S. 33 ff.; Ahlert et al. 2000, S. 51 f.). Das Praxisbeispiel von Deichmann zeigt eine Warengruppenorientierung für Damenschuhe.

> **Praxisbeispiel: Deichmann**
>
> Der Schuheinzelhändler Deichmann bietet neben Markenprodukten auch zahlreiche Handelsmarken an. Die Marke 5th Avenue wird als Warengruppenmarke in der Warengruppe Damenschuhe genutzt. Deichmann sagt hierzu selbst: „5th Avenue steht für modische, internationale Designs, hochwertige Materialien in angesagten Farben und sehr guter Ausstattung in femininen Look. Und das zu einem unschlagbar guten Preis. Stars wie Cindy Crawford oder Halle Berry haben unter dieser Marke ihre eigenen Kollektionen entwickelt" (Deichmann 2013, S. 17).

- *Altersgruppenorientierung*
Typischerweise wird eine Altersorientierung der Handelsmarkenarchitektur dort eingesetzt, wo die Segmentierung nach dem Alter eine höhere Bedeutung besitzt. Dies ist beispielsweise im Bekleidungsbereich der Fall. Dabei kann eine Altersgruppenorientierung auch in anderen Warenbereichen sinnvoll sein (siehe Praxisbeispiele).

> **Praxisbeispiele: Ernsting's Family & Coop**
> Das Handelsunternehmen Ernsting's Family bietet unter der Handelsmarke Topomini Bekleidung für Babys an. Die Handelsmarken Topolino und Yigga wenden sich dann an Kleinkinder bzw. Kinder.
> Coop bietet unter der Handelsmarke JaMaDu in der Schweiz Lebensmittel für Kinder im Alter von 4 bis 9 Jahren an. „JaMaDu soll Spass machen, toll schmecken – und gleichzeitig elementare Bausteine für eine ausgewogene Ernährung liefern, mit so wenig Zucker, Fett, Salz und Zusatzstoffen wie möglich" (coop Schweiz 2015).

- *Bedürfnisorientierung*
Im Rahmen der Handelsmarkenarchitektur ist es auch möglich, sich mit einer speziellen Handelsmarke auf die Bedürfnisse der Konsumenten zu konzentrieren. Dies ist beispielsweise bei Allergikern oder bei Menschen sinnvoll, die auf Nachhaltigkeit der Produkte achten. Weiterhin ist es auch denkbar, die Handelsmarke an die demografischen Veränderungen und die Zunahme der Single-Haushalte anzupassen. Aus diesen Veränderungen folgt ein anderes Kaufverhalten. Kleinere Abpackungen könnten stärker nachgefragt werden (siehe Praxisbeispiel).

> **Praxisbeispiel: Für den kleinen Kauf**
> Der Discounter Plus hat im Jahr 2007 die Handelsmarke „Für den kleinen Kauf" eingeführt. Darunter wurden Artikel angeboten, die sich speziell an Single-Haushalte richten sollten. So bestand das Sortiment beispielsweise aus kleinen Verpackungen abgepackter Wurst oder einem Paar Wiener Würstchen. Mittlerweile bietet Netto Markendiscount aufgrund der Übernahme von Plus diese Handelsmarke an.

Auf die verschiedenen *Handelsmarkentypen* wurde bereits in Abschn. 1.2 eingegangen. Diese Typologie bezieht sich auf deren Positionierung. Dabei können Gattungsmarke, klassische Handelsmarke und Premium-Handelsmarke unterschieden werden. Abb. 2.8 zeigt eine Preis-/Qualitätspositionierung von Handelsmarken und berücksichtigt gleichzeitig Herstellermarken. Dabei soll auf die einzelnen Typen nicht erneut eingegangen werden. Aus Sicht des Handelsmarkenmanagements sind für das Ziel einer Profilierung besonders die Premium-Handelsmarken von großer Bedeutung. Diese bieten auch die

2.3 Ziele und Strategien

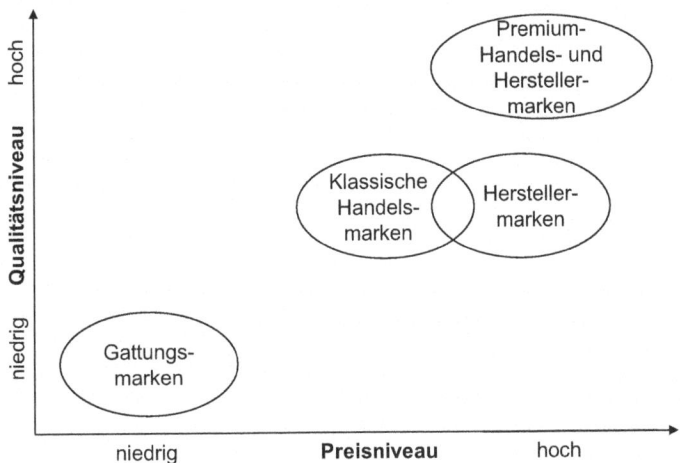

Abb. 2.8 Preis-/Qualitätspositionierung von Handelsmarken. (In Anlehnung an Becker et al. 2014, S. 91)

Möglichkeit einer Profilierung des Händlers durch die Bearbeitung von Marktnischen wie Nahrungsmittelunverträglichkeiten (Laktose- oder Glutenunverträglichkeit), Fairtrade oder vegane Produkte (siehe Praxisbeispiel Norma). Grundsätzlich erfordern Premium-Handelsmarken aber eine deutlich höhere Qualität. Kunden sind schnell verärgert, wenn diese Qualität nicht den Erwartungen entspricht (vgl. Becker et al. 2014, S. 91 ff.). Gleichzeitig erweist es sich in der Praxis als schwierig, die höhere Qualität und damit den höheren Preis zu kommunizieren. Dies unterstreicht die Bedeutung eines Managements von Handelsmarken. Insbesondere Premium-Handelsmarken erfordern den Aufbau einer Markenidentität, worauf später eingegangen wird.

Praxisbeispiel: Norma

Der Discounter Norma bietet unter der Handelsmarke Bio Sonne verschiedene biologische Produkte an. Darunter sind auch einige vegane Produkte. Für seine Bio-Kompetenz wurde der Discounter 2015 auf der Messe Biofach geehrt (Presseportal 2015).

Weiterhin müssen Handelsunternehmen die *Sortimentsbedeutung* der Handelsmarke festlegen. Hier wird zwischen einer Basis- bzw. Kernmarke und einer Zusatz- bzw. Randmarke differenziert. Bei einer Kernmarke bildet die Handelsmarke den Mittelpunkt der markenpolitischen Gestaltung, während eine Randmarke zur Unterstützung der Kernmarke eingesetzt wird.

Neben den angeführten Strategien ist es aus Sicht der Markenführung zentral, die *Markenidentität* der Handelsmarke zu bestimmen (siehe hierzu Abschn. 1.1). Die aufgeführten Faktoren der Situationsanalyse haben dabei deutlich gemacht, dass der Wettbewerb intensiv ist und Handelsunternehmen ihren Handelsmarken ein stärkeres eigenes

Profil geben müssen. Bei der Konzeption der Handelsmarke muss ausgesagt werden, wofür die Handelsmarke stehen soll. In diesem Zusammenhang müssen Unternehmen essenzielle und wesensprägende Merkmale der Handelsmarke festlegen (vgl. Esch 2014, S. 79). Dabei ist es für Unternehmen zentral, die Markenidentität nicht losgelöst von den Vorstellungen und Auffassungen des eigenen Unternehmens zu entwickeln. Das bedeutet konkret, dass die Markenidentität eine Wechselwirkung mit dem Unternehmenszweck, den Unternehmenswerten und Grundsätzen sowie der Vision des Unternehmens hat (vgl. Esch 2014, S. 81 f.).

Zur Ableitung der Markenidentität der Handelsmarke sollte das Handelsunternehmen im ersten Schritt den relevanten Markt bestimmen. Dabei ist zu klären, welche konkreten Kundenbedürfnisse existieren und wie die bereits vorhandenen Marken, konkurrierende Handelsmarken und vergleichbare Herstellermarken am Markt auftreten (vgl. Esch 2014, S. 116 f.). Für die *Entwicklung einer Soll-Identität* ist es erforderlich, folgende Anforderungen zu berücksichtigen (vgl. Esch 2014, S. 117):

- *Berücksichtigung des Produktspektrums*
  Für die Ableitung der Markenidentität ist es wichtig, sich mit der Homogenität der Artikel, die unter der Handelsmarke angeboten werden, auseinanderzusetzen. Diese Tatsache muss in Verbindung mit der Bestimmung der Markenarchitektur gesehen werden. Es ist anspruchsvoller, eine Markenidentität für eine Handelsmarke zu entwickeln, die ein sehr heterogenes Produktspektrum aufweist. Unternehmen sollten in diesem Fall nach dem größtmöglichen gemeinsamen Nenner über alle Angebote hinweg suchen. Bei Gattungsmarken wird dieser Nenner sehr häufig im Preis gesehen. Für die Markenidentität der Handelsmarke wird dieser Nenner aber nicht ausreichen.
- *Soll-Markenidentität als Teil der Markenstrategie verstehen*
  Innerhalb der Markenstrategie ist es erforderlich, dass die Markenidentität der Handelsmarken in die Markenstrategie eingebettet wird.
- *Ganzheitliche Erfassung der Identitätsmerkmale*
  Im Rahmen der Bestimmung der Identität der Handelsmarke sollten Unternehmen alle wesensprägenden Merkmale der Handelsmarke erfassen. Bei der Festlegung der Markenidentität müssen Hard Facts und Soft Facts der Marke bestimmt werden. Als Hard Facts werden Informationen bezeichnet, die der Konsument bewusst aufnimmt. Beispielsweise sind das Eigenschaften und Nutzenversprechen der Marke. Es handelt sich somit um rationale Eigenschaften der Handelsmarke. Soft Facts hingegen sind solche Informationen, die eher beiläufig aufgenommen werden, ohne dass sich Konsumenten darüber bewusst Gedanken machen. Gerade diese Faktoren werden in der letzten Zeit wichtiger, da sich Marken auf der funktionalen Ebene immer ähnlicher sind. Eine Positionierung aufgrund der funktionalen Eigenschaften ist insbesondere bei Gattungsmarken und klassischen Handelsmarken erschwert. Als Beispiel kann ein Schokoladen-Vollmilch-Keks einer Gattungsmarke dienen. Dieser unterscheidet sich rein funktional nicht von Handelsunternehmen A zu B. Daraus resultiert häufig eine hohe Austauschbarkeit der Handelsmarken, die nur überwunden werden kann, wenn

2.3 Ziele und Strategien

neben dem funktionalen Markennutzen an einem symbolischen Markennutzen gearbeitet wird. Somit werden Soft Facts für die Markenidentität zunehmend wichtiger. Bei der Konstruktion der Markenidentität muss beachtet werden, dass diese sich aus vielen Einzelbestandteilen zusammensetzt und immer als Summe der Einzelkriterien gesehen werden muss (vgl. Esch 2014, S. 94 ff.).

- *Sicherstellen der Stimmigkeit der Identitätsmerkmale*
  Für die Identität der Handelsmarke ist es zentral, dass die Identitätsmerkmale nicht unverbunden nebeneinander stehen, sondern ein Gesamtbild ergeben.

Zur Beschreibung und Erfassung der Markenidentität stehen verschiedene Modelle zur Verfügung (vgl. hierzu Esch 2014, S. 96 ff.). Beispielsweise kann der *Identitätsansatz nach Aaker* benutzt werden. Dabei wird ausgesagt, dass die Markenidentität aus einer Kernidentität und einer erweiterten Markenidentität besteht. Unter der Kernidentität werden bis zu vier Markeneigenschaften verstanden, die über einen längeren Zeitraum Gültigkeit haben. Diese Kernidentität wird in Form eines Satzes als Markenessenz formuliert. Die erweiterte Markenidentität umfasst Eigenschaften der Marke, die sich im Laufe der Zeit ändern können. Die Bestandteile der Markenidentität werden nach diesem Ansatz bestimmt, weil die Marke als Produkt, als Organisation, als Person und Symbol betrachtet wird (vgl. Esch 2014, S. 96 ff.).

Eine weitere Möglichkeit, die Markenidentität zu bestimmen, stellt das *Markensteuerrad* in der Weiterentwicklung nach Esch dar. Dieses besteht aus folgenden Bestandteilen und wird in Abb. 2.9 übersichtlich dargestellt (vgl. Esch 2014, S. 102 ff.):

Abb. 2.9 Markensteuerrad nach Esch zur Bestimmung der Markenidentität. (In Anlehnung an Esch 2014, S. 104)

- *Kompetenz der Marke (Wer bin ich?)*
  Die Markenkompetenz gehört zu den Hard Facts der Marke und bezieht sich u. a. auf die Markenhistorie, die Markenherkunft, die Bedeutung der Marke im Markt und weitere zentrale Kompetenzmerkmale wie besondere Fertigungsverfahren.
- *Markennutzen (Was biete ich an?) und Markenattribute (Über welche Eigenschaften verfüge ich?)*
  Auch hierbei handelt es sich um Hard Facts der Marke. Es ist zwingend erforderlich, dass Unternehmen sich Gedanken machen über zentrale Eigenschaften der Marke und welcher Nutzen daraus resultiert. Es wurde bereits gesagt, dass gerade über die Eigenschaften der Handelsmarke immer seltener ein Kauf erzeugt werden kann. Aus den Eigenschaften muss ein Nutzen resultieren. Dieser liegt auf der funktionalen Ebene bei den Gattungsmarken darin, dass diese eine preisgünstige Alternative darstellen. Neben dem funktionalen Markennutzen sollte auch über den emotionalen Nutzen entschieden werden.
- *Markentonalität (Wie bin ich?)*
  Die Markentonalität ist zu den Soft Facts der Marke zu zählen. Dabei muss erfasst werden, welche Emotionen und Gefühlswelten durch die Marke angesprochen werden. In diesem Zusammenhang ist die Ermittlung der Markenpersönlichkeit, also menschliche Eigenschaften, die mit der Marke verbunden werden, bedeutend. Weiterhin muss sich das Unternehmen Gedanken über die Markenbeziehungen sowie die Festlegung von Erlebnissen mit der Marke machen. Hierbei ist es relevant zu überlegen, an welchen Berührungspunkten (Customer Touchpoints oder Brand Touchpoints) der Konsument mit der Handelsmarke in Kontakt kommt und wie an diesen Punkten aufgetreten werden soll.
- *Markenbild (Wie trete ich auf?)*
  Innerhalb des Markenbilds wird der Auftritt der Marke festgelegt, was einen Beitrag zur Markenbekanntheit und zum Markenimage leistet. Demnach muss entschieden werden, über welche Eindrücke das Bild der Marke erzeugt werden soll. Dabei muss gerade bei Handelsmarken beachtet werden, dass diese über ein anderes Marketingbudget im Unternehmen verfügen. Demnach stehen andere Kommunikationsmaßnahmen zur Verfügung (siehe hierzu Abschn. 2.5.2). Gerade bei Gattungsmarken und klassischen Handelsmarken ist dies deutlich sichtbar.

Die Festlegung der Markenidentität stellt den Ausgangspunkt der *Markenpositionierung* dar. Die Markenidentität ist als Selbstbild der Marke zu sehen, welches den Konsumenten vermittelt werden muss. Erst dann kann bei den Konsumenten ein Image der Marke entstehen, was als Fremdbild der Marke bezeichnet wird. Bei der Markenpositionierung ist es erforderlich, die Markt- und Kommunikationsbedingungen sowie ferner die Zielgruppen der Handelsmarke zu beachten. Dabei erfolgt über die Markenpositionierung die Abgrenzung der eigenen Marke von den Konkurrenzmarken. Zur Erreichung der angestrebten Positionierung wendet ein Unternehmen sichtbare Maßnahmen (siehe Abschn. 2.5) nach außen (Kunden) und innen (Mitarbeiter) an. Dabei müssen Maßnahmen der Wettbewerber und das Involvement der Konsumenten gegenüber dem Produkt bzw. der Marke beachtet werden (vgl. Esch 2014, S. 92 ff.). Abb. 2.10 stellt den Zusammenhang zwischen den Größen Markenidentität, -positionierung und -image dar.

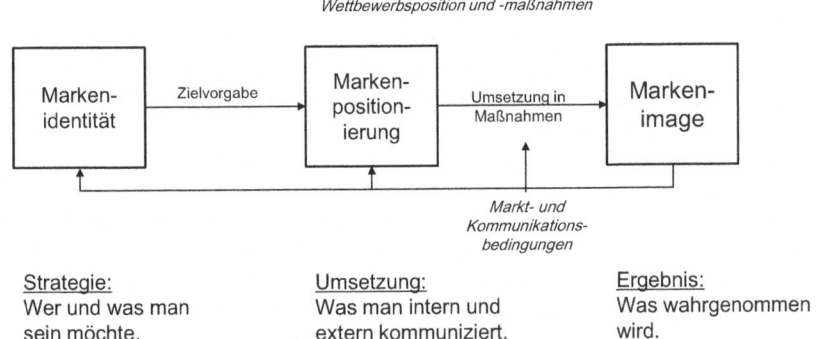

Abb. 2.10 Zusammenhang zwischen Markenidentität, -positionierung und -image. (In Anlehnung an Esch 2014, S. 92)

2.4 Beschaffung

Damit Handelsmarken verkauft werden können, muss ein dementsprechender Einkauf erfolgen. Die Beschaffung von Artikeln ist im Handel eine zentrale Aufgabe. Dabei wird die Sichtweise von Müller-Hagedorn et al. (2012, S. 755) vertreten, der sagt, dass unter Beschaffung „[…] jene Prozesse gezählt [werden], die zu einer Vereinbarung mit dem Lieferanten führen". Daraus folgt, dass die physische Übertragung der Produkte in den Bereich der Logistik fällt. Die Beschaffungspolitik der Handelsunternehmen unterscheidet sich gegenüber einem Industrieunternehmen u. a. in folgenden Aspekten (vgl. Müller-Hagedorn et al. 2012, S. 756):

- Handelsunternehmen beschaffen Fertigprodukte. Es findet keine Kombination der einzelnen Produktbestandteile zu einem Endprodukt statt.
- Entscheidungen der Beschaffung haben eine Auswirkung auf Kosten und Erlöse.
- Weiterhin werden Entscheidungen der Beschaffung im Handel unter Marketing- und Logistikaspekten getroffen.
- Im Rahmen des Handelsmarkenmanagements ist entscheidend, dass zusätzlich zu den Aufgaben der Beschaffung auch die Marktanalyse und z. T. die Produktentwicklung zu erledigen sind. Dabei kann ein *Beschaffungsprozess* (siehe Abb. 2.11) in mehrere Phasen aufgegliedert werden. Dieser wird nachfolgend intensiv behandelt. Dabei muss noch angemerkt werden, dass im Unternehmen einige Schritte des Beschaffungsprozesses parallel laufen und die Untergliederung in erster Linie didaktische Hintergründe hat.

2.4.1 Situationsanalyse und Ziele

Im Rahmen der Situationsanalyse soll sich das Handelsunternehmen innerhalb der Beschaffung mit der Identifikation von Faktoren beschäftigen, die einen Einfluss auf das

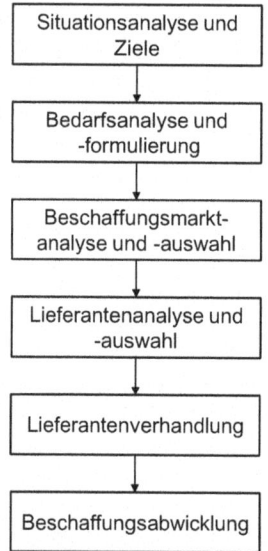

Abb. 2.11 Beschaffungsprozess. (In Anlehnung an Koppelmann 2004, S. 86)

Beschaffungsverhalten des Unternehmens haben. Demnach muss sich mit externen und internen Faktoren auseinandergesetzt werden. Im Rahmen der externen Faktoren kann der Beschaffungsmarkt beispielsweise anhand einer Umweltanalyse untersucht werden. Im Mittelpunkt steht die Frage, welche Beschaffungskonstellationen für das Unternehmen im Rahmen der Beschaffung positive und welche negative Folgen für das Unternehmen aufweisen (vgl. Koppelmann 2004, S. 87 f.). Für Handelsunternehmen können u. a. die folgenden beispielhaften Faktoren identifiziert werden, die im Rahmen der Beschaffung beachtet werden müssen (vgl. Koppelmann 2004, S. 89):

- *durch den Beschaffungsmarkt bedingte Faktoren:*
  Marktüberangebot, Preisexplosion, monopolistische Lieferantenstrukturen
- *durch den Absatzmarkt bedingte Faktoren:*
  Kaufzurückhaltung, starkes Nachfragewachstum, Veränderungen des Konsumverhaltens
- *durch das eigene Unternehmen bedingte Faktoren:*
  Liquidität, personelle Kapazitäten, Erfahrungen
- *durch das Umfeld bedingte Faktoren:*
  politisch-rechtliche Faktoren, ökonomische Entwicklungen, technologische Entwicklungen

Die aufgeführten Faktoren machen deutlich, dass sich Handelsunternehmen im Vorfeld der Beschaffung von Handelsmarken intensiv mit der Ausgangssituation auf dem Beschaffungsmarkt beschäftigen und dann dementsprechend reagieren müssen. Als mögliche Reaktionen sind beispielsweise Preisänderungen oder Mengenänderungen denkbar. Entwickelt sich der Beschaffungsmarkt für das Handelsunternehmen positiv, d. h. Waren

2.4 Beschaffung

können günstiger eingekauft werden, ist es denkbar, dass Preissenkungen an den Konsumenten weitergegeben werden (siehe Praxisbeispiel).

> **Praxisbeispiel: Entwicklungen des Beschaffungsmarktes**
> Im Lebensmitteleinzelhandel können jedes Jahr in einigen Warengruppen starke Preisschwankungen beobachtet werden. Das ist insbesondere bei frischen Lebensmitteln (Obst und Gemüse, Fleisch- und Wurstwaren) oder Milchprodukten der Fall. Im Jahr 2015 entwickelte sich der Milchpreis rückläufig, was dazu führte, dass mehrere Handelsunternehmen u. a. ihre Preise der Handelsmarken für H-Milch und Frischmilch gesenkt haben. Als Grund für die Preissenkung kann die Entwicklung des Milchmarktes angeführt werden. Insgesamt herrscht ein zu großes Angebot von Milch auf dem Markt, was u. a. mit der geringeren Nachfrage nach Milch aus China, dem Ende der Regulierungen der Milchquote und dem Import-Stopp aus Russland begründet werden kann (vgl. Zeit Online 2015). Deutschlands größter Molkereikonzern (DMK) zahlte in den ersten vier Monaten 2015 seinen Mitgliedern durchschnittlich nur noch 28,6 Cent pro Kilo Milch. Im Jahr zuvor waren es noch 39,3 Cent pro Kilo Milch (vgl. Schürmeyer 2015).

Beschaffungsziele von Handelsmarken

Grundsätzlich verfolgt die Beschaffung das Ziel, „[…] eine sichere und kostengünstige Versorgung" (Arnolds et al. 2013, S. 3) mit Handelsmarken sicherzustellen. Neben den Beschaffungskosten und der Beschaffungssicherheit sind auch die Beschaffungsflexibilität und -qualität als Beschaffungsziele anzuführen (vgl. Müller-Hagedorn et al. 2012, S. 757). Diese werden im Einzelnen kurz betrachtet (vgl. Arnolds et al. 2013, S. 6 ff.; Müller-Hagedorn et al. 2012, S. 757 f.):

- *Beschaffungskosten*
  Den Beschaffungskosten kommt insbesondere im Handel eine große Bedeutung zu. Die Beschaffungskosten beziehen sich neben dem Einstandspreis auch auf die Kosten für die Bestellabwicklung, Kosten der Lagerhaltung und Fehlmengenkosten (vgl. Arnolds et al. 2013, S. 7). Im Einzelhandel gehören die Beschaffungskosten der Produkte zum größten Kostenblock im Rahmen der Artikelkalkulation. Von daher ist es verständlich, dass viele Handelsunternehmen versuchen, die Beschaffungskosten zu minimieren.
- *Beschaffungssicherheit*
  Die Beschaffung der Handelsmarken hat so zu erfolgen, dass eine sichere quantitative, zeitliche und räumliche Beschaffung der Handelsmarken garantiert ist. Insbesondere Out-of-Stock-Situationen sind zu vermeiden. Ferner gehört zu der Beschaffungssicherheit auch eine qualitative Sicherheit der Handelsmarken. Handelsunternehmen unterliegen mit ihren Handelsmarken der Produkthaftung. Von daher sind qualitative Fehler bei den Produkten auszuschließen. Fehlerhafte Produkte beeinträchtigen den Verkaufserfolg der Handelsmarke und können sich auf das gesamte Unternehmen auswirken.

Diese Gefahr ist umso größer, je breiter der Sortimentsumfang ist, der unter der Handelsmarke geführt wird. In diesem Zusammenhang ist auch die Bezeichnung der Handelsmarke identisch zum Handelsunternehmen als Risiko anzusehen.

Praxisbeispiel: Warenrückruf für Bio-Lebensmittel

Im Jahr 2015 berichtete die Neue Osnabrücker Zeitung über mehrere Rückrufaktionen u. a. bei Alnatura. Ende November 2014 rief Alnatura einen Vier-Korn-Brei zurück, im Dezember 2014 dann einen Hirsebrei und im Januar 2015 ein Sesammus. In sozialen Netzwerken fragten sich viele Konsumenten, warum es zu einer Häufung dieser Vorfälle kam (vgl. NOZ 2015). Auch wenn die Ursachen der Rückrufaktionen beispielsweise natürliche Gründe haben, macht das Beispiel deutlich, wie wichtig gerade bei Handelsmarken ein Qualitätsmanagement und damit eine hohe qualitative Beschaffungssicherheit sind.

- *Beschaffungsflexibilität*
  Das Ziel der Beschaffungsflexibilität ist, dass Handelsunternehmen auch auf unsichere Reaktionen vorbereitet sein wollen. Gerade aufgrund verschiedener Umweltfaktoren kann es zu ungeplanten oder unerwarteten Entwicklungen kommen, auf die in der Beschaffung der Handelsmarken reagiert werden muss.
- *Beschaffungsqualität*
  Im Rahmen der Beschaffung der Handelsmarken muss auch das Ziel verfolgt werden, dass die Anforderungen, die an die Beschaffung gestellt werden, mit der Qualität der beschafften Produkte übereinstimmt. Damit sind Aspekte wie beispielsweise die Lieferzuverlässigkeit und die Leistungskonstanz gemeint.

Zur Erreichung der Beschaffungsziele wenden Handelsunternehmen *Beschaffungsstrategien* an. Für die Beschaffung von Handelsmarken sind die Strategien *Single Sourcing vs. Multiple Sourcing und Global Sourcing vs. Local Sourcing* relevant. Im Rahmen der Beschaffungsstrategie muss auch entschieden werden, bei wie vielen Lieferanten Handelsmarken beschafft werden sollen. Grundsätzlich kann zwischen Single Sourcing – ein Lieferant stellt die Handelsmarken zur Verfügung – und Multiple Sourcing – viele unterschiedliche Lieferanten werden für die Beschaffung genutzt – unterschieden werden (vgl. Arnolds et al. 2013, S. 211 ff.). Eine Aufteilung der Herstellung von Handelsmarken auf verschiedene Lieferanten verringert die Abhängigkeit des Handelsunternehmens von einem Hersteller. Das setzt aber voraus, dass die unterschiedlichen Hersteller in der Lage sind, das Produkt mit derselben Qualität herzustellen. Gerade in letzter Zeit wird die Diskussion über die Produktionsbedingungen und den Produktionsstandort bedeutender. Während beim Local Sourcing das Handelsunternehmen seine Handelsmarken regional bzw. lokal beschafft, wird beim Global Sourcing der Beschaffungsmarkt weltweit bearbeitet. Insbesondere für Lebensmittel wird Local Sourcing bedeutender, während für

2.4 Beschaffung

Textilien und auch für andere Non-Food-Artikel Global Sourcing angewandt wird (vgl. Arnolds et al. 2013, S. 208 ff.).

2.4.2 Bedarfsanalyse

Im Rahmen der Bedarfsanalyse stehen Handelsunternehmen vor der konkreten Aufgabe zu klären, ob ein Bedarf nach Artikeln von Handelsmarken überhaupt vorhanden ist. Darauf aufbauend müssen bei einem konkreten Bedarf die Höhe und andere Anforderungen an den Bedarf bestimmt werden. Hierbei ist denkbar, dass der Schritt der Bedarfsanalyse parallel zur Situationsanalyse erfolgt. Der genaue Beschaffungsbedarf kann jedoch nicht festgelegt werden, wenn Handelsunternehmen nicht eine detaillierte Kenntnis über umweltbezogene Rahmenbedingungen oder Kunden und Konkurrenten haben (vgl. Dumke 1996, S. 197 f.). Die Bedarfsanalyse ist ein wichtiger Ausgangspunkt, da sich Fehler in diesem Bereich auf alle anderen Bereiche auswirken (vgl. Koppelmann 2004, S. 154).

Bevor Handelsunternehmen konkrete Anforderungen an den Bedarf bestimmen, sollte untersucht werden, ob in der jeweiligen Warengruppe überhaupt eine Nachfrage nach Handelsmarken existiert. Es muss demnach geklärt werden, in welchen Warengruppen der Einsatz von Handelsmarken sinnvoll erscheint und welche konkrete Art bzw. welche Arten von Handelsmarken verwendet werden soll bzw. sollen.

Abb. 2.12 stellt drei Ansatzpunkte zur *Bestimmung eines Handelsmarkenpotenzials* vor.

- *Konkurrenz*
  Wenn Handelsunternehmen Konkurrenten und deren Einsatz von Handelsmarken untersuchen, um daraus eigene Ansatzpunkte entwickeln zu können, muss dabei grundsätzlich immer bedacht werden, dass bloßes Kopieren der Einsatzmöglichkeiten der Handelsmarken der Konkurrenz nicht automatisch zum Erfolg führt. Daher sollte der konkrete Einsatz von Handelsmarken in Warengruppen nicht nur von der Konkurrenz abhängig gemacht werden. Zumal Handelsunternehmen damit Handelsmarken auch nicht innovativ einsetzen.

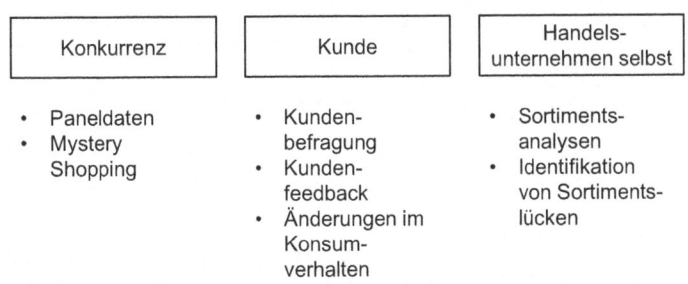

Abb. 2.12 Ansatzpunkte zur Bestimmung eines Handelsmarkenpotenzials

Eine erste Implikation für den Einsatz von Handelsmarken kann anhand von Scanner- und Paneldaten gewonnen werden. Mittels der Anbieter GfK und Nielsen können sich Handelsunternehmen einen sehr detaillierten Überblick über den Erfolg der verschiedenen Artikel der Wettbewerber machen. Dabei kann ein Abgleich der Sortimente vorgenommen wird.

Eine andere Möglichkeit besteht im Einsatz von Mystery Shopping. Verdeckte Kunden besuchen Konkurrenten in regelmäßigen Abständen vor Ort und beobachten Sortimentsveränderungen. Im Rahmen des Mystery Shoppings ist es auch denkbar, dass die Testkunden sich neben den Veränderungen im Sortiment auch mit der Art und Weise der Kommunikation der Handelsmarken bei den jeweiligen Konkurrenten oder der Preisgestaltung beschäftigen.

Neben der Analyse von Paneldaten oder dem Einsatz von Mystery Shopping können Handelsunternehmen auch andere Möglichkeiten der Konkurrenzanalyse nutzen. Beispielsweise können Prospekte oder Veröffentlichungen anderer Unternehmen untersucht werden. In diesem Zusammenhang ist es auch immer ratsam, nicht nur nationale und direkte, sondern auch internationale und branchenfremde Konkurrenten zu beobachten.

- *Kunde*

Handelsunternehmen haben, anders als Hersteller, einen direkten Kundenkontakt und daher auch eine bessere Möglichkeit, mit den Kunden zu kommunizieren. Daher können Einsatzmöglichkeiten von Handelsmarken in verschiedenen Warengruppen beispielsweise auch per Kundenbefragung bestimmt werden. Eine andere Möglichkeit besteht in der direkten Auswertung des Kundenfeedbacks. Handelsunternehmen bieten Kunden meist verschiedene Möglichkeiten an, Anregungen oder Kritik zu äußern (u. a. persönlich am POS, telefonisch, auf verschiedenen Sozialen Medien oder per E-Mail). Dieses Kundenfeedback kann systematisch ausgewertet werden. Weiterhin sollten sich Handelsunternehmen auch mit Veränderungen im Konsumentenverhalten auseinandersetzen. Sie müssen sich fragen, inwiefern diese Veränderungen Implikationen für Handelsmarken auslösen (siehe Praxisbeispiel).

Praxisbeispiel: Convenience-Trend als Auslöser für den Einsatz von Handelsmarken

Der Discounter Penny widmete sich als erster Discounter in Deutschland dem Trend Convenience sehr umfassend. In nahezu allen Filialen des Discounters befindet sich in der Nähe des Eingangs ein Kühlregal für Convenience-Produkte, die unter der Handelsmarke Penny to go firmieren. Im Sortiment finden sich neben Smoothies, Säften und gekühlten Kaffeegetränken auch Salate, Sandwiches und verschiedene Desserts. Dazu sagt der Discounter selbst: „Einfach kurz ans Frischeregal in Ihren PENNY Markt gehen und aus vielen leckeren Produkten zum Mitnehmen wählen. Dann schmecken lassen, wo auch immer Sie wollen. Ob ein schneller Kaffee zwischen zwei Meetings, ein kurzer Frische-Kick für unterwegs oder ein paar herzhafte Happen für Zuhause – PENNY hat für jede Situation eine kleine Leckerei. Das ist einfach. Das ist günstig. Das ist penny to go" (Penny 2015).

2.4 Beschaffung

- *Handelsunternehmen selbst:*
  Neben der Konkurrenz und dem Kunden können auch eigene Analysen und Tätigkeiten des Handelsunternehmens Potenziale für den Einsatz von Handelsmarken aufzeigen. In diesem Zusammenhang sind beispielsweise Sortimentsanalysen denkbar. Bereits in den Funktionen von Handelsmarken für Händler (siehe Abschn. 1.3.3) wurde deutlich, dass Handelsmarken auch zur Sortimentsreduktion eingesetzt werden. Angesichts dessen können Handelsunternehmen die Struktur ihres Sortiments in den jeweiligen Warengruppen beispielsweise mit einer ABC-Analyse untersuchen. Diese stellt das Mengen-Wert-Verhältnis dar. Handelsunternehmen bekommen so eine Übersicht, wie viele Artikel für wie viel Umsatz verantwortlich sind. Typische Wertgruppen der ABC-Analyse sind, dass 20 % der Artikel der Warengruppe für 80 % des Umsatzes (A-Artikel), weitere 10 % der Artikel für 15 % des Umsatzes (B-Artikel) und die restlichen 70 % der Artikel für 5 % des Umsatzes (C-Artikel) verantwortlich sind (vgl. Arnolds et al. 2013, S. 20 ff.; Large 2013, S. 75 f.).
  Abb. 2.13 stellt eine beispielhafte ABC-Verteilung dar. In der Regel sind A-Artikel starke Herstellermarken, die nicht oder nur sehr schwer durch Handelsmarken ersetzt werden können. Bei den B- und C-Artikeln sollten Handelsunternehmen prüfen, ob diese meist schwächeren Markenartikel (häufig auch Zweit- und Drittmarken) durch Handelsmarken ersetzt werden können.
  Auf den Analysen des Sortiments aufbauend, können Handelsunternehmen auch Lücken im Sortiment identifizieren, die sich für Handelsmarken eignen. Es kann sein, dass es für bestimmte Themen keine Herstellermarken gibt (siehe Praxisbeispiel). Diese Bereiche können dann durch Handelsmarken geschlossen werden. Hierfür sind Bio-Produkte typisch, die gerade im Lebensmittelbereich stark durch Handelsmarken dominiert werden.

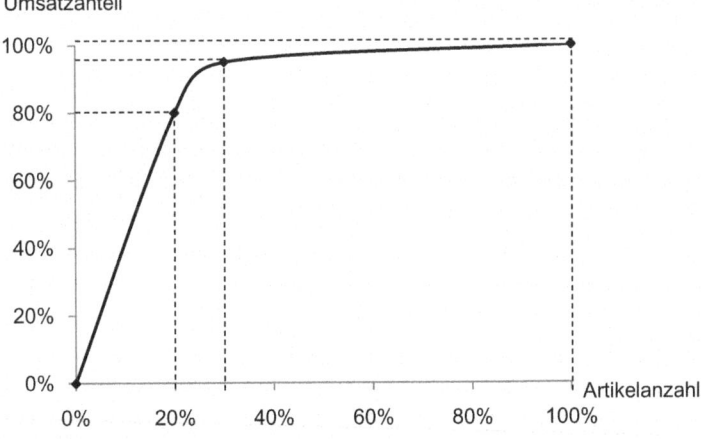

Abb. 2.13 Beispielhafte ABC-Verteilung. (In Anlehnung an Arnolds et al. 2013, S. 23)

> **Praxisbeispiel: Sheego – Große Größen für Frauen**
> Das Versandhandelsunternehmen Schwab, eine Tochter der Otto Gruppe, hat im Jahr 2009 die Handelsmarke Sheego auf den Markt gebracht. Zielgruppe sind Frauen, die an Mode interessiert sind, und eine Konfektionsgröße von 40 und mehr haben. Das Unternehmen erschließt damit gezielt eine Sortimentslücke, da sich nur wenige Herstellermarken um diese Zielgruppe kümmern (vgl. Otto Group 2015).

Nachdem festgestellt wurde, in welchen Warengruppen Potenzial für Handelsmarken gesehen wird, müssen Handelsunternehmen die Höhe des Bedarfs bzw. generell die *Bedarfsanforderungen* festlegen. Das schließt neben dem konkreten quantitativen Bedarf auch qualitative Anforderungen, d. h. die Art und Güte der zu beschaffenden Produkte, sowie weitere Anforderungen an die Beschaffung, beispielsweise im Hinblick auf das Entgelt oder die Zeit, mit ein. Konkret kann der Bedarf in einen *Objektbedarf* (Quantitäts- und Leistungsbedarf) sowie einen *Modalitätsbedarf* (u. a. Entgelt- und Zeitbedarf) unterschieden werden (vgl. Schlesinger 1991, S. 65 ff.). Handelsunternehmen müssen für die Beschaffung der jeweiligen Artikel der Handelsmarke die zu beschaffenden Mengen festlegen. Dabei muss konkretisiert werden, in welchem Umfang die Mengen beschafft werden. Es ist denkbar, dass die Handelsmarke einmal in einem bestimmten Zeitraum in großer Menge beschafft wird. Das ist bei Produkten möglich, die ein langes Mindesthaltbarkeitsdatum aufweisen wie beispielsweise Konserven. Weiterhin ist es aber auch möglich, dass eine kontinuierliche Beschaffung der Handelsmarke mit einer bestimmten Menge erfolgt. Das ist beispielsweise bei Produkten mit kurzer Haltbarkeit der Fall. Die Festlegung des Objektbedarfs hat eine Auswirkung auf die später folgende Lieferantenauswahl. Aus der Sichtweise der Produzenten der Handelsmarken fallen beispielsweise Rüstzeiten für die Maschinen an, wenn eine andere Handelsmarke produziert wird. Weiterhin ist es möglich, dass Lieferanten unter einer bestimmten Mindestabnahmemenge gar keine Handelsmarken für ein bestimmtes Unternehmen produzieren. Von daher ist es in der Praxis möglich, dass Handelsunternehmen gerne kleinere Mengen beschaffen würden, es aber keinen Lieferanten gibt, der diese kleinen Mengen überhaupt produzieren kann bzw. möchte. Neben der absoluten Menge und der Mengenflexibilität muss auch der Leistungsbedarf festgelegt werden. In diesem Zusammenhang werden Anforderungen an die Qualität der eingesetzten Materialien oder die Leistungskonstanz bestimmt. Eine Festlegung des Quantitätsbedarfs ist für alle Arten von Handelsmarken wichtig. Die Bestimmung des Leistungsbedarfs gewinnt zunehmend an Bedeutung. Handelsunternehmen geben immer stärker konkrete Anforderungen an die Produkte vor. Bei Gattungsmarken ist die konkrete Leistungsanforderung meist durch den Hauptwettbewerber gesetzt (z. B. bei Lebensmitteln Aldi). Dieses Vorgehen macht deutlich, dass der Einkäufer von Handelsmarken auch tiefe Produktkenntnisse in dem jeweiligen Bereich vorweisen muss. Ansonsten können keine detaillierten Anforderungen an das Produkt erstellt werden (vgl. Berentzen 2010, S. 160; Koppelmann 2004, S. 160 ff.; Dumke 1996, S. 198 f.).

Der *Modalitätsbedarf* für Handelsmarken umfasst u. a. den Entgeltbedarf (z. B. Preisgestaltung, Zahlungsziele, Rabattgestaltung oder Mindermengenzuschlagsverzicht), den Zeitbedarf (z. B. Entwicklungs- und Produktionszeiten), den Lieferungsbedarf (z. B. Lieferzuverlässigkeit, Lieferorte), den Informationsbedarf (u. a. Know-how-Transfer und Geheimhaltung), den Servicebedarf (u. a. Kapazitätsreservierung in der Produktion und Abwicklung von Retouren) sowie den Kooperationsbedarf (z. B. in Bezug auf die Produktentwicklung) (vgl. Dumke 1996, S. 198 f.; vgl. hierzu auch Koppelmann 2004, S. 169). Die Ausprägung des Modalitätsbedarfs ist, ähnlich wie der Objektbedarf auch, je nach der jeweiligen Handelsmarke unterschiedlich. Während der Entgeltbedarf grundsätzlich bei allen Arten der Handelsmarken wichtig ist, wird er am wichtigsten bei Gattungsmarken sein. Hingegen ist der Service- und Kooperationsbedarf bei Premium-Handelsmarken sicher am höchsten (vgl. Berentzen 2010, S. 161).

2.4.3 Beschaffungsmarktanalyse und -auswahl

Nachdem sich das Handelsunternehmen einen Überblick über die Situationsanalyse erarbeitet hat und weiß, in welchen Warengruppen welche Handelsmarken in welcher Stückzahl benötigt werden, muss herausgefunden werden, wo nach diesen Produkten gesucht werden kann bzw. wie diese beschafft werden können. Dies erfolgt im Rahmen der Beschaffungsmarktanalyse und -auswahl (vgl. Koppelmann 2004, S. 204).

Die Beschaffungsmarktanalyse beschäftigt sich mit der Marktabgrenzung. Diese sollte sachlich, also nach dem Beschaffungsobjekt, und räumlich erfolgen. Mit der Marktabgrenzung ist meist eine Vorauswahl der Beschaffungsmärkte verbunden (vgl. Large 2013, S. 98). Die Beschaffungsmarktauswahl kann über mehrere Stufen erfolgen (vgl. Large 2013, S. 97; Koppelmann 2004, S. 210 ff.). Diese werden in Abb. 2.14 übersichtlich dargestellt und nachfolgend erläutert:

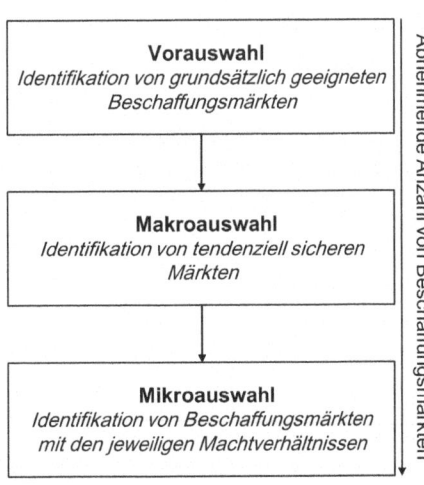

Abb. 2.14 Modell zur Beschaffungsmarktauswahl. (In Anlehnung an Koppelmann 2004, S. 210)

- *Vorauswahl*
  Die Vorauswahl hat die Aufgabe, in einem ersten Schritt grundsätzlich ungeeignete Beschaffungsmärkte auszusortieren. Bei der Beschaffung von Handelsmarken muss in diesem Schritt überlegt werden, welche Kriterien dem Unternehmen grundsätzlich bei der Beschaffung der Handelsmarken wichtig sind. Beispielsweise ist zu überlegen, welche Länder überhaupt für die Beschaffung genutzt werden können. Weiterhin sind im Rahmen der Vorauswahl auch religiöse oder soziale Kriterien wichtig. Im Rahmen der Beschaffung von Handelsmarken für den Textilmarkt kann beispielsweise der Verzicht auf Kinderarbeit ein wichtiges Kriterium für die Beschaffungsmarktauswahl sein. Am Ende der Vorauswahl ist die Zahl der Länder wesentlich verkleinert.
- *Makroauswahl*
  Im Rahmen der Makroauswahl selektiert das Unternehmen aus den grundsätzlich infrage kommenden Beschaffungsmärkten unsichere Märkte aus. Für die Makroauswahl werden verschiedene Risikokriterien, wie politische Unsicherheiten, Entwicklung der Inflationsrate, Zinsentwicklungen oder Wechselkursschwankungen, verwendet. Die aufgeführten Kriterien werden auch als entscheidungssituationsunabhängige Kriterien bezeichnet. Im Rahmen der Makroauswahl werden jedoch auch entscheidungssituationsabhängige Kriterien benutzt. Dabei macht der Name schon deutlich, dass sie von der jeweiligen Entscheidungssituation abhängig sind und grob in Kosten und Leistung unterschieden werden können. Eine Bewertung der Märkte wird nach den Kosten (u. a. Arbeitskosten, Logistikkosten) und der Leistung (u. a. Arbeitsleistung, Wirtschaftsfreundlichkeit, Logistikleistung) vorgenommen. Es muss somit genau analysiert werden, ob die Kosten in dem jeweiligen Beschaffungsmarkt mit der erbrachten Leistung gerechtfertigt werden können.
- *Mikroauswahl*
  Die Mikroauswahl analysiert für das konkrete Objekt spezifisch das Verhältnis zwischen Lieferant und Handelsunternehmen. Hierzu ist es wichtig, sich mit den Machtverhältnissen auf dem Beschaffungsmarkt auseinanderzusetzen (siehe Tab. 2.2).

Für die Beschaffungsmarktauswahl können verschiedene Methoden angewendet werden. Hierzu kommt beispielsweise eine Checkliste oder ein Profil der jeweiligen Beschaffungsmärkte in Betracht. Auf die Methoden wird an dieser Stelle nicht weiter eingegangen.

Tab. 2.2 Machtkonstellationen in der Verhandlung zwischen Lieferant und Handelsunternehmen. (Koppelmann 2004, S. 315)

Marktkriterien	Lieferantenmacht		Beschaffermacht	
	Stark	Schwach	Stark	Schwach
Anzahl der Anbieter	Wenige	Viele	Viele	Wenige
Anzahl der Nachfrager	Viele	Wenige	Wenige	Viele
Konjunkturlage/Kapazitätsauslastung	Gut	Schlecht	Schlecht	Gut
Durchschnittliches jährliches Wachstum	Groß	Klein	Klein	Groß
Markteintrittsbarrieren	Hoch	Niedrig	Niedrig	Hoch

2.4.4 Lieferantenanalyse und -auswahl

Die Beschaffungsmarktanalyse hat dem Handelsunternehmen aufgezeigt, wo nach konkreten Lieferanten gesucht werden kann. Innerhalb dieser Beschaffungsmärkte werden somit verschiedene Lieferanten analysiert und anschließend ausgewählt. Dabei kann das Handelsunternehmen jedoch auch zu dem Entschluss kommen, dass die Handelsmarken selbst hergestellt werden sollen. Es ergeben sich somit verschiedene Szenarien in der Beschaffung von Handelsmarken.

Grundsätzlich können für die Beschaffung von Handelsmarken vier wesentliche Szenarien unterschieden werden (vgl. Müller-Hagedorn et al. 2012, S. 603 ff.):

1. Das Handelsunternehmen lässt die Handelsmarken von dem führenden Markenhersteller produzieren.
2. Nicht das führende Herstellerunternehmen stellt die Handelsmarke her, sondern der Konkurrent des Markenherstellers. Das hat den Vorteil, dass die beiden Hersteller gegeneinander ausgespielt werden. Auf der anderen Seite kann das Handelsunternehmen damit aber auch die Geschäftsbeziehung zu dem führenden Markenhersteller gefährden.
3. Als drittes Szenario kann das Handelsunternehmen die Handelsmarke von einem kleineren Hersteller produzieren lassen. Hier stellt sich die Frage, ob der kleinere Hersteller in Bezug auf Quantität und Qualität in der Lage ist, die Handelsmarke herzustellen.
4. Letztlich ist es auch denkbar, dass das Handelsunternehmen die Handelsmarken selbst produziert.

Die *Lieferantenanalyse* verfolgt grundsätzlich das Ziel, die Lieferantenvielfalt zu reduzieren und die Lieferanten zu finden, mit denen das Handelsunternehmen in Verhandlung treten möchte. In einem ersten Schritt müssen dabei die Lieferanten identifiziert werden, die überhaupt zu einer Produktion von Handelsmarken bereit sind. Hierbei ist von Interesse, ob der Lieferant auch in Zukunft zur Produktion bereit ist und ob eine mittel- bis langfristige Kooperation möglich ist (vgl. Dumke 1996, S. 214 f.). Es gibt Hersteller, die eine Produktion von Handelsmarken grundsätzlich ablehnen (siehe Praxisbeispiel).

Praxisbeispiel: Dr. Oetker

In einem Artikel der Zeitschrift Brandeins macht Rainer Lührs, Geschäftsführer für Marketing sowie Forschung und Entwicklung, deutlich, dass für den Nahrungsmittelkonzern Dr. Oetker die Produktion von Handelsmarken nicht in Betracht kommt. Das Unternehmen hatte einmal für ein halbes Jahr Handelsmarken produziert, es dann aber wieder sein gelassen. „‚Heute lehnen wir die Produktion von Handelsmarken grundsätzlich ab', sagt Lührs, ‚denn sonst gibt es irgendwann immer Druck auf die eigene Marke. Wir verlören Markenumsatz. Nur wo Dr. Oetker draufsteht, ist auch Dr. Oetker drin'" (Sywottek 2010). Dieses Prinzip opferte Dr. Oetker bei der Übernahme des Unternehmens Coppenrath & Wiese, die auch weiterhin Handelsmarken herstellen dürfen. Etwa 40 % der Produktion des Unternehmens sind Handelsmarken (vgl. TK-Report 2015).

Im zweiten Schritt erfolgt ein Abgleich der Ziele der Beschaffungspolitik des Handelsunternehmens mit den Lieferantenleistungen. Dabei wird ein Vergleich der Leistungen des Lieferanten mit dem dominierenden Beschaffungsziel vorgenommen. Dadurch wird die Zahl der Lieferanten weiter reduziert, ohne jeden Lieferanten schon jetzt sehr detailliert zu analysieren (vgl. Dumke 1996, S. 215). Bei Gattungsmarken wird das dominierende Beschaffungsziel die Beschaffungskosten sein, während für Premium-Handelsmarken die Beschaffungsqualität wichtiger ist.

Im anschließenden Schritt untersucht das Handelsunternehmen anhand seines konkreten Beschaffungsbedarfs, ob der Lieferant diesen auch erfüllen kann (vgl. Dumke 1996, S. 215). Hierzu werden verschiedene Kriterien benutzt. Diese können beispielsweise in *Lieferanten- und Beziehungsmerkmale* unterschieden werden. Zu den Lieferantenmerkmalen gehören beispielsweise die Unternehmensgröße, die Kapazität und die Kapazitätsauslastung, die Leistungsfähigkeit sowie die Flexibilität und die Reaktionsfähigkeit. Beziehungsmerkmale können nur dann beurteilt werden, wenn das Handelsunternehmen bereits Erfahrungen mit dem Lieferanten hat. Hierzu gehören beispielsweise der aktuelle Lieferantenumsatz, die tatsächlich gelieferte Qualität des Lieferanten, die Innovationsleistung sowie die Kooperations- und Leistungsbereitschaft (vgl. Large 2013, S. 114). Nach diesem Schritt sind potenzielle Lieferanten identifiziert, mit denen dann verhandelt werden kann (siehe Abschn. 2.4.5).

Als Methoden der Lieferantenauswahl können u. a. Checklisten, Verfahren der aspektweisen Elimination, Scoring- oder Portfolio-Modelle angewendet werden (vgl. Koppelmann 2004, S. 262).

In einer Untersuchung stellen Ahlert et al. (2000, S. 74) fest, dass als Auswahlkriterien für Lieferanten die Einstandskosten der Handelsmarken zwar wichtig sind, jedoch nicht das wichtigste Kriterium darstellen. Das Know-how des Lieferanten wird höher bewertet. Ebenso stellt die Kooperationsbereitschaft des Lieferanten ein wichtiges Auswahlkriterium für Lieferanten von Handelsmarken dar.

Gerade für große Handelsunternehmen und solche, die mit einer Vielzahl von Lieferanten zusammenarbeiten, empfiehlt es sich, eine Strukturierung der Lieferanten vorzunehmen. Typischerweise lassen sich dabei drei Arten von Handelsmarkenlieferanten unterscheiden (vgl. Berentzen 2010, S. 347 ff.):

- *Basislieferanten*
  Basislieferanten stellen dem Handelsunternehmen überwiegend Gattungsmarken zur Verfügung. Zur Auswahl des Lieferanten ist insbesondere der Einstandspreis wichtig. Von daher sind auch kurzfristige Geschäfte sowie der Austausch der Basislieferanten denkbar, wenn ein anderer Lieferant einen besseren Einstandspreis zusichert. Häufig wird bei diesen Lieferanten mit Ausschreibungen oder Auftragsauktionen gearbeitet.
- *Kernlieferanten*
  Für klassische Handelsmarken werden Lieferanten gesucht, mit denen Handelsunternehmen zusammenarbeiten können. Es ist demnach wichtig, dass der Lieferant zuverlässig ist sowie einen gewissen Innovationsgrad besitzt. Kernlieferanten stellen dem

Handelsunternehmen meist Produkte innerhalb einer ganzen Warengruppe wie Backwaren oder Tiefkühlkost zur Verfügung.

- *Strategische Lieferanten*
  Strategische Lieferanten sind insbesondere für Premium-Handelsmarken von Bedeutung. Die Abstimmung mit dem Handelsunternehmen bezüglich der Fertigung der Produkte ist besonders intensiv. Die Produktqualität sowie das Know-how des Herstellers sind aus Sicht des Handelsunternehmens wichtige Kriterien der Lieferantenauswahl.

Im nachfolgenden Praxisbeispiel wird aufgezeigt, wie erfolgreich die Geschäftsmodelle der Lieferanten sein können. Dabei zeigt sich, dass gerade Lieferanten, die sowohl Handelsmarken als auch Herstellermarken produzieren, erfolgreich sind.

Praxisbeispiel: Arten von Lieferanten

In einer aktuellen Studie identifiziert die Unternehmensberatung Wieselhuber & Partner fünf Geschäftsmodelle von Lieferanten, die unterschiedlich erfolgreich sind. Das Spannungsfeld reicht von reinen Herstellern von Markenprodukten über hybride Unternehmen, die Herstellermarken und Handelsmarken produzieren, bis hin zu reinen Produzenten von Handelsmarken. Dabei zeigte sich, dass Unternehmen, die nur Handelsmarken produzieren, im Durchschnitt eine Kapitalrendite von 8 % erwirtschaften, während reine Hersteller von Herstellermarken und solche, die hybrid produzieren, eine Kapitalrendite von über 10 % erreichen. Die Autoren der Studie sehen ein hohes Erfolgspotenzial für hybride Produzenten. Unternehmen, die nur Handelsmarken produzieren, wird empfohlen, sich stärker auf Produktqualität und Innovationen zu konzentrieren (vgl. Lebensmittelzeitung 2015c, S. 60).

In einer Untersuchung zeigen Ahlert et al. (2000, S. 75 f.) auf, dass viele Handelsunternehmen im Rahmen der Beschaffung mit Herstellern zusammenarbeiten. Dabei gaben 60 % der Händler an, dass sie Handelsmarken zum Teil in Eigenentwicklung erstellen. Für 36 % der Händler sind die Kooperation in der Entwicklung und die anschließende Fremderstellung der Handelsmarke eine Option im Rahmen der Beschaffung. Auch die Langzeitkooperation ist für viele Händler wichtig.

Im Rahmen der Lieferantenanalyse muss sich das Handelsunternehmen auch fragen, ob eine eigene Produktion der Handelsmarken in Betracht kommt (Make-or-Buy-Entscheidung). Es wurden bereits Beispiele von Handelsunternehmen vorgestellt, welche eine Herstellung von Handelsmarken in Eigenleistung übernehmen (u. a. Lidl und Edeka).

Eine Entscheidung für oder gegen die Eigenfertigung kann anhand der *strategischen Bedeutung der Handelsmarke* und der *relativen Fähigkeiten des Handelsunternehmens* getroffen werden (siehe Abb. 2.15). Hinter den Fähigkeiten des Unternehmens stecken die Spezifität und die Unsicherheit der Transaktion. Je innovativer eine Handelsmarke ist, desto spezifischer ist die Transaktion. Das ist insbesondere bei

Abb. 2.15 Optionen bei der Beschaffung von Handelsmarken. (In Anlehnung an Berentzen 2010, S. 164)

Premium-Handelsmarken der Fall. Je innovativer eine Handelsmarke ist, umso unsicherer sind Handelsunternehmen bei der Einschätzung der konkreten Leistung eines Herstellers. Das fällt bei stark standardisierten Produkten wie Gattungsmarken wesentlich einfacher (vgl. Dumke 1996, S. 207 f.). Eine Eigenfertigung ist immer dann anzuraten, wenn das Handelsunternehmen über die relativen Fähigkeiten, beispielsweise in der Eigenentwicklung, verfügt. Sind die relativen Fähigkeiten des Handelsunternehmens gering, kommt tendenziell nur ein Fremdbezug in Betracht. Eine Eigenfertigung findet sich beispielsweise in der Warengruppe Fleisch. Aufgrund der Unsicherheit in Bezug auf Herkunft, Verarbeitung und Einhaltung von Hygienestandards entscheiden sich viele Handelsunternehmen für eine Eigenfertigung (u. a. Kaufland, Edeka, Rewe). Grundsätzlich können sich Handelsunternehmen auch entscheiden, dass die Handelsmarke anderen Handelsunternehmen zur Verfügung gestellt wird. Das wird immer dann der Fall sein, wenn die Handelsmarke für das Unternehmen nur eine geringe strategische Bedeutung besitzt (vgl. Berentzen 2010, S. 163 ff.).

> **Praxisbeispiel: Eigenfertigung Fleisch im Lebensmitteleinzelhandel**
> Einige Handelsunternehmen betreiben eigene Fleischwerke. In Deutschland zählt beispielsweise das Fleischwerk von Kaufland (Purland) mit einem Umsatz von geschätzt 655 Mio. EUR im Jahr 2013 oder das Fleischwerk der Rewe (Wilhelm Brandenburg) mit einem Jahresumsatz von 640 Mio. EUR zu den größten. Auch die Edeka-Gruppe produziert Fleisch und Wurstwaren selbst, wobei jede Region ihr eigenes Fleischwerk besitzt. Zusammen kommt die Edeka-Gruppe 2013 damit auf einen Jahresumsatz von 2,6 Mrd. EUR. Zum Vergleich: Der größte Fleischproduzent in Deutschland ist Tönnies, welcher einen Jahresumsatz in Höhe von 5,6 Mrd. EUR erreicht (vgl. LZ-Net 2014).

2.4.5 Lieferantenverhandlung und Beschaffungsabwicklung

Nachdem Lieferanten identifiziert wurden und sich das Unternehmen gegen eine Eigenfertigung entschieden hat, muss mit den potenziellen Lieferanten verhandelt werden. Dabei wird nach dem ökonomischen Prinzip gehandelt. Die eigenen Anforderungen sollen mit möglichst geringem Mitteleinsatz durchgesetzt werden (vgl. Koppelmann 2004, S. 270). Für den Einkäufer gehört es in diesem Schritt dazu, sich im Vorfeld ein genaues Bild des Lieferanten zu machen. Weiterhin ist es auch wichtig, genau zu wissen, bei welchen Beschaffungskriterien ein Verhandlungsspielraum in welcher Höhe vorhanden ist. Im Gegenzug muss Klarheit darüber herrschen, bei welchen Beschaffungskriterien dieser Spielraum nicht vorhanden ist.

In der Literatur werden verschiedene *Instrumente* unterschieden, die im Rahmen der *Lieferantenverhandlung* eingesetzt werden können. Diese werden im Nachfolgenden nur kurz angesprochen (vgl. Koppelmann 2004, S. 276 ff.; Dumke 1996, S. 218 ff.):

- *Produktpolitik*
  Im Rahmen der Produktpolitik besteht über viele Instrumente die Möglichkeit, die Beziehung zwischen Handelsunternehmen und Lieferanten zu beeinflussen. Die *Listungspolitik* des Handelsunternehmens legt fest, für welche Dauer die Handelsmarke im Sortiment eingelistet wird. Dies kann zu einer langen und konstanten Beziehung zum Hersteller führen, wenn die Handelsmarke über eine lange Dauer Bestandteil des Sortiments ist. Im Rahmen der *Produktentwicklungspolitik* muss festgelegt werden, wer die Entwicklung der Handelsmarke übernimmt. Bei einer Gattungsmarke erfolgt die Entwicklung auf der Lieferantenseite, während bei einer Premium-Handelsmarke die Entwicklung vom Handelsunternehmen ausgehen sollte. Weiterhin muss auch geregelt werden, wie hoch die *Gestaltungsmöglichkeiten* bei der Handelsmarke sind. Konkret muss das Handelsunternehmen festlegen, welchen Spielraum der Hersteller bei der Produktgestaltung hat. In der Regel sind diese Gestaltungsspielräume stark eingegrenzt, da Handelsunternehmen mit ihren Handelsmarken einheitlich auftreten wollen. Im Rahmen der *Mengenpolitik* wird schließlich über die zu beschaffende Menge verhandelt. Dieser Verhandlungspunkt ist naturgemäß für Hersteller und Handel von großer Bedeutung. Die Menge entscheidet grundlegend über den Beschaffungspreis. Weiterhin hat die zu beschaffende Menge eine Auswirkung auf die Kapitalbindungskosten.
- *Entgeltpolitik*
  Der Entgeltpolitik kommt im Handel eine große Bedeutung zu, sie sollte aber nicht das wichtigste Instrument im Rahmen der Verhandlung sein. Insbesondere die Preispolitik und damit verbunden der Preisdruck, den Handelsunternehmen ausüben können, ist dabei zu erwähnen. Gerade bei Gattungsmarken werden Handelsunternehmen versuchen, auf den Lieferanten einen Preisdruck auszuüben und ihn so zu Preisreduzierungen zu bewegen. Das setzt aber immer voraus, dass andere Lieferanten zur Verfügung stehen, falls der Lieferant dem Preisdruck nicht nachgibt und die Beziehung beenden

möchte. Neben dem Beschaffungspreis kann das Handelsunternehmen im Rahmen der Verhandlung auch verschiedene Rabattforderungen einsetzen. In diesem Zusammenhang kann beispielsweise bei Gattungsmarken über einen Mengenrabatt bei Abnahme einer bestimmten Menge im Jahr verhandelt werden. Aus Handelssicht sind auch Aspekte der Bezahlung wie beispielsweise Zahlungstermine von großer Bedeutung.

- *Bezugspolitik*
  Die Bezugspolitik muss in den Verhandlungen die konkreten Modalitäten der Liefer- und Distributionsbeiträge der Partner festlegen. Handelsunternehmen werden eine Gesamtmenge beim Lieferanten vereinbaren, aber versuchen, diese Gesamtmenge in Teilmengen aufzuteilen. Dabei erfolgt die Aufteilung der Teilmengen i. d. R. so, dass für das Handelsunternehmen nur geringe Lagerkosten anfallen. Weiterhin ist es aus Sicht des Handelsunternehmens empfehlenswert, Nachfrageschwankungen einzukalkulieren. Es besteht die Möglichkeit, Kapazitäten beim Lieferanten zu reservieren, falls diese kurzfristig abgerufen werden müssen. Ebenso müssen konkrete Inhalte der Bezugspolitik besprochen werden. Welcher Marktpartner übernimmt die Transportversicherung? Wie hoch ist die Lieferbereitschaft des Lieferanten? Welche Vereinbarungen werden zur Lieferzuverlässigkeit getroffen (Vertragsstrafen bei einer verspäteten Lieferung)?
- *Servicepolitik*
  Im Zusammenhang mit der Servicepolitik muss u. a. geklärt werden, in welchem Zustand die Handelsmarken angeliefert werden. Diese sollten im Idealfall in einem verkaufsgerechten Zustand angeliefert werden. Dies ist u. a. bei Textilien besonders wichtig, da Vorgänge, die dazu führen, die Handelsmarke in einen verkaufsfähigen Zustand zu versetzen, Geld kosten. Handelsunternehmen haben in den Verhandlungen weiterhin die Möglichkeit, dem Hersteller der Handelsmarke verschiedene Anreize zu geben. Beispielsweise ist es denkbar, dass für die Herstellung der Handelsmarke im Gegenzug vereinbart wird, dass die Marke des Herstellers anders platziert werden kann.

Die Verhandlung mit dem Lieferanten an sich gliedert sich in drei Phasen. Im Rahmen der *Vorbereitungsphase* finden aufseiten des Handelsunternehmens die Bestimmung der Verhandlungsposition, die Fixierung der Verhandlungsbasis sowie organisatorische Vorbereitungen statt. In der Lieferantenverhandlung ist es wichtig, dass das Handelsunternehmen aufgrund der Machtverhältnisse im Beschaffungsmarkt (siehe Tab. 2.2) seine Verhandlungsposition realistisch einschätzt. In der *Durchführungsphase* werden die Verhandlungsstrategie sowie der Verhandlungsstil abgestimmt. Anschließend erfolgen die konkreten Verhandlungen sowie alle damit verbundenen Schritte wie beispielsweise der Vertragsabschluss, aber gegebenenfalls auch der Abbruch der Verhandlungen. Die *Nachbereitungsphase* beschäftigt sich zum einen mit der Verhandlungskontrolle (Ergebniskontrolle) sowie zum anderen mit der Vertragspflege (vgl. Koppelmann 2004, S. 331).

Für Handelsunternehmen, die an einer guten Beziehung zu dem Hersteller der Handelsmarke interessiert sind, ist es wichtig, den Kontakt zum Lieferanten zu pflegen. Hierzu können folgende Verhaltensweisen beitragen (vgl. Arnolds et al. 2013, S. 229 f.):

- Ehrlichkeit, Höflichkeit und ein sachliches Auftreten bei Verhandlungen,
- Verhalten basiert auf gegenseitigem Respekt (beispielsweise unnötige Wartezeiten zur Machtdemonstration vermeiden),
- Verpflichtungen gegenüber dem Lieferanten einhalten und
- vertrauliche Informationen werden dementsprechend behandelt.

Nachdem die Verhandlung mit dem Lieferanten abgeschlossen ist, schließt sich die Beschaffungsabwicklung an. Konkret folgen somit die Bestellung beim Lieferanten, die Überwachung der Beschaffung sowie die Entsorgung der Abfälle (vgl. Koppelmann 2004, S. 331 ff.).

2.5 Marketing-Mix

Nachfolgend werden einige Aspekte des Marketing-Mix von Handelsmarken ausführlicher betrachtet. Dabei wird auf Inhalte der Sortiments-, Kommunikations-, Preis- und Vertriebspolitik eingegangen. Grundsätzlich muss für den Marketing-Mix der Handelsmarken beachtet werden, dass der Handel im Gegensatz zu Herstellern über eine andere Ressourcenausstattung verfügt und er eine andere originäre Aufgabe in der Wertschöpfungskette besitzt. Von daher können einige Marketinginstrumente stärker betont werden, während andere Instrumente in einem geringen Ausmaß zur Verfügung stehen (vgl. Vanderhuck 2001, S. 315 f.).

2.5.1 Sortimentspolitik

▶ „Bei einem Sortiment handelt es sich um die Summe aller Absatzobjekte […], die ein anbietendes Handelsunternehmen in einer bestimmten Zeitspanne (z. B. Tag, Woche, Saison) physisch oder auf andere Weise den Nachfragern im Absatzmarkt anbietet" (Müller-Hagedorn et al. 2012, S. 544).

Für Handelsunternehmen steht zunächst im Rahmen der Sortimentspolitik im Vordergrund, wo Handelsmarken in das Sortiment integriert werden können. Es stellt sich somit die Frage, in welchen Sortimentsbereichen Handelsmarken eingesetzt werden sollten (vgl. hierzu Abschn. 2.4.2 Bedarfsanalyse). Konkret muss geklärt werden, welche Sortimentsbereiche sich für den Einsatz einer Handelsmarke eignen und wie die Handelsmarke positioniert werden soll. Daher ist zu prüfen, welche Kundenansprüche an das Sortiment bestehen und ob diese im Widerspruch zum Einsatz von Handelsmarken stehen (vgl. hierzu Abschn. 1.3.1). Wenn der Einsatz einer Handelsmarke für den jeweiligen Sortimentsbereich beschlossen wurde, dann sollte die Markenstruktur analysiert werden. Dabei gilt es herauszufinden, welche Marktposition die verschiedenen Markenprodukte im derzeitigen Sortiment besitzen. Beispielsweise kann eine starke Herstellermarke nicht durch eine Gattungsmarke ersetzt werden. Hingegen können B- und C-Marken durch klassische Handelsmarken substituiert werden (vgl. Dumke 1996, S. 134 ff.). Zusammenfassend müssen sich Handelsunternehmen über die konkrete Positionierung der Handelsmarken sowohl in ihrem gesamten Sortiment als auch in jeder Warengruppe Gedanken machen. Damit verbunden ist die Frage des Brandings, die nachfolgend behandelt wird. Hierzu werden vorweg die Elemente eines Produkts sowie der daraus resultierende Nutzen erläutert.

Zur Veranschaulichung des *Grundaufbaus eines Produkts* können die Elemente eines Produkts betrachtet werden. Dabei kann zwischen Produktkern, tangiblem und intangiblem Produkt unterschieden werden. Der Produktkern stellt die Grundfunktion des Produkts dar und kann mit dem funktionellen Nutzen gleichgesetzt werden. Dieser resultiert aus der unmittelbaren Nutzung des Produkts. Mit dem Produktkern bei Handelsmarken ist der ökonomische Nutzen verbunden, welcher ebenfalls aus den unmittelbaren Eigenschaften des Produkts resultiert. Bei Handelsmarken kann in diesem Zusammenhang der Preisvorteil angeführt werden. Als weiteres Produktelement muss das tangible Umfeld des Produkts gestaltet werden. Bei Handelsmarken sind somit die Verpackung des Produkts selbst sowie der Karton von Interesse. Mit dem intangiblen Produkt sind dann beispielsweise Elemente, wie die mit der Handelsmarke verbundenen Assoziationen, gemeint (vgl. Homburg 2015, S. 552; Berndt et al. 1997, S. 57 f.). Auch bei Handelsmarken wird es wichtig, den Kunden einen Nutzen zu bieten, der über die reine Bedürfnisbefriedigung und damit über den Grundnutzen hinausgeht. Die Generierung des Zusatznutzens wird im Wettbewerb essenzieller und kann emotionaler oder sozialer Natur sein. Während der emotionale Nutzen aus positiven Gefühlen resultiert, die durch das Produkt hervorgerufen werden, entsteht der soziale Nutzen durch die Verbindung mit dem sozialen Umfeld und ruft so positive Gefühle hervor. Gerade bei Handelsmarken erfolgt meist eine Konzentration auf den emotionalen Nutzen (vgl. Homburg 2015, S. 505; Meffert et al. 2015, S. 363). In Branchen wie dem Möbel- oder Modeeinzelhandel ist darüber hinaus auch der soziale Nutzen wichtig. Dabei muss jedoch auf das geringere Kommunikationsbudget von Handelsunternehmen gegenüber klassischen Markenherstellern geachtet werden (siehe Abb. 2.16).

Im Nachfolgenden werden die Elemente des *Branding-Dreiecks* (Markenname, Markenzeichen, Verpackungsgestaltung) diskutiert. Innerhalb des Branding-Dreiecks werden die Elemente des Produkts, genauer das tangible und intangible Element, aufgegriffen. Vorweg muss sich das Handelsunternehmen demnach klar machen, welche grundlegenden Bedürfnisse mit der Handelsmarke befriedigt werden sollen und welcher Grundnutzen daraus resultiert. Hierbei ist es für das Handelsmarkenmanagement zentral, sich mit den Elementen des *Branding-Dreiecks* auseinanderzusetzen. Das kann damit begründet werden, dass die Markierung ein wesentlicher Schlüssel zum Markenaufbau ist. Der andere Schlüssel ist die Kommunikation (siehe Abschn. 2.5.2). Handelsunternehmen müssen sicherstellen, dass zwischen Markierung und Kommunikation ein hoher Fit entsteht. Dadurch kann die Handelsmarke aufgebaut werden. Als wesentliche Elemente des

2.5 Marketing-Mix

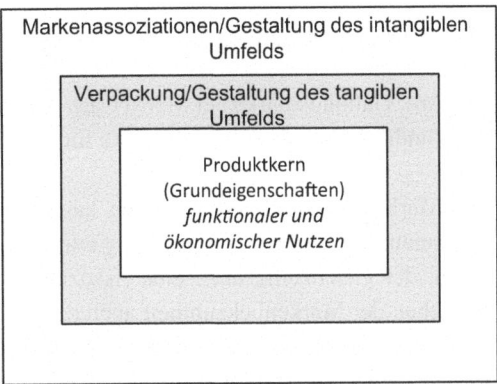

Abb. 2.16 Grundelemente einer Handelsmarke. (Homburg 2015, S. 552)

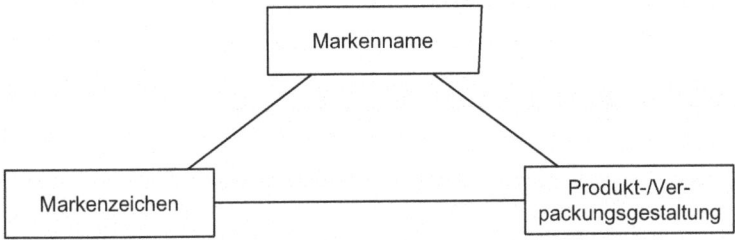

Abb. 2.17 Elemente des Branding-Dreiecks. (Esch 2014, S. 309)

Brandings gelten dabei: Markenzeichen, Markenname und Produkt-/Verpackungsgestaltung (siehe Abb. 2.17). Für den Gesamteindruck der Handelsmarke ist es notwendig, dass alle drei Gestaltungselemente aufeinander abgestimmt werden (vgl. Esch 2014, S. 308 f.).

- *Markenname*
  Dem Markennamen fällt die Aufgabe zu, einen Beitrag zur Markenbekanntheit und zur Markenpositionierung zu leisten. Konsumenten benutzen den Markennamen sehr häufig als Schlüssel, um von dem Markennamen beispielsweise auf die Produktqualität zu schließen. Der Markenname vereinfacht den Kaufentscheidungsprozess und verringert das Kaufrisiko (vgl. Erdem und Swait 1998). Dabei kann grundsätzlich ein Handelsmarkenname ohne oder mit Bedeutung gewählt werden. Gleichzeitig kann der Markenname keinen, einen assoziativen oder einen direkten Bezug zum Angebot des Unternehmens bzw. zum Unternehmen selbst aufweisen. Grundsätzlich kann festgestellt werden, dass bedeutungslose Markennamen schlechter wirken als solche mit Bedeutung. Dabei ist auch die Wortlänge wichtig. Je länger der bedeutungslose Markenname ist, umso schwerer fällt eine Wiedererkennung. Weiterhin ist es möglich, dass durch den Klang des bedeutungslosen Markennamens eine Assoziation ausgelöst wird (vgl. Baumgarth 2014, S. 261 ff.; Esch 2014, S. 315 f.).

> **Praxisbeispiel: Bedeutungslose Handelsmarkennamen**
>
> - Aro: Gattungsmarke bei Metro Cash & Carry
> - Tandil: Klassische Handelsmarke für Waschmittel bei Aldi Süd

Auch Markennamen ohne Bedeutung kann es zwar gelingen, eine Markenbekanntheit aufzubauen, jedoch ist es empfehlenswerter, einen bedeutungshaltigen Markennamen zu wählen, der gleichzeitig auch eine Assoziation zum Produktangebot erweckt. Dadurch wird neben der Markenbekanntheit auch die Markenpositionierung unterstützt. Verschiedene Forschungsergebnisse zeigen beispielsweise, dass ein bedeutungshaltiger Markenname mit einer Assoziation zum Produktangebot zu einer besseren Produktbeurteilung führt. Es sollte also ein Markenname gewählt werden, der eine bestimmte Assoziation auslöst. Dabei besteht jedoch die Gefahr, dass dies mehrere Unternehmen machen und daher der Markenname austauschbar wird (siehe Praxisbeispiel) (vgl. Baumgarth 2014, S. 261 ff.; Esch 2014, S. 316 f.).

> **Praxisbeispiele: Bedeutungshaltige Handelsmarkennamen**
>
> - Fine Food: Premium-Handelsmarke bei Cash & Carry
> - Biscotto: Handelsmarke bei Aldi Nord für Kekse (aus dem italienischen Wort für Keks = biscotto)
> - Biscoteria: Handelsmarke beim Netto Markendiscount für Kekse
> - Naturkind: Premium-Handelsmarke bei Kaisers Tengelmann für Bioprodukte
> - Eskimo: Handelsmarke bei Aldi Nord für Tiefkühlfisch
> - Rösta: Handelsmarke für Kaffeeprodukte bei Norma

Ein Blick auf die verschiedenen Praxisbeispiele zur Bezeichnung der Handelsmarken macht deutlich, dass zum einen bedeutungslose und spartanische Markennamen gewählt wurden, zum anderen wählen beispielsweise Discounter Namen, die eine große Ähnlichkeit mit der Namensgebung und/oder Positionierung von Herstellermarken aufwiesen. Als Beispiel hierfür kann Tandil und Persil gelten (siehe Abb. 2.18). Auf die Möglichkeit, seine Handelsmarke genauso zu benennen wie das Handelsunternehmen bzw. den Betriebstypen selbst, wurde bereits in Abschn. 2.3 eingegangen. Diese Möglichkeit wird in Deutschland insbesondere für klassische Handelsmarken und Premium-Handelsmarken verwendet.

> **Praxisbeispiel: Tandil versus Persil**
>
> Der Vergleich der beiden Waschmittel macht Ähnlichkeiten in der Namensgebung und Verpackungsgestaltung deutlich. Die Stiftung Warentest untersucht immer wieder verschiedene Waschmittel. Im Jahr 2005 siegte Tandil vor Persil. Der Preisunterschied je Waschgang betrug 16 Cent (vgl. Stiftung Warentest 2005). Das Beispiel macht deutlich, dass der funktionale Nutzen der Handelsmarke höher ist. Trotzdem besitzt Persil eine bessere Marktstellung, was mit dem symbolischen Nutzen begründet werden kann.

2.5 Marketing-Mix

Abb. 2.18 Tandil vs. Persil. (Aldi Süd 2015; Persil 2015)

Abb. 2.19 Markenlogos einiger Rewe Handelsmarken. (Rewe Marburg 2015)

- *Markenzeichen*
  Das Zeichen der Handelsmarke kann in Form eines Bild- oder Schriftlogos gewählt werden. Letztere zeichnen sich dadurch aus, dass überwiegend oder ausschließlich Schriftelemente verwendet werden. Bildlogos können von Menschen besser verarbeitet werden und sind daher Schriftlogos überlegen. Dabei können Bildlogos abstrakt oder konkret gestaltet werden. Bei der Gestaltung eines Markenzeichens ist es wichtig, dass es Aufmerksamkeit erregt, der Zielgruppe gefällt, positionierungsrelevante Eigenschaften kommuniziert, wahrnehmbar und erinnerbar ist. Für die Vermittlung von positionierungsrelevanten Eigenschaften spielen u. a. der Farbton und die Farbhelligkeit sowie die Formqualitäten eine entscheidende Bedeutung (vgl. Baumgarth 2014, S. 267 f.; Esch 2014, S. 326 ff.; vgl. hierzu auch ausführlicher beispielsweise Esch und Langner 2005). Bei der Gestaltung der Markenzeichen von Handelsmarken überwiegen Schriftlogos (siehe Abb. 2.19). Gerade bei klassischen Handelsmarken und Premium-Handelsmarken wird im Markenzeichen der Name des Handelsunternehmens verwendet. Damit wird zum einen die Zuordnung zum Handelsunternehmen erleichtert, zum anderen kann mit der Handelsmarke ein Imagetransfer auf das Handelsunternehmen besser erreicht werden.

Produkt-/Verpackungsgestaltung
Neben dem Markennamen und dem Markenlogo ist für das Handelsmarkenmanagement die Gestaltung der Verpackung der Handelsmarke von hoher Wichtigkeit. Insbesondere bei Handelsmarken werden wesentliche Informationen dem Konsumenten auf der Verpackung kommuniziert. Auf andere Möglichkeiten der Kommunikation wird in Abschn. 2.5.2 eingegangen.

Aus der Forschung ist bekannt, dass die Produkt-/Verpackungsgestaltung einen hohen Einfluss auf das Gefallen des Produkts hat. Ferner spiegelt die Verpackung einen ersten visuellen Eindruck der Handelsmarke wider und trägt dazu bei, dass ein inneres Bild von der Marke entstehen kann. Dabei muss beachtet werden, dass neben dem visuellen Eindruck von der Verpackung weitere modalitätsspezifische Eindrücke wie Geruch oder Geschmack wichtig sind. Für die Produkt-/Verpackungsgestaltung ist darauf zu achten, dass bestimmte Eindrücke vom Produkt oder der Verpackung auf andere Eindrücke des Produkts abfärben bzw. andere Eindrücke beeinflussen (Irradiations-Effekt) (vgl. Esch 2014, S. 342 ff.). Für das Wiedererkennen einer Handelsmarke sollte die Verpackung so gestaltet sein, dass diese unterscheidungsfähig von Wettbewerbern ist und prägnant gestaltet wird. Eine Unterscheidungsfähigkeit der Verpackung der Handelsmarke kann beispielsweise durch Formen und Farben sichergestellt werden (vgl. Esch 2014, S. 347).

Dabei fallen gerade Gattungsmarken durch eine sehr einfache und schlichte Gestaltung auf. Diese kann aber auch durch eine sehr prägnante Farbwahl unterscheidungsfähig werden (siehe Praxisbeispiel Marke ohne Namen in Abschn. 1.2). Gerade in letzter Zeit ändert sich bei Handelsunternehmen die Einstellung zur Verpackungsgestaltung der Handelsmarken. Diese wird zunehmend auffälliger und differenziert sich immer stärker von der Verpackungsgestaltung der Hersteller. Handelsunternehmen haben erkannt, dass in der Gestaltung der Verpackung sowie der Kartons am Point of Sale eine sehr gute Möglichkeit besteht, den Kunden in seiner Kaufentscheidung zu beeinflussen. Beispielsweise gestaltet Edeka den Energydrink Booster (Gattungsmarke) sehr auffällig in einer schwarz-silber-goldenen Metalldose. Weiterhin bietet die Verpackung eine Möglichkeit, dem Kunden zusätzliche Informationen zu geben. Bei einem begrenzten Platz auf der Verpackung ist es denkbar, dass ein QR-Code oder ein Tracking-Code für weiterführende Informationen angebracht wird.

Zusammensetzung der Handelsmarke
Nachdem über die Elemente des Branding-Dreiecks entschieden wurde, muss die Handelsmarke in Auftrag gegeben werden (siehe Abschn. 2.4 Beschaffung). Dabei nehmen Handelsunternehmen immer mehr Einfluss auf die konkrete Zusammensetzung der Handelsmarke. Das bedeutet, dass den Herstellern konkrete Vorgaben zu den Inhaltsstoffen der Handelsmarke gemacht werden. Damit besteht für Handelsunternehmen die große Chance, dem Kunden bessere Qualitäten durch die Verwendung von höherwertigen Zutaten zur Verfügung zu stellen. Ganz konkret stellt sich beispielsweise die Frage, ob der Milchreis der Handelsmarke in Wasser oder in Milch gekocht werden soll. Bevor eine Handelsmarke in die Regale des Handels kommt, werden i. d. R. im Bereich der Lebensmittel verschiedene Verkostungen durchgeführt. Hierzu eignet sich ein Blindtest. Bei

2.5 Marketing-Mix

diesem werden die Handelsmarke und andere vergleichbare Produkte verkostet. Dies kann durch geschulte Mitarbeiter oder auch durch Kunden erfolgen. Beispielsweise lässt Edeka seine eigenen Mitarbeiter in der Hamburger Zentrale regelmäßig Geschmack, Aussehen und Konsistenz der Handelsmarke im Vergleich zu anderen Produkten bewerten.

Weiterhin ist es wichtig, die Qualität der Produkte sicherzustellen. Das ist für Lebensmittel und Nicht-Lebensmittel (Non-Food) gleichermaßen wichtig, wobei im Bereich der Non-Food-Artikel sichergestellt werden muss, dass beispielsweise bei Elektroartikeln kein Kurzschluss nach einer bestimmten Benutzungsdauer ausgelöst wird. In diesem Zusammenhang haben Handelsunternehmen sich ein Qualitätsmanagement aufgebaut. Für die Sortimentspolitik der Handelsmarken muss auch noch bedacht werden, dass bei der Handelsmarke das Handelsunternehmen der Inverkehrbringer des Artikels ist. Anders als bei Herstellermarken, bei denen bei Problemen an den Hersteller verwiesen werden kann, ist bei der Handelsmarke das jeweilige Handelsunternehmen haftbar. Aus diesem Grund ist ein gut funktionierendes *Qualitätsmanagement* unabdingbar. Dieses kann dem Kunden auch bewusst gemacht werden, indem er beispielsweise abfragen kann, wo das Obst und Gemüse oder das Fleisch konkret herkommt (siehe Praxisbeispiel). Die Rückverfolgbarkeit von Produkten wird für Handel und Hersteller grundsätzlich immer interessanter. Mit den Handelsmarken kann ein Handelsunternehmen den Herstellern aber eine konkrete Vorgehensweise vorschreiben und ist daher wesentlich schneller in der Umsetzung neuerer Ansätze wie beispielsweise aluminiumfreie Deodorants.

> **Praxisbeispiel: Der Aldi Transparenz Code**
> Aldi Nord machte im September 2014 deutlich, dass das Unternehmen verstärkt auf die Transparenz und Rückverfolgbarkeit seiner Produkte setzt. Dazu heißt es vom Unternehmen selbst: „Mit dem ALDI Transparenz Code können Kundinnen und Kunden bereits während des Einkaufs prüfen, woher das Fleisch- oder Wurstprodukt bei ALDI Nord stammt. Mittels QR-Code oder über die Eingabe des ALDI Transparenz Codes auf der Plattform unter http://transparenz.aldi-nord.de können Verbraucher u. a. das Land der Aufzucht, den Ort der Schlachtung, der Zerlegung und Weiterverarbeitung des Fleisch- und Wurstproduktes nachverfolgen. Nach dem Einscannen des QR-Codes gelangt der Verbraucher direkt auf die entsprechenden Herkunftsinformationen. Ein QR-Code-Scanner für mobile Endgeräte kann in der ALDI Nord App genutzt werden. Diese steht für iOS und Android-Geräte kostenlos zur Verfügung. ALDI Nord wird damit dem gesteigerten Verbraucherwunsch nach mehr Transparenz und Rückverfolgbarkeit in der Lieferkette gerecht" (Aldi Nord 2014).

Zeitliche und quantitative Begrenzung der Verfügbarkeit von Artikeln einer Handelsmarke

Eine Strategie, die auch immer mehr Handelsunternehmen für sich entdecken, ist die künstliche bzw. bewusste Verknappung des Warenangebots. Gerade in Zeiten von gesättigten Märkten kann mit der Verknappung des Angebots eine Attraktivitätssteigerung der Produkte erreicht werden, was gleichzeitig einen Einfluss auf das Kaufverhalten hat.

Grundsätzlich kann das Warenangebot zeitlich und/oder mengenmäßig verknappt werden. Dabei kommt es häufig vor, dass Unternehmen beispielsweise zu bestimmten Anlässen (Geburtstage, Saisonalitäten) nur eine bestimmte Menge des Produktes produzieren. Im Handel hat insbesondere die Form der Limited Editions eine große Bedeutung. Das bedeutet, dass das Produkt nur in einer bestimmten Menge vorhanden ist und nicht mehr nachproduziert wird. Oftmals erfolgt in diesem Zusammenhang die Kommunikation mit dem Zusatz „Solange der Vorrat reicht". Gerade für Handelsmarken eignen sich Limited Editions sehr gut, da dadurch die Möglichkeit besteht, beispielsweise die Akzeptanz von neuen Produkten zu testen. Weiterhin wird damit aber auch ein zusätzlicher Anreiz für den Kauf der Handelsmarke und damit den Besuch des Handelsunternehmens gesetzt (vgl. hierzu Praxisbeispiel dm) (vgl. Pick 2013, S. 198 ff.; Pick und Kenning 2012).

> **Praxisbeispiel: Balea feiert 20 Jahre Geburtstag, Teil 1**
> Die Handelsmarke Balea von dm feierte im Jahr 2015 ihr 20-jähriges Jubiläum. Dazu veröffentlichte das Unternehmen am 25.06.2015 auf der Website dm marken insider, dass es eine exklusive Serie von Balea-Produkten geben wird, die in zeitlicher und quantitativer Hinsicht begrenzt sind. Hierzu hieß es: „Doch wir wollen auch vorausschauen, nämlich auf ganz besondere Produkte, die du nur wenige Tage und ganz exklusiv auf einem Geburtstagstisch in deinem dm-Markt finden wirst. Unsere 20 Jahre Balea Geburtstagsserie" (dm marken insider 2015). Diese Aktion wurde durch verschiedene Kommunikationsmaßnahmen begleitet, die in Abschn. 2.5.2 erneut aufgegriffen werden.

Auf das Controlling des Sortiments wird an dieser Stelle nicht weiter eingegangen. Dieses wird in Abschn. 2.6.3 (Operatives Controlling) behandelt. In Abschn. 2.5.2 werden die Besonderheiten der Kommunikation von Handelsmarken betrachtet.

2.5.2 Kommunikationspolitik

▶ „Kommunikation bedeutet die Übermittlung von Informationen und Bedeutungsinhalten zum Zweck der Steuerung von Meinungen, Einstellungen, Erwartungen und Verhaltensweisen gemäß spezifischer Zielsetzungen" (Bruhn 2015, S. 3).

Die Kommunikationspolitik in Handelsunternehmen widmet sich, angelehnt an die Definition, der zielgerichteten Entscheidung der Ausrichtung der Kommunikation. Dies umfasst die externe (Marktkommunikation) und interne (Mitarbeiterkommunikation) Kommunikation (vgl. Bruhn 2015, S. 3). Im Kern geht es darum, bestimmte Kommunikationsziele bei ausgewählten Zielgruppen zu erreichen (vgl. Bruhn 2015, S. 361). Grundsätzlich können die *Ziele der Kommunikation* wie folgt kategorisiert werden (vgl. Bruhn 2015, S. 182 f.):

- *Kognitiv-orientierte Ziele* betreffen die Steuerung der Informationsaufnahme, -speicherung und -verarbeitung. Es lassen sich die Wahrnehmung, Kenntnis und Erinnerung von Angeboten bzw. Leistungen des Unternehmens unterscheiden. Die Kenntnis des Leistungsangebotes ist eine wichtige Voraussetzung, damit ein Produkt überhaupt erst gekauft werden kann.
- *Affektiv-orientierte Ziele* verfolgen das Wecken bestimmter Emotionen und den Aufbau von Sympathie für ein Produkt/Unternehmen. Diese Ziele sind für ein Unternehmen dann wichtig, wenn neben den kognitiv-orientierten Zielen auch eine Differenzierung und Positionierung sowie die Vermittlung von Emotionen und Images erreicht werden sollen. Das sind insbesondere für klassische sowie Premium-Handelsmarken wichtige Ziele.
- *Konativ-orientierte Ziele* betreffen das Verhalten des Konsumenten. Demnach wird der Konsument zum Kauf des Produktes, zum Markenwechsel oder zu einer Erhöhung der Kaufmenge angeregt. Weiterhin ist es aber auch denkbar, das Informationsverhalten des Kunden zu beeinflussen, und ihn zur Anforderung von Informationsmaterial o. Ä. zu bewegen.

Zur Erreichung dieser Ziele steht Unternehmen eine Vielzahl verschiedener Instrumente zur Verfügung, die unterschiedlich systematisiert werden können. Nachfolgend wird eine Systematisierung in direkte und indirekte Kommunikation, die einseitig oder zweiseitig erfolgen kann, sowie nach der Richtung in interne und externe Kommunikation weiter betrachtet (siehe Abb. 2.20). Bei der direkten Kommunikation besteht ein unmittelbarer Kontakt zwischen Sender und Empfänger, weshalb diese Kommunikation auch als Face-to-face-Kommunikation bezeichnet wird. Eine indirekte Kommunikation erfolgt durch den Einsatz von Medien. Grundsätzlich kann die Kommunikation einseitig sein, was bedeutet, dass nur ein Sender einer Botschaft existiert und der Empfänger der Botschaft keine Möglichkeit der Rückkopplung hat. Eine zweiseitige Kommunikation macht einen Dialog zwischen Sender und Empfänger möglich (vgl. Bruhn 2015, S. 369). Eine klassische Unterteilung der Kommunikationsinstrumente ist die Differenzierung nach Above-the-line- und Below-the-line-Kommunikationsinstrumenten. Above-the-line-Kommunikationsinstrumente sind Mediawerbung und Public Relations. Zu den Below-the-line-Kommunikationsinstrumenten zählen u. a. Verkaufsförderung, Eventmarketing, Sponsoring, Direktmarketing, Online-Marketing und Social-Media-Marketing (vgl. Kloss 2012, S. 5).

Die Kommunikationspolitik von Unternehmen im Allgemeinen sowie von Handelsunternehmen im Speziellen verändert sich in den letzten Jahren zunehmend. Dabei werden im Handel noch printbasierte Werbemittel (Prospekte, Anzeigen in Magazinen) bevorzugt. 2014 wurden gut 55 % des Budgets für diese Werbemittel verwendet. Die restlichen 45 % entfielen auf additive Handelswerbung, wozu Instore-Marketing und Online-Marketing zählen. In einer Prognose wird davon ausgegangen, dass immer mehr Handelsunternehmen ihre Kommunikationsaufwendungen in Richtung additive Werbung verschieben, wobei besonders das Online-Marketing stark an Bedeutung gewinnt.

Art \ Richtung	Direkt (face-to-face)		Indirekt (medial)	
	einseitig	zweiseitig	einseitig	zweiseitig
intern	• Mitarbeiterbezogene Verkaufsförderung • Internes Berichtswesen	• Mitarbeiterevents • Arbeitssitzungen • Betriebsversammlungen	• Firmenvideos • Mitarbeiterzeitungen • Newsletter	• Videokonferenzen • Online-Foren • Internetchats
extern	• Verbraucherbezogene Verkaufsförderung • Werbebriefe	• Persönlicher Verkauf • Eventmarketing • Verbraucherbezogene Verkaufsförderung	• Anzeigenwerbung, Plakate • Pressemitteilungen • Product Placement • Kundenzeitschriften • Online-Werbung	• Telefon-Hotline • Social-Media-Kommunikation • Direkt Marketing mit Antwortmöglichkeiten

Abb. 2.20 Kategorisierung von Kommunikationsinstrumenten und -mitteln. (In Anlehnung an Bruhn 2015, S. 370)

Insbesondere Social Media ist dabei als wichtige Form zu nennen (vgl. Lohmann und Gerling 2015, S. 52 f.).

Bei einer näheren Betrachtung der Kommunikationsaufwendungen der Handelsunternehmen fällt auf, dass der Handel insgesamt im Jahr 2014 seine Ausgaben auf etwa 1,2 Mrd. EUR erhöht hat. Dabei gab alleine die Media-Saturn-Holding 2014 372,9 Mio. EUR für Kommunikation aus. Zu den Top 5 werbetreibenden Handelsunternehmen gehören weiterhin: Lidl (222,3 Mio. EUR), Edeka-Zentrale (161,1 Mio. EUR), Rewe (158,5 Mio. EUR) und Aldi (189,6 Mio. EUR) (vgl. LZ-Net 2015a). Bei einem Vergleich der Aufwendungen für klassische Kommunikation mit der Fast-moving-consumer–goods(FMCG)-Industrie, die 2014 mehr als 6,6 Mrd. EUR ausgab, fällt der große Unterschied zum Handel auf. Beispielsweise wendete allein Ferrero Deutschland 2014 mehr als 360 Mio. EUR für klassische Kommunikation auf (vgl. LZ-Net 2015b). Bei dieser Gegenüberstellung muss bedacht werden, dass Ferrero ein viel weniger umfangreiches Produktprogramm besitzt. Handelsunternehmen bieten wesentlich mehr Produkte an. Daher wird deutlich, dass die Kommunikation für Handelsmarken unter anderen Voraussetzungen verläuft. Kommunikationsmaßnahmen, die beispielsweise im TV auf die Handelsmarke aufmerksam machen, sind eher die Ausnahme. Weiterhin ist die Möglichkeit der Verpackungsgestaltung als Kommunikationsmittel gerade für Handelsunternehmen nicht zu vernachlässigen (siehe Abschn. 2.5.1).

Raeber (2001) stellt beispielsweise fest, dass sich der Handel mit der Kommunikation von Handelsmarken konsequenter und kraftvoller aufstellen wird. Neben den klassischen Instrumenten wie Verkaufsförderung (Handzettel und POS-Maßnahmen) wird auch klassische Mediawerbung betrieben. Schenk (2001, S. 77) sieht für Handelsmarken folgende Kommunikationsmittel: Anzeigen in Tageszeitungen und Anzeigenblätter, Handzettel, Vorträge, ladeninterne Vorzugsplatzierungen, Regalhinweise, Deckenhänger und Plakate sowie Ladenfunkdurchsagen. Auch diese Aufzählung macht deutlich, dass die Instrumente Verkaufsförderung und Mediawerbung für Handelsmarken eine große Bedeutung besitzen und darüber hinaus der Point of Sale selbst gut eingesetzt werden kann. Die beiden Aufzählungen können für die heutige Zeit so übernommen werden. Es muss dabei jedoch berücksichtigt werden, dass das Online-Marketing und insbesondere das Social-Media-Marketing eine immer größere Rolle spielen. Nachfolgend werden die Instrumente Mediawerbung, Verkaufsförderung und Online-Marketing mit einem Schwerpunkt auf Social-Media-Marketing weiterverfolgt.

Der Einsatz der Mediawerbung

▶ „Mediawerbung bedeutet den Transport und die Verbreitung werblicher Informationen über die Belegung von Werbeträgern mit Werbemitteln im Umfeld öffentlicher Kommunikation gegen ein leistungsbezogenes Entgelt, um eine Realisierung unternehmensspezifischer Kommunikationsziele zu erreichen" (Bruhn 2015, S. 373).

Innerhalb der *Mediawerbung* werden verschiedene *Erscheinungsformen* unterschieden:

- *Insertionsmedien (auch Printmedien genannt)*
  Bei den Printmedien lässt sich zwischen Zeitungen, Publikumszeitschriften, Fachzeitschriften sowie sonstigen Printmedien unterscheiden. Für Handelsunternehmen hatten Tageszeitungen ganz lange eine große Bedeutung. Das ändert sich in den letzten Jahren zunehmend. Für Werbung in Zeitungen gaben Handelsunternehmen 2013 gut 913 Mio. EUR aus (vgl. ZAW 2014, S. 151). Regionale und überregionale Tageszeitungen werden insbesondere zur Bekanntmachung der wöchentlichen Inserate der jeweiligen Handelsunternehmen verwendet. Vorteile der Zeitung liegen in der kurzfristigen Disponierbarkeit und der Möglichkeit des exakten Timings. Nachteilig sind die begrenzten gestalterischen Möglichkeiten (begrenzter Farbdruck). Weiterhin muss besonders bei Tageszeitungen beachtet werden, dass die Zahl der Leser seit Jahren rückläufig ist und insbesondere junge Zielgruppen damit schlecht erreicht werden. Die Zeitung bietet sich für informative und argumentierende Werbung an (vgl. Meffert et al. 2015, S. 589 f.).
  Zunehmend wichtiger werden Publikumszeitschriften. Diese verfolgen entweder das Ziel der Unterhaltung (Beispiele: Bunte, Gala, Freundin) oder der Information (Beispiele: Stern, Geo, Focus) und erscheinen seltener (meist wöchentlich oder periodisch) als Zeitungen. Vorteile der Publikumszeitschriften sind die höherwertigen Gestaltungsmöglichkeiten und das höhere Involvement der Leser. Jedoch wenden sich Publikumszeitschriften an eine breit gestreute Leserschaft, was zu Streuverlusten führt (Nachteil) (vgl. Homburg 2015, S. 788). Bei den Publikumszeitschriften gibt es

jedoch immer mehr Zeitschriften, die sich speziellen Themen widmen und dadurch über eine bessere Zielgruppeneingrenzung verfügen. Beispielsweise kann in den zahlreichen Zeitschriften zum Thema Essen und Trinken auf Handelsmarken aufmerksam gemacht werden. Innerhalb der Insertionsmedien werden auch noch Fachzeitschriften und sonstige Zeitschriften wie Anzeigenblätter und Telefonbücher unterschieden, auf die aber nicht weiter eingegangen wird.

- *Elektronische (audiovisuelle) Medien*
  Bei den elektronischen Medien wird zwischen den Werbeträgern Fernsehen, Kino und Radio unterschieden. Mit der Ausnahme des Radios haben die aufgeführten Kommunikationsträger den Vorteil, dass eine multisensuale Wahrnehmung und somit größere Realitätsnähe durch die Kombination mehrerer Sinneswahrnehmungen möglich ist. Dadurch ist eine stärkere Aktivierung des Konsumenten realisierbar. Das Fernsehen stellt dabei ein Leitmedium in Deutschland dar, das in erster Linie Informations- und Unterhaltungsbedürfnisse der Konsumenten befriedigt und über eine große Reichweite verfügt. Vorteile des Fernsehens sind vorwiegend die schnelle Bekanntmachung des Angebots sowie die vielfältigen Gestaltungsmöglichkeiten, insbesondere die emotionale Aufladung einer Marke und die Vermittlung von Erlebniswelten. Nachteile sind jedoch die abnehmende Akzeptanz der Fernsehwerbung (Zapping), nachlassende Werbeaufmerksamkeit sowie rechtliche Restriktionen. Die Schaltung einer Kommunikationsmaßnahme im Fernsehen sollte dem Programmumfeld sowie der Nutzergruppe der jeweiligen Sendung angepasst werden (vgl. Meffert et al. 2015, S. 591 ff.). Die Bedeutung der Fernsehwerbung steigt im Einzelhandel immer weiter an. 2013 gaben Handelsunternehmen mehr als 1 Mrd. EUR für Fernsehwerbung aus, was gegenüber 2012 einer Steigerung von 13,6 % entspricht (vgl. ZAW 2014, S. 151). Handelsunternehmen nutzen Fernsehwerbung überwiegend zur Verbesserung des Images des gesamten Unternehmens. Zum Teil werden auch einzelne Handelsmarken in den jeweiligen TV-Spots erwähnt oder sind komplett Gegenstand der Fernsehwerbung (siehe Praxisbeispiel).

Praxisbeispiele: TV-Werbung Lidl & Edeka

Der Discounter Lidl nutzt seit einigen Jahren verstärkt TV-Werbung. Neben der 2015 gestarteten Image-Kampagne des Unternehmens werden auch immer wieder Handelsmarken in der TV-Werbung präsentiert. Die wechselnden Non-Food-Angebote sind bei Lidl zeitlich begrenzt. Die TV-Werbung macht somit auf die Produkte aufmerksam und stellt darüber hinaus die Qualität der Produkte in den Mittelpunkt (vgl. Saal 2012).

Im Jahr 2015 veröffentlichte Edeka einen Werbespot, der sich rund um die klassische Handelsmarke Edeka dreht. Dabei fragt ein kleiner Junge, warum auf allen Produkten Edeka steht. Der Verkäufer erklärt, dass, wenn man auf etwas besonders stolz ist, man seinen Namen drauf schreibt. Dann kommt seine Schwester mit einem T-Shirt mit der Aufschrift Zicke an (vgl. Theobald 2015, siehe auch Edeka TV-Spot Stolz auf YouTube).

2.5 Marketing-Mix

Ein weiterer elektronischer Werbeträger ist das *Kino*. Das Kino bietet den Vorteil, dass Unternehmen einen wesentlich größeren Spielraum bezüglich der Spotlänge sowie der -gestaltung haben. Das Kino verfügt gegenüber dem Fernsehen nur über eine sehr eingeschränkte Reichweite. Dem kann jedoch entgegengehalten werden, dass mit dem Kino insbesondere junge Menschen (unter 30 Jahren) erreicht werden können (vgl. Meffert et al. 2015, S. 595 f.). Das macht sich das Handelsunternehmen Edeka zunutze (siehe Praxisbeispiel). Das Kino spielt als Werbeträger im Handel sonst eine geringe Bedeutung. 2013 wurden 0,9 Mio. EUR für Kinowerbung ausgegeben (vgl. ZAW 2014, S. 151).

> **Praxisbeispiel: Kinowerbung Edeka Kiffer-Spot**
> In der Werbung zum Kinofilm Hangover 3 schaltete das Unternehmen den Werbespot Kiffer. Im Spot kaufen zwei offensichtlich bekiffte junge Männer bei Edeka ein und loben Sortiment und Preis. Der Spot ist witzig gemacht und weist eine sehr gute Zielgruppenpassung auf. Im Internet entwickelte sich der Spot auch sehr schnell zum Hit. Kritiker sehen in dem Spot die Gefahr, dass Drogen verharmlost werden und ältere Zielkunden den Spot nicht verstehen könnten (vgl. Diering 2013).

Radiowerbung wird zur schnellen Bekanntmachung des Produkts und der Botschaft genutzt. Das Radio wird von Menschen eher zur Ablenkung, Entspannung oder Anregung genutzt, was mit dem Nachteil der Flüchtigkeit des Kontakts einhergeht. Darüber hinaus weisen Radiosender meist nur einen regionalen Bezug auf. Vorteilhaft am Radio sind die schnelle Einsatzmöglichkeit, die Preisgünstigkeit, die rasch kumulierte Reichweite sowie die gute Wirkungsweise im Verbund mit anderen Medien (vgl. Meffert et al. 2015, S. 596). Radio wird aufgrund der beschriebenen Eigenschaften im Handel vor allem zur Bekanntmachung der aktuellen Sonderangebote oder sonstiger Verkaufsförderungsmaßnahmen verwendet. 2013 gaben Handelsunternehmen 245,3 Mio. EUR für Radiowerbung aus (vgl. ZAW 2014, S. 151).

- *Medien der Außenwerbung*
  Zur Außenwerbung werden alle Kommunikationsträger und -mittel gezählt, die im öffentlichen Raum platziert sind. Es kann zwischen stationärer (Beispiele: Plakatwerbung an Litfaßsäulen, City-Light-Poster an Bushaltestellen, Werbung an Baugerüsten) und mobiler Außenwerbung (Verkehrsmittelwerbung u. a. an Bussen, U-Bahnen, Taxen) unterschieden werden. Die Wirkung der Außenwerbung hängt in erster Linie von der Qualität des Standortes ab, die hauptsächlich durch die Verkehrsfrequenz und die Einsehbarkeit bestimmt wird. Vorteile der Außenwerbung liegen in der Möglichkeit der Beeinflussung von Konsumenten auf dem Weg zum Point of Sale sowie dem örtlich sehr präzisen Einsatz. Weiterhin ist es mit der mobilen Außenwerbung möglich, eine Kommunikationsbotschaft sehr schnell bekannt zu machen. Hingegen können mit der Außenwerbung in erster Linie jüngere Menschen, die per se mobiler

sind, erreicht werden. Ferner ergeben sich aufgrund der notwendigen großen Schrift begrenzte Gestaltungsmöglichkeiten (vgl. Homburg 2015, S. 805 f.). Im Jahr 2013 haben Handelsunternehmen etwas mehr als 96 Mio. EUR für Außenwerbung ausgegeben (vgl. ZAW 2014, S. 151). Das Praxisbeispiel von Penny macht deutlich, dass gerade bei neuen Produkten, wie der Einführung der Handelsmarke Penny, Außenwerbung sehr aufmerksamkeitsstark eingesetzt werden kann (siehe Abb. 2.7).

Der Einsatz von Verkaufsförderung

▶ „Unter Verkaufsförderung – auch Sales Promotion bzw. kurz Promotion – sind zeitlich befristete Maßnahmen mit Aktionscharakter zu verstehen, die andere Marketingmaßnahmen unterstützen und den Absatz bei Händlern und Konsumenten fördern" (Gedenk 2009, S. 270).

Abgeleitet aus der Definition der Verkaufsförderung sind demnach u. a. die nachfolgenden Maßnahmen dem Kommunikationsinstrument zuzurechnen: Handzettelwerbung des Handels, Gewinnspiele, Sonderangebote, Warenproben und Produktzugaben. Dabei besitzt die Verkaufsförderung insbesondere im Bereich der Fast Moving Consumer Goods und somit für den Lebensmitteleinzelhandel eine große Bedeutung. Verkaufsförderung zählt zu einem wichtigen, jedoch gleichzeitig auch schwierigen Kommunikationsinstrument, da nicht alle Verkaufsförderungsaktionen erfolgreich sind und es eine Vielzahl von Promotionsinstrumenten gibt, die alle unterschiedlich gestaltet werden können (vgl. Gedenk 2009, S. 269 f.).

Aus der Definition der Verkaufsförderung wurde bereits ersichtlich, dass sich eine Absatzwirkung beim Konsumenten entfalten soll. Diese Absatzwirkung kann kurzfristiger oder langfristiger Natur sein. Kurzfristige Absatzwirkungen beruhen beispielsweise auf dem Wechsel des Geschäfts, um das Produkt zu kaufen, oder dem bewussten Mehrkauf. Langfristig soll die Verkaufsförderung dazu führen, dass Konsumenten eine Treue zum Geschäft und zum gekauften Produkt aufbauen. Insbesondere die langfristige Absatzwirkung muss bezweifelt werden, da es aufgrund der Häufigkeit der Verkaufsförderungsmaßnahmen sowie der hohen Filialzahl im Lebensmitteleinzelhandel für den Konsumenten ohne Probleme möglich ist, je nach Promotion-Aktionen den Händler zu wechseln (vgl. Gedenk 2009, S. 273 ff.).

Die Verkaufsförderung kann dabei vom Händler oder vom Hersteller ausgehen. Auf Letztere wird dabei nicht weiter eingegangen. Neben der Verkaufsförderung der Hersteller streben auch immer mehr Handelsunternehmen eigene Verkaufsförderungsaktivitäten an (Beispiele: Verkostung der eigenen Handelsmarken, Einsatz von Ladenfunk). Hierbei können Verbundpromotions und Kooperativ-Promotions unterschieden werden (vgl. Bruhn 2015, S. 386 ff.). Konsumentengerichtete Promotions können in preisorientierte (Sonderangebote, Coupons) sowie nichtpreisorientierte Verkaufsförderung unterschieden werden. Dabei werden in den weiteren Ausführungen nur die nichtpreisorientierten Promotions verfolgt, da diese eher der Kommunikationspolitik zuzurechnen sind. Es lassen sich folgende *Instrumente* der Nicht-Preis-Promotions anführen (vgl. Gedenk 2009, S. 272):

2.5 Marketing-Mix

- Promotionswerbung (Handzettel, Inserate, POS-Werbung),
- Displays, Zweitplatzierungen,
- Aktionsverpackungen,
- Warenproben,
- Produktzugaben,
- Gewinnspiele und
- Events.

Die vielseitigen Einsatzmöglichkeiten der Verkaufsförderung machen deutlich, dass die Verkaufsförderung gerade für Handelsmarken sehr attraktiv ist. Es wurde bereits beschrieben, dass Handelsunternehmen für ihre Handelsmarken ein wesentlich geringeres Budget zur Verfügung haben. Daher eignet sich gerade der Point of Sale selbst, um Handelsmarken zu inszenieren und Konsumenten auf diese aufmerksam zu machen. Die Atmosphäre eines Geschäfts übt dabei einen positiven Einfluss auf die Wahrnehmung der Qualität der Handelsmarke aus (vgl. Vahie und Paswan 2006). Insbesondere Zugabe-Promotions (siehe Praxisbeispiel) eignen sich. Dabei kann eine Herstellermarke mit einer Handelsmarke kombiniert werden. Hierzu ist ein sinnvoller Verbund zwischen den Artikeln wichtig. Dieser Verbund lässt sich im Lebensmitteleinzelhandel beispielsweise für Rezepte herstellen. Der Lebensmitteldiscounter Lidl hat ein Magazin „Die Gerneküche", welches kostenlos in den Filialen ausliegt, aber auch online eingesehen werden kann. In diesem Magazin sind Rezepte aufgelistet. Bei den Angaben der Zutaten sind die Handelsmarken des Unternehmens zwar nicht direkt angeführt, jedoch gibt es einen Coupon für ein Rezept, der die benötigten Zutaten bündelt (siehe Praxisbeispiel, Abb. 2.21). Weiterhin ist gerade bei Handelsmarken beliebt, den Verpackungsinhalt zu vergrößern. In den Handzetteln wird das dann beispielsweise als XXL-Woche ausgelobt, so wie beim Discounter Lidl. Handelsunternehmen können sehr gut am POS auf ihre Handelsmarken mit Hinweisschildern (Deckenhängern, Regalfahnen, Plakaten) oder Durchsagen im Ladenfunk aufmerksam machen. Als eine besonders wichtige Möglichkeit der Verkaufsförderung von Handelsmarken können Zweitplatzierungen bzw. Sonderaufbauten angeführt werden. Dadurch soll eine impulsive Kaufentscheidung ausgelöst werden. Verbunden werden kann die Zweitplatzierung mit der Verkostung von Handelsmarken. Daneben eignet sich der Handzettel sehr gut, um Handelsmarken zu präsentieren. Dabei muss die Präsentation im Handzettel nicht immer mit einer Preisreduzierung einhergehen. Handelsmarken können im Handzettel als Ergänzung zum normalen Sortiment angeboten werden, beispielsweise als Limited Edition (siehe Abschn. 2.5.1). Weiterhin ist aber auch denkbar, dass eine Preisreduzierung auf Artikel der Handelsmarken gewährt wird.

Praxisbeispiel: Verkaufsförderung von Handelsmarken

Die Lebensmittelzeitung berichtet in ihrer Ausgabe vom 03.07.2015, dass der dm Drogeriemarkt Gratisproben seiner Zahnpasta Dontodent beim Kauf einer Packung Listerine Advanced White verteilt hat. In der Filiale wurde mittels Aufsteller auf die

Abb. 2.21 Coupon für Handelsmarken. (In Anlehnung an Gerneküche 08/2015)

Verkaufsförderung aufmerksam gemacht (vgl. Lebensmittelzeitung 2015a). Eine andere Möglichkeit nutzt Lidl in seinem Kundenmagazin (siehe Abb. 2.21).

Ein weiteres Beispiel für Verkaufsförderung von Handelsmarken ist das große Markenlotto bei Edeka im März/April 2016 gewesen. Kunden konnten bis zu 100.000 EUR gewinnen, wenn sie sechs Produkte der beteiligten Marken gekauft haben. Interessant dabei ist, dass neben großen Herstellermarken von Unilever (u. a. Knorr, Rama, Axe) auch die Handelsmarke Edeka dabei war (vgl. Edeka 2016).

Der Einsatz des Online-Marketings
Die Grundlage des Online-Marketings stellt das Internet dar, welches seit 1991 für immer mehr Menschen verfügbar wurde. Die Nutzung von Internetdiensten wird dabei als Web 1.0 bezeichnet. Im Laufe der Zeit kamen neue Technologien auf den Markt, die es ermöglichten, sich aktiv im Internet auszutauschen oder Änderungen vorzunehmen. Das sogenannte *Mitmach-Internet* wird auch als *Web 2.0* bezeichnet. Das Web 2.0 zeichnet sich durch eine aktive Teilnahme der Nutzer aus. Damit ist es möglich, die kollektive Intelligenz der Nutzer auszuschöpfen. Ferner können viele Inhalte im Internet selbstständig geändert werden und die Nutzer können sich selbst präsentieren (vgl. Kreutzer 2014, S. 5). Durch immer leistungsfähigere Endgeräte sind Konsumenten heute wesentlich

schneller in der Lage, eigene Inhalte für das Internet zu produzieren. Dies wird als User-Generated-Content bezeichnet. Das Engagement der Nutzer darf aber nicht überschätzt werden. In Studien zeigt sich, dass 90 % der Nutzer nur Inhalte im Internet lesen. 1 % der Nutzer ist sehr aktiv, betreibt eigene Blogs oder stellt Inhalte auf YouTube ein. 9 % der Nutzer reagieren auf solche Inhalte. Für Unternehmen ist es daher wichtig, die 1 % der Nutzer zu erkennen, die meinungsbildend sind (vgl. Kreutzer 2014, S. 7).

Der Begriff Online-Marketing selbst ist bis heute nicht klar definiert. Zwar gibt es zahlreiche Werke, die sich mit dem Online-Marketing auseinandersetzen, aber jeder Autor versteht darunter etwas anderes. Nachfolgend wird der Begriff Online-Marketing wie folgt definiert:

▶ „Online-Marketing umfasst Maßnahmen oder Maßnahmenbündel, die darauf abzielen, Besucher auf die eigene Seite oder eine ganz bestimmte Internetpräsenz zu lenken, von wo aus direkt Geschäfte gemacht oder angebahnt werden" (Lammenett 2014, S. 26).

Innerhalb des Marketing-Mix eines Unternehmens ist das Online-Marketing ein Bestandteil mit Elementen in allen Marketinginstrumenten. Online-Marketing weist die nachfolgenden zentralen *Ausgestaltungsmöglichkeiten* auf (vgl. Kreutzer 2014, S. 35 ff.; Kilian und Langner 2010, S. 19 ff.):

- *Pull- statt Push-Kommunikation*
  Im Zusammenhang mit dem Online-Marketing wird von einem Paradigmenwechsel gesprochen. Die Kommunikation entwickelt sich weg von einer Push-Kommunikation, die maßgeblich vom Unternehmen ausgeht und Konsumenten ungefragt Werbebotschaften zustellt, hin zu einer Pull-Kommunikation, bei der der einzelne Nutzer selbst entscheidet, wann und wie kommuniziert wird.
- *Stärkere Fokussierbarkeit auf Zielpersonen und Zielgruppen*
  Bei einigen Instrumenten des Online-Marketings wie beispielsweise die E-Mail kann der Inhalt stark auf die Zielgruppe zugeschnitten werden. Mit Blogs und Foren können wiederum auch Zielpersonen genau angesprochen werden. Beispiel: Den Newsletter von H&M werden nur Kunden anfordern, die an dem Unternehmen und dessen Mode auch interessiert sind.
- *Einsetzbarkeit bei kleinen Marketing-Budgets*
  Mit der Fokussierbarkeit der Zielgruppe geht die Möglichkeit einher, bestimmte Online-Instrumente auch bei kleinem Marketing-Budget zu nutzen. Beispielsweise kann im Rahmen des Suchmaschinen-Marketings nur auf bestimmte Begriffe geboten und gleichzeitig das Budget pro Tag begrenzt werden.
- *Individualisierung*
  Das Internet macht eine individuelle Kommunikation möglich. Unternehmen bietet sich so die Möglichkeit, Streuverluste zu minimieren. Ferner führt eine Erhöhung der Individualität der Ansprache auch dazu, dass die Relevanz der Kommunikation für den Empfänger steigt. Beispiel: Amazon und eBay speichern über Cookies nach

einem Log-in die Bewegung der Kunden und können somit individuelle Angebote sowie Informationen zur Verfügung stellen. In diesem Zusammenhang werden sogenannte Recommendation Engines genutzt.
- *Interaktivität*
Das Kommunikationsmittel (Webseite) ist nicht starr und unveränderlich, sondern kann auf Anfragen und Handlungen des Nutzers reagieren (u. a. Bereitstellen von Informationen, Ansicht ausgewählter Produkte oder die individuelle Konfiguration eines Produkts). Ferner besteht im Online-Marketing die Möglichkeit, Konsumenten direkt zu Reaktionen aufzufordern (Call-to-Action).
- *Kurze Responsezeiten auf Anbieter- und Nachfragerseite*
Die Instrumente des Online-Marketings führen dazu, dass zeitnah kommuniziert werden kann. Unternehmen erhalten von Kunden schnell Feedback auf bestimmte Maßnahmen und können direkt reagieren. Ein großer zeitlicher Vorlauf ist bei vielen Instrumenten nicht mehr notwendig.
- *Multimedialität*
Im Internet können mehrere Sinnesorgane der Nutzer gleichzeitig angesprochen werden, da neben dem Einsatz von Text auch Bild und Ton möglich sind.
- *Performanceorientierung*
Die Erfolgskontrolle der Online-Kommunikation ist gegenüber der Erfolgskontrolle klassischer Kommunikationsinstrumente einfacher. Beispiel: Die Aktivierung einer bestimmten Anzeige kann direkt über die Erfassung der Klicks gemessen werden.

Das Online-Marketing besitzt verschiedene Instrumente, die überblicksartig in Abb. 2.22 dargestellt werden. Dabei wird im Nachfolgenden nicht explizit auf die einzelnen Instrumente eingegangen. Grundsätzlich stellt die Internetpräsenz des Handelsunternehmens

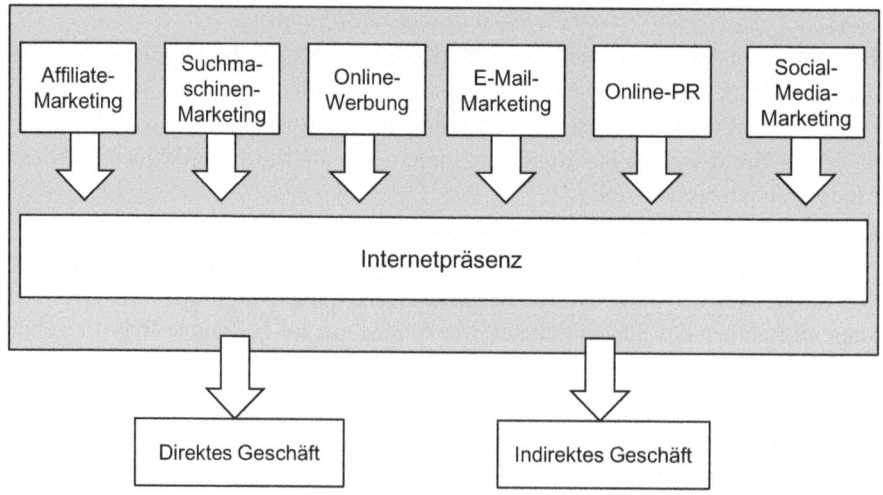

Abb. 2.22 Instrumente des Online-Marketings. (In Anlehnung an Lammenett 2014, S. 28)

selbst eine gute Möglichkeit dar, auf die Handelsmarke aufmerksam zu machen. Viele Handelsunternehmen haben dazu einen speziellen Menüpunkt angelegt, über den Kunden aufseiten zu den jeweiligen Handelsmarken des Unternehmens gelangen und sich dort intensiver mit den Handelsmarken beschäftigen können (siehe Abb. 2.23). Weiterhin ist aber auch denkbar, dass nicht nur über die Website des jeweiligen Unternehmens auf die Handelsmarke zugegriffen werden kann, sondern für diese auch eine komplett eigenständige Website geschaffen wird. Dies ist beispielsweise bei der Handelsmarke mint & berry von Zalando der Fall (http://www.mint-and-berry.com).

> **Praxisbeispiel: Homepage OBI Eigenmarken**
> Das Unternehmen OBI betreibt u. a. die Website www.obi.de. Die Handelsmarken des Unternehmens fallen auf den ersten Blick nicht auf. Erst im Footer der Website (unterer Bereich) befindet sich unter „Unternehmen" ein Bereich zu den OBI Eigenmarken. Über diesen gelangt man zu weiteren Informationen zu den Handelsmarken des Unternehmens (Obi 2015).

Nachfolgend wird vertiefend ein Instrument des Online-Marketings, das Social-Media-Marketing, besprochen. Bevor der Begriff definiert wird, werden Einsatzschwerpunkte dieses Kommunikationsinstrumentes aufgezeigt (vgl. Hettler 2010, S. 38 f.):

- Ernst gemeinte, Nutzen stiftende Kommunikation mit der Zielgruppe,
- Beeinflussung der Zielgruppe über soziale Medien, um gewünschte Handlungen erreichen zu können, und
- Social-Media-Marketing als methodischer Ansatz in der Marktforschung.

Abb. 2.23 Homepage OBI Handelsmarken. (Obi 2015)

▶ **Social-Media-Marketing** „vollzieht sich auf online-basierten Plattformen und kennzeichnet sowohl die Kommunikation als auch die Zusammenarbeit zwischen Unternehmen und Social-Media-Nutzern sowie deren Vernetzung untereinander" (Bruhn 2015, S. 471).

Die Bandbreite der Social-Media-Instrumente ist sehr groß, u. a. Weblogs, Microblogs und Social Networks (siehe hierzu et al. Bruhn 2015, S. 477). Grundsätzlich verfolgen Unternehmen mit dem Einsatz von Social-Media-Marketing u. a. die nachfolgenden *Ziele* (vgl. Kreutzer 2014, S. 352 ff.; Weinberg 2014, S. 31 ff.):

- Steigerung der Bekanntheit
- Akquisition neuer Kunden
- Aufbau einer Beziehung zum Kunden
- Verbesserung der Suchmaschinenplatzierung des Unternehmens
- Steuerung des Marken-/Unternehmensimages
- Aufbau einer Beziehung zu Multiplikatoren
- Marktforschung und Marktbeobachtung
- Gewinnung neuer Mitarbeiter
- Zusammenarbeit mit Kunden

Werden die Ziele in einen Zusammenhang mit dem Handelsmarkenmanagement gebracht, fällt auf, dass viele Zielsetzungen für Handelsmarken wichtig sind. Handelsunternehmen wollen beispielsweise die Bekanntheit der Marke steigern, eine Beziehung zum Kunden aufbauen oder das Image der Handelsmarke steuern und damit auch einen Effekt auf das eigene Unternehmen erzielen. Beim Social-Media-Marketing kommt hinzu, dass das eingesetzte Budget gemessen an Mediawerbung überschaubar ist und multimediale Inhalte erzeugt werden können. Bevor soziale Netzwerke sowie Video- und Picture-Plattformen näher beleuchtet werden, muss erneut auf das geringe Budget von Handelsunternehmen zur Steuerung der Handelsmarken hingewiesen werden. Dieses, im Vergleich zu Herstellern geringere Budget, führt dazu, dass weniger Mitarbeiter für die Steuerung der Produkte verantwortlich sind. Demnach stehen auch weniger Personen zur Betreuung der digitalen Kanäle zur Verfügung. Im Folgenden werden einige ausgewählte Instrumente des Social-Media-Marketings vorgestellt.

Soziale Netzwerke
Soziale Netzwerke dienen eher der Pflege von privaten Kontakten und weisen verschiedene Zielgruppen auf, beispielsweise Singles (Parship) oder keine spezifische Zielgruppe (Facebook). Dabei können die Netzwerke offen sein, und somit jedem den Eintritt ermöglichen, als auch geschlossen gehalten sein. Ein geschlossenes Netzwerk soll in erster Linie ein Gefühl der Exklusivität erzeugen, weil ein Eintritt nur nach vorheriger Empfehlung möglich ist (vgl. Bruhn 2015, S. 482).

2.5 Marketing-Mix

Die Nutzerzahlen der sozialen Netzwerke entwickeln sich sehr dynamisch. Facebook hat weltweit mehr als 1,3 Mrd. monatlich aktive Nutzer, wovon 890 Mio. Facebook täglich nutzen (Stand: 4. Quartal 2014) (vgl. Enge 2015); mehr als 26 Mio. davon alleine in Deutschland (Stand: 15.06.2013). Der Schwerpunkt der Facebook-Nutzer liegt dabei im Alter von 18 bis 34 Jahren. Diese Altersgruppe weist allein mehr als 13 Mio. Nutzer auf (vgl. Allfacebook 2014). Weiterhin ist zu erwähnen, dass Facebook seit seinem Börsengang die Werbeaktivitäten auf der eigenen Seite verstärkt hat. 2014 betrugen die Einnahmen durch Werbung auf Facebook 12,5 Mrd. US$ (vgl. Enge 2015). Gefiltert nach dem Profil des Nutzers und dessen Vorlieben erscheinen die Anzeigen zwischen Freundes- und anderen Botschaften (vgl. Rosbach 2014). Eine Präsenz in einem sozialen Netzwerk ermöglicht es einem Unternehmen, mit den Konsumenten sowie deren Freundeskreisen in direkten Kontakt bzw. in Erscheinung zu treten *(Dialogfunktion)*. Dabei setzt das Unternehmen auf die Vernetzung der Freunde des Unternehmens und erhöht somit die Geschwindigkeit der Verbreitung von Nachrichten. Soziale Netzwerke eignen sich unternehmensseitig zur Informationsverbreitung, zur Förderung der Markenbindung, als Möglichkeit zum Dialog und zur Verkaufsförderung (vgl. Hettler 2010, S. 206 ff.). Gerade über soziale Netzwerke besteht für Handelsmarken demnach eine gute Möglichkeit, mit den Zielgruppen ins Gespräch zu kommen und auf Neuheiten oder besondere Artikel aufmerksam zu machen.

Video- und Picture-Plattformen

Die Weiterentwicklung der Technik im Bereich der Smartphones in Verbindung mit der Breitbandtechnik hat zu einer steigenden Beliebtheit von Video- und Fotoalben-Plattformen geführt (vgl. Zarrella 2010, S. 101). Nutzer laden eigene Filme oder Fotos auf Plattformen wie YouTube oder Instagram hoch und versehen diese mit Tags. Insbesondere Videoportale werden von Unternehmen vermehrt genutzt, um virales Marketing durchzuführen (vgl. Bruhn 2015, S. 487). Im Jahr 2014 haben 64 % der Deutschen Videoportale wie YouTube genutzt. 70 % der 14- bis 19-Jährigen nutzen Videoportale mindestens einmal in der Woche (vgl. ARD/ZDF Onlinestudie 2014). Pro Minute werden auf YouTube etwa 300 h neues Videomaterial hochgeladen (vgl. Banner 2014). Dabei hat sich auf YouTube eine eigene Szene entwickelt, die erfolgreiche Stars hervorgebracht hat (beispielsweise: Y-Titty) (vgl. Weinberg 2014, S. 349 ff.). Genau diese YouTuber können als Multiplikatoren genutzt werden. Die YouTuber verfügen meist über treue Zuschauer, die ihren Kanal abonniert haben. Ebenso ist die Zielgruppe oft klar definiert. Darüber hinaus kann das Handelsunternehmen auch einen eigenen YouTube-Kanal betreiben, auf dem Handelsmarken präsentiert werden, obwohl es sich meist anbietet, über den Kanal des Handelsunternehmens auch Videos zur Handelsmarke zu vertreiben.

Praxisbeispiel: Einsatzmöglichkeiten von YouTube für Handelsmarken

Ein mögliches Einsatzgebiet von YouTube für Handelsmarken sind sogenannte Haul-Videos. Dabei präsentieren YouTuber ihren Einkauf in einem Videobeitrag. Gerade Drogerieartikel sind dafür sehr beliebt. So finden sich auf YouTube zahlreiche dm- (beispielsweise von Dagi Bee oder Bibis Beauty Palace) oder Rossmann-Hauls, in denen auch immer wieder die Eigenmarken der Unternehmen erwähnt werden. Darüber hinaus sind auch zahlreiche Videos zu finden, in denen die Handelsmarken der beiden Unternehmen miteinander verglichen werden (siehe beispielsweise https://www.youtube.com/watch?v=li0CO9VCzHw).

Der Lebensmitteldiscounter Netto Markendiscount betreibt auf YouTube seine eigene Seite, auf der u. a. das Netto Kochstudio zu finden ist (siehe https://www.youtube.com/user/nettotv). Dieses Kochstudio wird präsentiert von Premium N, der Premium-Handelsmarke des Unternehmens.

Das Unternehmen Edeka stellt auf seinem YouTube-Kanal u. a. seine Eigenmarken vor.

Instagram
Instagram wird als Picture-Plattform immer beliebter. Ende 2014 hatte die Plattform weltweit bereits mehr als 300 Mio. Nutzer und dabei in neun Monaten mehr als 100 Mio. neue Nutzer gewonnen (vgl. Spiegel Online 2014). Dabei kombiniert Instagram eine klassische Fotosoftware mit der Möglichkeit des Teilens in sozialen Netzwerken. In Deutschland ist die Mehrheit der Nutzer zwischen 16 und 24 Jahre alt (vgl. Weinberg 2014, S. 336). Für Handelsmarken besteht die Möglichkeit, mit Instagram eine relativ junge Zielgruppe anzusprechen und Emotionen zu erzeugen.

> **Praxisbeispiel: Balea feiert 20 Jahre Geburtstag, Teil 2**
> Unter dem Hashtag #20jahrebalea hat das Unternehmen dm auch auf Instagram die Möglichkeit geschaffen, den Geburtstag der Handelsmarke zu zelebrieren. Die User wurden aufgefordert, ein Foto mit dem liebsten Balea-Produkt zu machen und unter dem Hashtag #balealiebtdich zu posten. Als Gewinn wurden Produktpakete mit der kompletten Limited Edition von Balea verlost.

Zusammenfassend stellt die Tab. 2.3 verschiedene Kommunikationsmittel bzw. -träger und ihre Eignung im Rahmen der Kommunikation für Handelsmarken dar. Dabei wird angemerkt, dass die Tabelle nur als pauschalierte Empfehlung zu verstehen ist.

2.5.3 Preispolitik

Im Rahmen der Preispolitik wird zuerst definiert, was unter diesem Marketinginstrument zu verstehen ist. Anschließend werden kurz Charakteristika der Preispolitik beschrieben, um dann auf relevante Instrumente der Preispolitik für Handelsmarken einzugehen.

▶ „Die Preispolitik umfasst alle Entscheidungen im Hinblick auf das vom Kunden für ein Produkt zu entrichtende Entgelt (Preis)" (Homburg 2015, S. 659).

Tab. 2.3 Eignung von Kommunikationsmittel/-trägern im Rahmen des Handelsmarkenmanagements. (In Anlehnung an Berentzen 2010, S. 188)

Kommunikationsmittel/-träger	Gattungsmarke	Klassische Handelsmarke	Premium-Handelsmarke
Printmedien	Geeignet	Geeignet	Geeignet
Außenwerbung	Geeignet	Geeignet	Geeignet
Fernsehen	Ungeeignet	Geeignet	Geeignet
Kino	Ungeeignet	Geeignet	Geeignet
Radio	Weniger geeignet	Geeignet	Geeignet
Verkaufsförderung im Handzettel	Sehr geeignet	Sehr geeignet	Sehr geeignet
Verkaufsförderung am Point of Sale	Geeignet	Sehr geeignet	Sehr geeignet
Verkaufsförderung durch Produktverkostung	Geeignet	Sehr geeignet	Sehr geeignet
Soziale Netzwerke	Weniger geeignet	Geeignet	Sehr geeignet
YouTube	Ungeeignet	Geeignet	Sehr geeignet
Instagram	Ungeeignet	Geeignet	Sehr geeignet
Newsletter	Ungeeignet	Geeignet	Sehr geeignet

Die Preispolitik beschäftigt sich somit neben dem absoluten Preis der Handelsmarke auch mit möglichen Rabatten, Zahlungsbedingungen sowie der Preisdurchsetzung am Markt. Dabei sind die Ziele der Preispolitik zwingend an den Marketingzielen auszurichten (vgl. Meffert et al. 2015, S. 437). Grundsätzlich müssen die *charakteristischen Merkmale der Preispolitik* beachtet werden (vgl. u. a. Homburg 2015, S. 660; Meffert et al. 2015, S. 437 f.):

- *Schnelle Umsetzbarkeit*
  Im Gegensatz zur Produktpolitik lassen sich Maßnahmen der Preispolitik sehr schnell umsetzen. Dafür sind keine Vorabinvestitionen erforderlich. Ein neuer Preis einer Handelsmarke kann schnell am Markt umgesetzt werden.
- *Hohe Wirkungsstärke*
  Der Preis wird als die negative Komponente des Kaufaktes gesehen, da mit dem Preis Opfer verbunden sind, die der Kunde erbringen muss. Dem Preis kommt insgesamt aber eine hohe Wirkungsstärke zugute, da er eine hohe Wirkung auf die Kaufwahrscheinlichkeit besitzt. Diese ist höher als beispielsweise durch die Kommunikation.
- *Hohe Wirkungsgeschwindigkeit*
  In der Regel reagieren Kunden und Wettbewerber schnell auf Preisänderungen. Daher wird insgesamt von einer hohen Wirkungsgeschwindigkeit der Preispolitik gesprochen. Gerade bei Gütern des täglichen Bedarfs ist diese noch höher ausgeprägt.

- *Schwere Revidierbarkeit*
  Gleichzeitig muss bei preispolitischen Maßnahmen aber auch bedacht werden, dass diese auf das Preiswissen der Konsumenten wirken. Der Referenzpreis der Kunden wird beeinflusst, weshalb spätere Preisänderungen mitunter schwierig und daher schwer revidierbar sind.

Grundsätzlich muss bei der Preispolitik im Einzelhandel zusätzlich noch beachtet werden, dass ein Handelsunternehmen eine Vielzahl von Einzelpreisen festlegen muss. Dabei stehen häufig sogenannte Eckartikel (z. B. Butter, H-Milch) besonders im Fokus. Darunter sind Produkte zu verstehen, die besonders im Preiswettbewerb stehen, weil Kunden diese häufig kaufen. Insbesondere im Handel muss bei diesen Entscheidungen der Sortimentsverbund beachtet werden, weshalb eine Mischkalkulation anzutreffen ist (vgl. Diller 2008, S. 501). Bezogen auf die Handelsmarken stehen gerade die Gattungsmarken und die klassischen Handelsmarken sehr unter preislichem Druck. Konsumenten erwarten, dass die Preise dieser Handelsmarken bei den verschiedenen Handelsunternehmen identisch sind.

Mit der Preispolitik werden zum einen marktgerichtete Ziele verfolgt. Darunter werden Ziele wie die Gewinnung neuer Kunden oder die Bindung bestehender Kunden verstanden. Weiterhin gehören dazu aber auch Ziele wie die Ausschaltung der Konkurrenz, die Gewinnung von Marktanteilen oder der Aufbau eines bestimmten Preisimages. Zum anderen verfolgt die Preispolitik auch betriebsgerichtete Ziele wie die Verwirklichung einer optimalen Kostenstruktur (vgl. Meffert et al. 2015, S. 441). Genauer auf den Handel bezogen können vier Ziele der Preispolitik identifiziert werden: Kosten, Absatz, Kunden und Gewinn. Bei einer Betrachtung der Kosten müssen sich Handelsunternehmen u. a. mit dem Wareneinstandspreis auseinandersetzen (siehe hierzu auch Abschn. 2.6). Gerade mit dem Wareneinstandspreis und darin enthaltenen weiteren Rabatten haben Handelsunternehmen eine gute Möglichkeit, eine akquisitorische Preispolitik zu betreiben. Für Handelsmarken sind Rabatte wie Werbekostenzuschüsse weniger relevant. Jedoch sind Größeneffekte, die beispielsweise aus einer hohen Bestellmenge resultieren, denkbar. Den so erhaltenen niedrigeren Einkaufspreis kann das Handelsunternehmen an den Kunden weitergeben und damit neue Kunden gewinnen. Der Preis besitzt eine Wirkung auf den Absatz. In diesem Zusammenhang ist nicht der absolute Preis, sondern auch der Preisabstand zur Konkurrenz bedeutend. Handelsunternehmen werden versuchen, die Einkaufsfrequenz und die Einkaufsmenge der Kunden zu steigern. Ebenso kann durch Cross- und Up-Selling versucht werden, den durchschnittlichen Einkaufswert des Kunden (Durchschnittsbon) zu steigern. Die absatzpolitischen Preisziele sind im Handel damit eher kurzfristiger Natur. Hingegen wird mit kundenpolitischen Zielen der Preispolitik im Handel versucht, den Kunden langfristig an das Handelsunternehmen zu binden. Abb. 2.24 fasst die getroffenen Aussagen noch einmal zusammen.

Dass insbesondere Größeneffekte im Handel bedeutsam sind, wurde bereits am Praxisbeispiel der Preismengenstrategie deutlich. Dabei muss im deutschen Handel beachtet

2.5 Marketing-Mix

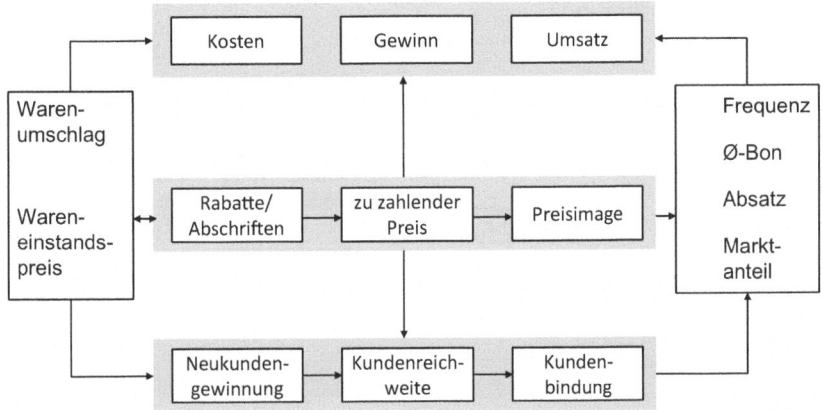

Abb. 2.24 Preispolitische Ziele im Handel. (In Anlehnung an Diller 2008, S. 507)

werden, dass die großen Unternehmen immer größer werden und daher die Effekte auf den Einstandspreis bedeutsam sind. Nachfolgend werden Strategien der Preispolitik erläutert, die im Zuge des Handelsmarkenmanagements bedeutsam sind. Im Rahmen der *Preispositionierung* legen Handelsunternehmen „[…] die grundsätzliche Richtung der Preisstrategie" (Meffert et al. 2015, S. 461) fest. Demnach erfolgt eine Festlegung der Preis-Nutzen-Kombination im Wettbewerb. Hierbei muss beachtet werden, dass diese Festlegung marketingmixübergreifend erfolgt. Eine hohe Preispositionierung verlangt eine hohe Produktqualität und beispielsweise eine andere Verpackungsgestaltung. Dabei kann zwischen einer Niedrigpreispositionierung, typisch für Gattungsmarken, einer Mittelpreisstrategie, typisch für klassische Handelsmarken, und einer Hochpreispositionierung, typisch für Premium-Handelsmarken, unterschieden werden (vgl. Meffert et al. 2015, S. 461 f.; Diller 2008, S. 511). Im Praxisbeispiel wird die Preispositionierung von Handelsmarken am Beispiel von Schokolade dargestellt.

Praxisbeispiel: Beispielhafte Preispositionierung von Handelsmarken

In Abb. 2.25 wird eine Preispositionierung für die Warengruppe Tafelschokolade dargestellt. Hierzu erfolgte am 10.04.2016 eine Bestandsaufnahme im Onlineshop von Rewe. Bei dem Vergleich fällt auf, dass die günstigste Schokolade die Handelsmarke ja! ist. 100 g der Schokolade kosten 0,55 EUR. Die teuerste Schokolade ist die Herstellermarke Lindt. 100 g der Zartbitterschokolade kosten 1,59 EUR. Die Premium-Handelsmarke Rewe Bio hingegen kostet 1,49 EUR, weist einen höheren Kakaoanteil auf und besteht aus biologisch erzeugten Zutaten. Abb. 2.25 stellt die Ergebnisse der kurzen Analyse übersichtlich dar. Daraus ergeben sich spannende Fragen: Erkennt der Konsument wirklich einen Unterschied zwischen der Herstellermarke Alpia und der Handelsmarke Rewe Beste Wahl? Könnte eine Rewe Bio Schokolade preislich sogar über Lindt angesetzt werden?

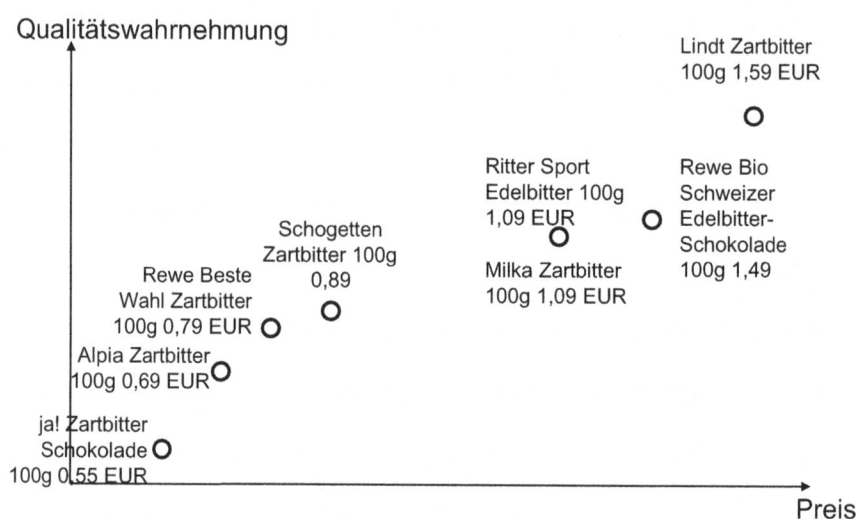

Abb. 2.25 Preispositionierung für Tafelschokolade

▶ „Eine Preisdifferenzierung liegt vor, wenn ein Anbieter identische oder geringfügig unterschiedliche Produkte verschiedenen [Kunden] zu unterschiedlichen Preisen anbietet" (Homburg 2015, S. 717).

Als weiteres preisstrategisches Konzept steht Handelsunternehmen die Preisdifferenzierung zur Verfügung. Es gibt verschiedene Arten der Preispolitik (vgl. Homburg 2015, S. 720 f.):

- *Personenbezogene Preisdifferenzierung*
  Unterschiedliche Kunden müssen unterschiedliche Preise für die Handelsmarken bezahlen. Dabei ist z. B. denkbar, Inhabern einer Kundenkarte einen anderen Preis für die Handelsmarke zu offerieren. Gerade für Premium-Handelsmarken ist der Einsatz einer personenbezogenen Preisdifferenzierung im Rahmen eines Kundenkartenprogramms sinnvoll.
- *Räumliche Preisdifferenzierung*
  In Städten, Regionen oder Ländermärkten kann beispielsweise in Abhängigkeit von der Kaufkraft oder der Konkurrenzsituation ein anderer Preis für das Produkt verlangt werden.
- *Zeitliche Preisdifferenzierung*
  Kunden zahlen in Abhängigkeit vom Kaufzeitpunkt unterschiedliche Preise. Im stationären Handel ist es durchaus denkbar, dass die Einführung von elektronischen Preisschildern hier einen Weg eröffnet, eine zeitliche Preisdifferenzierung durchzuführen. Für E-Commerce-Unternehmen stellt die Umsetzung einer zeitlichen Preisdifferenzierung weniger ein Problem dar.

- *Mengenbezogene Preisdifferenzierung*
  Kauft der Kunde eine bestimmte Menge, muss ein anderer Preis gezahlt werden. Gerade diese Form der Preisdifferenzierung ist bei Handelsmarken sehr häufig anzutreffen und wird bei der Preisvariation erneut angesprochen (siehe Praxisbeispiel).
- *Preisbündelung*
  Bei einer Preisbündelung fasst das Handelsunternehmen mehrere Produkte zu einem Set zusammen und verkauft dieses zu einem günstigeren Preis. Ein Einsatz kann im Rahmen des Handelsmarkenmanagements themenbezogen erfolgen. Beispielsweise kann ein Rezept zum Nachkochen mit Handelsmarken erstellt werden. Weiterhin sind Geschenkkörbe mit Handelsmarken oder Putzeimer mit verschiedenen Handelsmarken aus dem Reinigungsbereich denkbar.

Praxisbeispiel: Mengenbezogene Preisdifferenzierung bei real,-
Gerade das Unternehmen real,- bietet seinen Kunden sehr häufig eine mengenbezogene Preisdifferenzierung seiner klassischen Handelsmarke real,- Quality an. Kunden erhalten in Abhängigkeit vom Artikel bei einer bestimmten Kaufmenge einen Rabatt. Abb. 2.26 stellt dazu ein Beispiel aus dem Handzettel der Kalenderwoche 14/2016 dar. In diesem Handzettel war bereits auf der zweiten Seite eine Doppelseite mit der Preisdifferenzierung zu finden.

Nachdem die strategischen Dimensionen des Preises festgelegt wurden, müssen operative Preisentscheidungen getroffen werden. Darunter sind die kurzfristig zu treffenden Sachentscheidungen der Preispolitik zu verstehen. Im Einzelnen werden die Preiskalkulation, die Preisvariation sowie die Preiswerbung erörtert. Handelsunternehmen stehen, wie andere Unternehmen auch, grundsätzlich vor dem Problem, einen Preis für das Produkt bestimmen zu müssen. Dabei müssen vorweg Einflussfaktoren auf die Preisentscheidung bedacht werden. Es können unmittelbare und mittelbare Faktoren unterschieden werden. Zu den unmittelbaren Faktoren zählen Kosten, Nachfrage und Wettbewerb. Neben den Kosten scheint gerade im Handel der Faktor Wettbewerb einen hohen Einfluss auf die Preisbestimmung zu haben. Dieser Faktor ist auch für Handelsmarken sehr zentral und besitzt gerade bei Gattungsmarken und klassischen Handelsmarken eine große Bedeutung. Die Nachfrage nach dem Produkt ist aber ebenso bedeutsam für die Preisbestimmung. Zu den mittelbaren Faktoren der Preisbestimmung zählen rechtliche Rahmenbedingungen, die Marketingstrategie und der Marketing-Mix. Für die *Preisbestimmung* der Handelsmarke ist der gesamte Auftritt des Handelsunternehmens zu beachten (vgl. Homburg 2015, S. 711 f.). Aus den unmittelbaren Faktoren abgeleitet, kann eine Preisbestimmung folglich nachfrage-, kunden- oder wettbewerbsorientiert geschehen (vgl. hierzu auch Kenning und Eberhardt 2012). Gerade bei vergleichbaren Produkten, i. d. R. Gattungsmarken und klassische Handelsmarken, überwiegt eine wettbewerbsorientierte Preisbestimmung. Das kann u. a. mit dem Preiswissen des Kunden begründet werden. Weiterhin ist die Gefahr aus Sicht der Handelsunternehmen zu groß,

Abb. 2.26 Preisdifferenzierung real,- Quality. (Real 2016)

dass das eigene Preisimage leidet, weil einige Handelsmarken im eigenen Unternehmen teurer sind als bei Wettbewerbern. In diesem Zusammenhang fungiert häufig Aldi für den Bereich des Lebensmitteleinzelhandels und der dm Drogeriemarkt für den Bereich des Drogerieeinzelhandels als bestimmender Wettbewerber, an dem sich andere Unternehmen orientieren. Die kostenorientierte Preisbestimmung auf Basis einer Preiskalkulation wird in Abschn. 2.6.3 erläutert.

▶ „Preisvariationen liegen vor, wenn ein Anbieter seinen Angebotspreis für ein Gut innerhalb einer Planperiode zur bewussten Beeinflussung des Marktes verändert, d. h. anhebt oder senkt" (Diller 2008, S. 357).

Nach der Preisbestimmung ist gerade im Handel die *Preisvariation* eine wesentliche operative Entscheidung im Rahmen der Preispolitik. Diese besitzt auch für Handelsmarken eine Bedeutung. Dabei kann grundsätzlich zwischen dauerhaften und temporären Preisänderungen unterschieden werden. Während dauerhafte Preisänderungen, Preiserhöhungen und Preissenkungen eine langfristige Wirkung besitzen und sehr häufig im Lebensmittelbereich auf Veränderungen der Rohstoffpreise zurückgeführt werden können, sind temporäre Preisänderungen kurzfristiger Natur. Nachfolgend sollen die langfristigen Preisänderungen nicht weiter betrachtet werden, da die Bedeutung kurzfristiger Preisaktionen im Handel höher ist. Gerade durch diese Preisattraktionen sollen Kunden zum Besuch des Geschäfts und letztlich zum Kauf des Produkts angeregt werden. Als weitere Ziele sind die kurzfristige Stimulierung des Absatzes, die Festigung der Kundenbeziehung sowie das Entgegenwirken eines Nachfragerückgangs zu nennen. Temporäre Preisänderungen sind im Gegensatz zu einer zeitlichen Preisdifferenzierung unregelmäßiger. Kunden können schlechter auf Preisaktionen warten. Eine typische Form der temporären Preisänderung ist im Handel in Form des wöchentlichen Handzettels zu finden. In diesem können Sonderangebote, Rabattaktionen (10 % Rabatt auf alle Produkte der Handelsmarke X) sowie Coupons und Bonusaktionen abgebildet werden (vgl. Diller 2008, S. 358; Wagner et al. 2012, S. 586). Grundsätzlich können für Handelsmarken folgende *Maßnahmen einer kurzfristigen Preisänderung* eingesetzt werden (vgl. Wagner et al. 2012, S. 588):

- *Coupons*
  Dabei können verschiedene Arten von Coupons unterschieden werden. Diese können direkt in Handzetteln, Tageszeitungen oder Publikumszeitschriften inseriert sein. Beim Vorliegen von Kundendaten können Coupons oder Couponhefte auch an den Kunden geschickt werden. Weiterhin besteht die Möglichkeit, den Kunden Coupons am Ende des Bezahlvorgangs auszuhändigen, beispielsweise aufgrund einer Auswertung des Kaufverhaltens. Coupons können sich aber auch auf einer Verpackung befinden (Cross-Promotion).
- *Zugaben*
  Kauft der Kunde ein Produkt, erhält er eine Zugabe. Dabei sind verschiedene Formen möglich. Beispielsweise kann der Kunde eine Herstellermarke kaufen und erhält eine Handelsmarke als Zugabe.
- *Sondergrößen*
  Gerade für Handelsmarken sehr beliebt ist der kurzfristige Verkauf des Produkts mit mehr Inhalt.
- *Multibuys*
  Bei einem Multibuy werden mehrere Produkte desselben Produkts zu einem günstigeren Preis angeboten. Dabei ist der einzelne Artikel auch erhältlich, der Kunde bekommt den Rabatt aber nur, wenn er mehrere Produkte kauft. Ein typisches Beispiel ist eine Aktion wie „Kaufe 2, erhalte 3".

Abb. 2.27 stellt verschiedene Beispiele für temporäre Preisänderungen von Handelsmarken vor.

Praxisbeispiel: Temporäre Preisänderungen für Handelsmarken

Neben dem Sonderangebot sind im Handel gerade für Handelsmarken Rabattaktionen, Coupons und Bonusaktionen sehr beliebt. Durch eine Rabattaktion, häufig auch über einen Coupon, besteht die Möglichkeit, auf die Handelsmarke stärker aufmerksam zu machen, da beispielsweise ein Rabatt auf die gesamte Premium-Handelsmarke gegeben wird. Über Bonusaktionen wie XXL-Wochen auf Handelsmarken wird durch eine größere Verpackung mit mehr Inhalt der Preis temporär gesenkt.

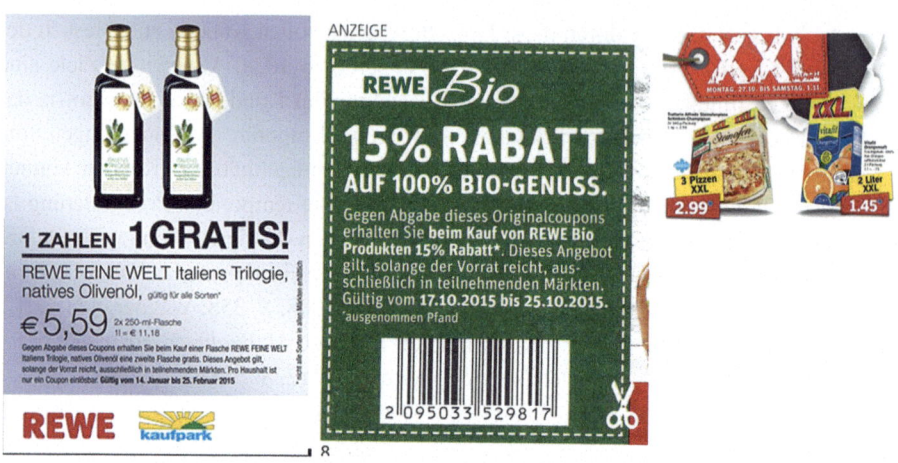

Abb. 2.27 Beispiele temporärer Preisänderungen für Handelsmarken

Abschließend wird die *Preiswerbung* als operative Entscheidung betrachtet. Dabei geht es um die Deklaration von Preisen sowie die Preisoptik. Unter Preisdeklaration fallen alle Maßnahmen der Preisauszeichnung am Regal und der Ware selbst sowie in Prospekten. Eine Preisauszeichnung erfüllt den Zweck der objektiven Übermittlung der Preisinformation. In Deutschland ist bei der Preisauszeichnung die Preisangabenverordnung zu beachten. Die Preisangaben müssen den Grundsätzen der Preisklarheit und Preiswahrheit entsprechen (vgl. § 1 (6) PAngV). Weiterhin ist besonders beim Verkauf von Lebensmitteln darauf zu achten, dass ein entsprechender Grundpreis anzugeben ist (vgl. § 2 PAngV). Beim Verkauf an Endverbraucher muss stets der Preis inkl. Mehrwertsteuer angegeben werden. Der reinen Preisinformation in Form der Preisdeklaration am Point of Sale sind somit enge Grenzen gesetzt. Diese sind auch bei der Preiswerbung, beispielsweise in Form eines Handzettels oder anderer Prospekte, zu beachten. Trotz dieser Vorschriften haben Handelsunternehmen im Rahmen der Preisoptik die Möglichkeit, ihre Preise besser darzustellen (vgl. Diller 2008, S. 406 f.). Gerade für Handelsmarken eignen sich die folgenden Maßnahmen (vgl. Diller 2008, S. 407):

- *Sprachliche Etikettierung*
  Ein zusätzlicher Hinweis zum Preis wird am Regal angebracht. Beispielsweise: „Discounter-günstig" oder andere Formulierungen, die gerade Kunden in Verbrauchermärkten darauf hinweisen, dass der Artikel genauso günstig ist wie im Discounter. Dies erfolgt oft für Gattungsmarken.
- *Grafische Aufmachung*
  Eine optische Preisveränderung kann auch durch die grafische Aufmachung des Produkts vorgenommen werden. Das bietet sich gerade bei Premium-Handelsmarken an. Beispielsweise wirkt im Textilbereich eine Handelsmarke, die in Seidenpapier eingepackt ist, hochwertiger.

- *Platzierung der Artikel*
  Eine große Beeinflussungsmöglichkeit gerade im stationären Einzelhandel stellt die Platzierung der Artikel dar. Beispielsweise kann eine Gattungsmarke noch günstiger wirken, wenn sie groß auf Paletten platziert wird. Das kann im Lebensmittelbereich meist zu Beginn des Jahres beobachtet werden. Für Premium-Handelsmarken bietet sich die Inszenierung einer Art Shop-in-Shop Fläche an, bei der die Handelsmarke gesondert in einem eigenen Bereich als Warenwelt aufgebaut wird.

Zusammenfassend wird deutlich, dass der Handel verschiedene Möglichkeiten besitzt, den objektiven Preis der Handelsmarke zu verändern. Dabei muss für Handelsmarken anhand der Positionierung abgewogen werden, welche Maßnahmen sinnvoll sind. Gerade für Premium-Handelsmarken wird versucht, mit wenigen Mitteln eine den Preis rechtfertigende Wahrnehmung zu erzeugen. Letztlich muss auch der absolute Preis der Handelsmarke festgelegt werden. Dabei muss die Kalkulation des Artikels beachtet werden. Hierzu werden bereits in der Beschaffung wesentliche Grundlagen gelegt. In der Praxis zeigt sich gerade im Bereich der Lebensmittel immer mehr, dass Unternehmen gezwungen sind, bestimmte Basislebensmittel zu einem identischen Preis anzubieten, wenn das Preisimage des Unternehmens nicht leiden soll. In jüngster Zeit kommt erschwerend hinzu, dass der Discounter Aldi verstärkt Herstellermarken einlistet. Sehr häufig wird der Preis der Handelsmarke mit einem festen Abstand, z. B. 30 %, zur Herstellermarke festgelegt. Bei einer Aufnahme von Markenartikeln in das Sortiment bei Aldi und damit verbunden einem geringeren Preis der Herstellermarke muss der Preis für die Handelsmarke auch sinken.

> **Praxisbeispiel: Folgen der Einführung von Red Bull bei Aldi**
> Der Markt für Energygetränke gilt als Wachstumsmarkt. Bis 2020 soll der Markt noch einmal um 40 % wachsen. Daher drängen besonders in diesen Markt viele Neuprodukte. In dem Regal finden sich bis zu 200 Produktvarianten. 2015 waren nur vier der insgesamt 58 Neueinführungen erfolgreich. Seit Red Bull bei Aldi in das Sortiment aufgenommen wurde, hat sich der Preis stark verändert. Als Folge ist der Umsatz für Handelsmarken stark zurückgegangen. Bei sinkendem Preis verändert sich auch das Preis-Nutzen-Verhältnis und der Konsument kauft lieber das Markenprodukt. (vgl. Lebensmittelzeitung 2015b, S. 8).
>
> Das Unternehmen Rewe lässt sich von diesen Marktentwicklungen nicht beeindrucken und hat im Dezember 2015 die Handelsmarke Maximum G ins Leben gerufen. Der Energydrink ist national bei Penny und Rewe im Sortiment und hat eine eigene Homepage (http://www.maximalg.de).

2.5.4 Vertriebspolitik

Im Rahmen der Vertriebspolitik wird nach einer Klärung des Begriffs kurz mit die Frage der Gestaltung des Vertriebssystems beleuchtet. Dabei wird dem Verständnis von Homburg (2015) gefolgt, der unter Vertriebspolitik zum einen marktgerichtete akquisitorische

Aufgaben und zum anderen vertriebslogistische Aufgaben, was oftmals als Distributionspolitik bezeichnet wird, versteht. Im Rahmen der marktgerichteten Aktivitäten sollen Kaufabschlüsse realisiert werden. Genauer geht es um Entscheidungen, wie das Vertriebssystem, die Beziehung zu Partnern und die Verkaufsaktivitäten zu gestalten sind. Die vertriebslogischen Aktivitäten sollen sicherstellen, dass die Produkte dann auch tatsächlich verfügbar sind (vgl. Homburg 2015, S. 863 f.). Im weiteren Verlauf wird nur die Frage diskutiert, ob Handelsunternehmen ihre Handelsmarken auch anderen Unternehmen zur Verfügung stellen sollten.

> **Praxisbeispiel: Handelsmarke veganz u. a. bei dm**
> Das Handelsunternehmen veganz wurde 2011 in Berlin als erste vegane Supermarktkette in Europa gegründet. Neben Herstellermarken verkauft das Unternehmen auch Produkte unter der Handelsmarke veganz. Im Jahr 2015 hat das Handelsunternehmen dm Drogeriemarkt in 90 Filialen testweise ausgesuchte Produkten der Handelsmarke veganz in das Sortiment aufgenommen. Ab Anfang Mai 2016 sind dann in allen Filialen von dm erst 16, später 40 Produkte von veganz erhältlich (vgl. Veganz 2016).

Grundsätzlich konzentrieren sich viele Handelsunternehmen darauf, ihre eigenen Handelsmarken nur im eigenen Unternehmen abzusetzen und somit keinen weiteren Vertriebspartner einzuschalten. Nur dadurch kann gewährleistet bleiben, dass keine direkte Vergleichbarkeit der Handelsmarke entsteht, weil sie nirgendwo sonst gekauft werden kann. Es besteht aber auch die Option, unternehmensexterne Partner in den Vertrieb des Unternehmens einzubeziehen. Dieses Vorgehen bietet sich beispielsweise bei Verbundgruppen im Handel an, die Partner aus unterschiedlichen Regionen haben. Als Vorteile der Erweiterung des Vertriebs können die Diversifikation und damit die Risikostreuung angeführt werden. Das Handelsunternehmen ist nicht mehr alleine für den Umsatz verantwortlich. In diesem Zusammenhang spielen auch Größenvorteile eine Rolle, welche sich durch den höheren Absatz der Produkte ergeben (siehe Praxisbeispiel Veganz). Damit hat das Handelsunternehmen eine Möglichkeit, den Einkaufspreis zu verringern und damit letztlich einen höheren Gewinn zu erwirtschaften. Ferner besteht die Möglichkeit, dass durch die Hinzunahme weiterer Vertriebspartner manche Artikel der Handelsmarke überhaupt erst produziert werden können, weil so eine bestimmte kritische Produktionsmasse garantiert werden kann. Nachteilig ist jedoch, dass die Exklusivität der Handelsmarke nicht mehr alleine bei einem Unternehmen liegt. Entscheidende Vorteile aus Handelssicht können damit verloren gehen, wenn der Kunde nicht mehr nur ein Unternehmen mit der Handelsmarke in Verbindung bringt. Gleichzeitig besteht dann eine direkte Vergleichbarkeit und der Preisdruck steigt.

> **Praxisbeispiel: Budnikowsky listet Balea und weitere dm-Handelsmarken aus**
> Das Unternehmen Budnikowsky ist in Hamburg tätig und dort eine Institution für Drogerieartikel. Das kleine Handelsunternehmen hat jahrelang die Handelsmarken von dm verkauft. Die Kooperation dauerte von 1999 bis zum 31.03.2014. Bereits

2.6 Controlling

Abb. 2.28 Plakataktion dm in Hamburg. (Schipper Company 2016)

2009 hatte dm damit begonnen, eigene Filialen in Hamburg zu eröffnen. Diese befanden sich in unmittelbarer Nähe zu Budnikowsky. Das Unternehmen hat daraufhin reagiert und alle Handelsmarken von dm ausgelistet und durch eigene Handelsmarken ersetzt (vgl. Grabbe 2014). Der Drogeriebetreiber dm reagierte daraufhin in Hamburg u. a. mit verschiedenen Plakaten (siehe Abb. 2.28).

2.6 Controlling

Für das Handelsmarkenmanagement ist es essenziell, ein Controlling der einzelnen Schritte und Entscheidungen durchzuführen. Dabei kann das Controlling in ein strategisches und operatives Controlling unterschieden werden.

2.6.1 Grundlagen zum Controlling

Bevor das strategische und das operative Controlling dargestellt werden, sollen erst einige Grundlagen zum Controlling gelegt werden. Dies erfolgt in komprimierter Form.

▶ Controlling „stellt […] eine Unterstützung der Führung dar: es ermöglicht ihr, das Gesamtsystem ergebniszielorientiert an Umweltänderungen anzupassen und die Koordinationsaufgaben hinsichtlich des operativen Systems wahrzunehmen" (Horváth 2011, S. 129).

Während dem Management des Handelsunternehmens die Entscheidungsfindung und -durchsetzung überlassen bleibt, soll das Controlling die Rationalität des Managements sichern (vgl. Becker und Winkelmann 2014, S. 3). Demnach besitzt das Controlling eine Schnittstelle zum Management. Der Controller kann als ein Lotse zum Gewinn angesehen werden. Er ist verantwortlich für die sachliche Richtigkeit sowie die Transparenz der Controllinginformationen (vgl. Buchholz 2013, S. 16; Horváth 2011, S. 3). Das Controlling erfüllt zum einen eine Koordinationsfunktion. Es muss eine Abstimmung zwischen verschiedenen Koordinationsobjekten (Teilplänen, Teilfunktionen und Managementebenen) stattfinden. Weiterhin soll das Controlling frühzeitige Entwicklungstendenzen im Unternehmensumfeld erkennen. Diesen Veränderungen kann proaktiv mit Innovationen begegnet werden. Im Handel muss sich die Koordinationsfunktion in erster Linie auf die Koordination zwischen Einkauf und Verkauf beziehen. Darüber hinaus zeigen sich andere Koordinationsbereiche wie Einkauf und Logistik oder Einkauf und Marketing. Zu der Koordinationsfunktion gehört auch, dass das Controlling die Ziele innerhalb des Unternehmens abstimmt. Weiterhin bezieht sich die Koordinationsfunktion des Controllings ebenso darauf, dass der Controller als Berater des Managements agiert und demnach alle entscheidungsrelevanten Informationen zur Verfügung stellt. Zudem erfüllt das Controlling verschiedene Hilfsfunktionen wie die Planungs-, Analyse-, Kontroll- sowie Steuerungsfunktion (vgl. Buchholz 2013, S. 19 ff.; Müller-Hagedorn et al. 2012, S. 971).

Nach der allgemeinen Beschreibung des Controllingbegriffs werden kurz die *Besonderheiten des Handelscontrollings* genannt. Das Handelscontrolling weist generell einen höheren Informations- und Koordinationsbedarf auf. Dies kann auf folgende Tatsachen zurückgeführt werden (vgl. Becker und Winkelmann 2014, S. 26 ff.):

- *Koordination zwischen Einkauf und Verkauf*
  Handelsunternehmen haben den Kunden im Fokus. Im Verlauf des Buches wurde bereits aufgezeigt, dass für den Erfolg von Handelsmarken zentral ist, diese kundenorientiert zu konzipieren. Dabei erweist es sich in der Praxis als anspruchsvoll, die beiden getrennten Abteilungen Einkauf und Verkauf bzw. Vertrieb miteinander zu koordinieren.
- *Berücksichtigung von Standortspezifika*
  Stationäre Handelsunternehmen haben direkten Kundenkontakt in jeder Filiale des Unternehmens. Dabei ist die jeweilige Situation der Kunden und der Wettbewerber anders gestaltet, weshalb individuelle Lösungen vor Ort gerade im Handel bedeutsam sind. Demnach steigt die Komplexität mit jeder Filiale immer weiter an. Gerade bei Handelsmarken ist dies sehr gut nachvollziehbar, da beispielsweise in einer Filiale mit einer niedrigen Kaufkraft im Einzugsgebiet der Wunsch aufkommen kann, mehr Gattungsmarken im Sortiment zu haben, während eine Filiale mit hoher Kaufkraft mehr Premium-Handelsmarken benötigt. Weiterhin müssen Veränderungen am Standort, besonders im Hinblick auf die Wettbewerbssituation, ständig überwacht werden.

2.6 Controlling

- *Kein gewerbliches Schutzrecht für Betreibungskonzepte des Handels*
  Konzepte des Handels können nicht, wie Produkte in der Industrie, beispielsweise durch Patente geschützt werden. Handelsunternehmen laufen daher immer Gefahr, dass gut funktionierende Konzepte kopiert werden. Handelsmarken an sich können im Markenregister eingetragen werden und sind somit geschützt.
- *Vielzahl von Artikeln*
  Im Vergleich zur Industrie hat der Handel aufgrund seiner Sortimentsbreite und -tiefe viel mehr Artikel im Angebot. Das Handelscontrolling findet daher auf einer ganz anderen Ebene statt. Je nach Handelsunternehmen und Betriebsform ist die Anzahl der Artikel sehr unterschiedlich ausgeprägt und kann zwischen 1000 bis weit über 120.000 Artikeln liegen. Handelsunternehmen interessiert daher weniger, wie viel kg Tafelschokolade insgesamt verkauft wurden, sondern eher, von welcher Marke und in welcher Verpackungsgröße wie viel verkauft wurde.
- *Notwendigkeit der Datenarchivierung*
  Aufgrund der Vielzahl von Artikeln steht das Handelscontrolling auch vor anderen Anforderungen in Bezug auf die Datenarchivierung. Daten müssen mitunter durch rechtliche Vorgaben eine gewisse Zeit gespeichert werden. Weiterhin ist es für das Handelscontrolling aber auch relevant, Daten eine bestimmte Zeit vorzuhalten, um beispielsweise zwei Abverkaufsjahre miteinander vergleichen zu können. Das ist gerade für die Saisonplanung wichtig.

Aufgrund der beschriebenen Besonderheiten des Handelscontrollings gibt es unterschiedliche Vorstellungen über den Begriff Handelscontrolling. Dabei überwiegt oftmals ein Denken in Funktionen. Meist besitzt das Einkaufs- und Filialcontrolling eine große Bedeutung. Diese Herangehensweise lässt aber leider die Möglichkeit außer Acht, ein Controllingsystem zu entwickeln, welches eine integrierte Konzeption besitzt (vgl. Becker und Winkelmann 2014, S. 33). Gerade für Handelsunternehmen ist es aufgrund der beschriebenen Besonderheiten wichtig, die verschiedenen Unternehmensbereiche und -sparten miteinander zu verbinden und eine integrierte Sichtweise zu entwickeln. Weitere Defizite bestehen gerade im klassischen Einzelhandel oftmals darin, dass die falschen Kennzahlen herangezogen werden. So ist beispielsweise oft eine Steuerung nach dem Umsatz zu erkennen. Weiterhin setzen sich Kennzahlensysteme nur langsam im Handel durch (vgl. Becker und Winkelmann 2014, S. 35).

Zur Erfüllung der Aufgaben des Controllers stehen verschiedene Instrumente zur Verfügung, die sich aus einer Vielzahl betriebswirtschaftlicher Methoden, Techniken und Vorgehensweisen zusammensetzen. Eine Unterteilung der *Controlling-Instrumente* kann dabei anhand strategischer und operativer Instrumente vorgenommen werden. Hierzu erfolgt im Verlauf dieses Kapitels die detaillierte Vorstellung einiger dieser Konzepte, die eine Bedeutung im Rahmen des Handelscontrolling besitzen. In der folgenden Übersicht werden die verschiedenen Instrumente dargestellt.

> **Ausgewählte Instrumente des strategischen und operativen Handelscontrolling**
>
> - *Strategische Controllinginstrumente*
>   - Ressourcenanalyse (u. a. Kernkompetenzanalyse)
>   - Produktanalysen (u. a. Lebenszyklusanalysen, Quality Function Deployment)
>   - Kundenanalysen (u. a. Zielgruppenanalyse)
>   - Markt- und Umfeldanalysen (u. a. Portfolio-Analysen, Branchenstrukturanalyse, Konkurrenzanalyse)
>   - Finanzwirtschaftliche Analysen (u. a. Kostenstrukturanalysen)
> - *Operative Controllinginstrumente*
>   - Klassische Soll-/Ist-Vergleiche
>   - Kennzahlen und Kennzahlensysteme
>   - ABC-Analyse
>   - Break-even-Analyse
>
> (Quelle: Vgl. Becker und Winkelmann 2014, S. 36 ff.; Buchholz 2013).

2.6.2 Strategisches Controlling

Für das strategische Controlling sind neben quantitativen Daten vor allem qualitative Daten von Bedeutung (vgl. Becker und Winkelmann 2014, S. 36). Nachfolgend wird nur auf einige Instrumente des strategischen Controllings eingegangen. Dabei wurde die Produktlebenszyklusanalyse bereits in Abschn. 2.2.1 erklärt. Nachfolgend werden die Instrumente Branchenstrukturanalyse, Sortiments-Markt-Matrix und Portfolio detaillierter behandelt.

Branchenstrukturanalyse
Im Rahmen des Strategischen Controllings kann die *Branchenstrukturanalyse nach Porter* genutzt werden. Diese kann insbesondere für die Beschaffung der Handelsmarken u. a. im Rahmen der Situationsanalyse aber auch für das Marketing von Interesse sein. Porter beschreibt in seinem Modell fünf Wettbewerbskräfte *(five forces)*, welche die Attraktivität einer Branche bestimmen. Dabei bestimmt die Stärke der Wettbewerbskräfte die Rentabilität der Branche und demnach die Profitabilität der in ihr agierenden Unternehmen. Hierbei besteht die Branche aus Unternehmen, die ähnliche Leistungen herstellen (vgl. Buchholz 2013, S. 170). Abb. 2.29 stellt die Branchenstrukturanalyse dar.

2.6 Controlling

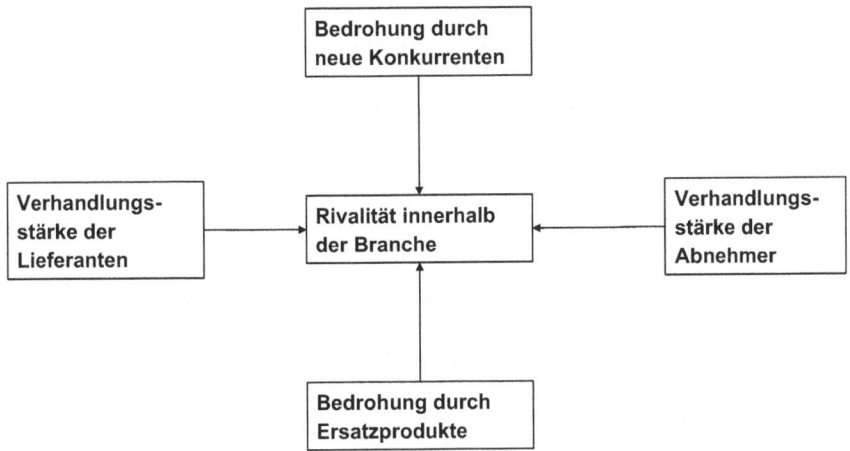

Abb. 2.29 Branchenstrukturanalyse. (In Anlehnung an Porter 2008, S. 80)

Nachfolgend werden die einzelnen Wettbewerbskräfte beschrieben (vgl. Nagel und Mieke 2014, S. 232 ff.; Bea und Haas 2013, S. 106 ff.; Camphausen 2007, S. 37 ff.; Porter 1999, S. 33 ff.):

Bedrohung durch neue Konkurrenten
Anbieter, die neu in den Markt eintreten, sind bemüht, den bisherigen Anbietern Marktanteile abzunehmen. Demnach steigt i. d. R. der Wettbewerbsdruck innerhalb der Branche. Die Höhe der Wahrscheinlichkeit des Eintritts neuer Konkurrenten hängt im Wesentlichen von zwei Faktoren ab: Zum einen von den Abwehrmaßnahmen der etablierten Anbieter. Zum anderen von den aufgebauten *Markteintrittsbarrieren*. Markteintrittsbarrieren sind die Hürden, die zu überwinden sind, um als neuer Anbieter in den Markt zu gelangen. Nach Möglichkeit versuchen die bisherigen Anbieter, die Barrieren unüberwindbar zu gestalten, z. B. durch:

- Aufgebaute Größenvorteile (economies of scale). Damit ist gemeint, dass ein Anbieter aufgrund seiner hohen Produktionsmenge sehr geringe Kosten für die Produkte hat. Wenn ein neuer Anbieter auf den Markt kommen möchte, müsste dieser zuerst das Problem der hohen Absatzmengen angehen.
- Zum Eintritt in die Branche ist ein hoher Kapitalbedarf notwendig (Produktionsanlagen, Entwicklungskosten).
- Es lassen sich aber auch größenunabhängige Vorteile finden. Beispiele: Alle guten Standorte sind schon besetzt oder die bisherigen Anbieter verfügen über eine hohe Kundenbindung.

Bedrohung durch Ersatzprodukte
Hierbei steht die Gefahr im Mittelpunkt, dass ein Produkt oder eine Dienstleistung durch andere ersetzt wird. Der klassische Brief wurde erst durch das Telefon, dann durch das Fax und heute durch die E-Mail abgelöst. Klassische Händler sehen sich zunehmend der Gefahr des Online-Shoppings gegenübergestellt. Warum nicht einfach bequem das Buch von zu Hause bestellen? Damit soll deutlich werden, dass die Bedrohung auch von weit entfernten Branchen kommen kann. So werden Schnellrestaurants auch durch Fertigprodukte bedroht.

Verhandlungsstärke der Abnehmer (Nachfrager)
Hierbei steht insbesondere die Macht der Nachfrager im Mittelpunkt. Diese kann entstehen, wenn

- Nachfrager konzentriert auftreten (Automobilhersteller, Lebensmittelhändler),
- Abnehmer einen signifikanten Anteil der Gesamtproduktion kaufen (das Unternehmen hat somit wenige große Kunden),
- es den Nachfragern leicht fällt, den Hersteller zu wechseln (niedrige Wechselkosten),
- Abnehmer vollständige Informationen besitzen.

Bei einer hohen Nachfragermacht sind die erzielbaren Preise relativ niedrig (Beispiel Milchpreis). Weiterhin können die Abnehmer die Anpassung der Produkte an ihre speziellen Bedürfnisse sowie besondere Lieferbedingungen fordern.

> **Praxisbeispiel: Die Nachfragemacht des Lebensmitteleinzelhandels**
> Das Bundeskartellamt kommt in der Sektoruntersuchung Lebensmitteleinzelhandel zu dem Fazit, dass das Angebot von Handelsmarken die Verhandlungsposition von Händlern gegenüber Herstellern stärkt. Handelsunternehmen sind in der Lage, eine Alternative zu bieten. Dabei führt ein hoher Anteil von Handelsmarken am Gesamtumsatz tendenziell zu einer höheren Verhandlungsstärke. Jedoch ist die Verhandlungsstärke auch davon abhängig, wie viele Hersteller von Handelsmarken verfügbar sind. Kann ein Handelsunternehmen schnell Handelsmarken in Auftrag geben, weil es viele Hersteller gibt, dann kann der Markenartikel auch schneller ersetzt werden. Jedoch muss das Angebot einer Handelsmarke nicht automatisch zu einer hohen Verhandlungsstärke gegenüber dem Markenartikelproduzenten führen. Das liegt u. a. an der Markenstärke der Handelsmarke. Ein Handelsunternehmen kann nicht glaubhaft mit dem Ersatz des Markenartikels durch die Handelsmarke drohen, wenn diese für den Kunden nicht relevant ist (vgl. Bundeskartellamt 2014, S. 113 ff.).

Verhandlungsstärke der Lieferanten
Entgegengesetzt zur Nachfragermacht wird hier die Macht der Anbieter untersucht. Ursachen für diese können sein:

- Knappheit des bezogenen Produktes,
- Produkt hat einen außerordentlich wichtigen Charakter im Produktionsprozess,
- Produkt ist nicht durch andere substituierbar (austauschbar),
- Abhängigkeit vom Lieferanten, z. B. aufgrund eines Vertrages (hohe Wechselkosten),
- das Produkt kann nur von einigen wenigen Lieferanten bezogen werden.

Insbesondere hohe Preise sowie die Beschaffenheit der Produkte, die zur Auslieferung an den Abnehmer gelangen, sind von starken Anbietern durchsetzbar.

Rivalität untereinander
Der Wettbewerb innerhalb verschiedener Branchen verläuft sehr unterschiedlich. Es kann ein Kontinuum zwischen Wettbewerbern, die sich gegenseitig nicht angreifen, und Wettbewerbern, die sich aggressiv verhalten, aufgespannt werden. Insbesondere in Märkten mit homogenen Produkten (Beispiel Telefongebühren) finden oft Preiskämpfe statt. Dabei wird der Rivalitätsgrad innerhalb einer Branche von mehreren Faktoren beeinflusst:

- Anzahl der Wettbewerber
- Marktwachstum der Branche
- Fixkostenanteil
- Höhe der Marktaustrittsbarrieren
- Bedarf an Marktanteil
- Höhe der aufgebauten Wechselkosten

Sortiments-Markt-Matrix
Typische Wachstums- oder Expansionsstrategien können anhand der Produkt-Markt-Matrix von Ansoff abgeleitet werden. Auf diese soll aber nicht weiter eingegangen werden. Aufbauend auf der Produkt-Markt-Matrix von Ansoff haben Barth et al. (2015) eine Sortiments-Markt-Matrix entwickelt. Diese Matrix soll Optionen der Marktbearbeitung anhand der Dimensionen Märkte und Sortiment aufzeigen. Dabei wird danach unterschieden, ob das Unternehmen derzeit bereits in diesem Bereich aktiv ist, dort aktiv werden könnte oder den Rückzug vorsieht (siehe Abb. 2.30). Die Matrix erlaubt somit eine Bewertung, in welchen Sortimenten und/oder geographischen Märkten eine Expansion, ein Rückzug oder eine Durchdringung angebracht ist. Mit dieser Matrix kann somit auch abgeleitet werden, in welchen Bereichen Handelsmarken zum Einsatz kommen.

Portfolio
Portfolio-Analysen sind Instrumente der Strategiefindung. Die Portfolio-Technik nimmt eine Kombination der Unternehmens- und Umweltanalyse vor. Strategische Entscheidungen werden in einem Portfolio in Verbindung mit anderen Entscheidungen getroffen. Dabei wird die Umwelt als unbeeinflusste Determinante auf der Ordinate abgebildet, während das Unternehmen und damit beeinflussbare Größen auf der Abszisse dargestellt

Märkte / Sortimente	Derzeit bearbeitete Märkte	Neue Märkte	Abbau von Märkten
Derzeit angebotene Sortimente	Marktdurchdringung	Marktentwicklung	Sortimentskonstante Marktverdichtung
Neue Sortimente	Sortiments-entwicklung	Diversifikation	Progressive Marktverdichtung
Abbau von Sortimenten	Marktkonstante Sortiments-verdichtung	Progressive Sortiments-verdichtung	Rückzug aus Märkten und Sortimenten

Abb. 2.30 Sortiments-Markt-Matrix. (In Anlehnung an Barth et al. 2015, S. 156)

werden. Dadurch entsteht eine Matrix. In dieser werden strategische Geschäftsfelder als Entscheidungsobjekte anhand der Größen der beiden Achsen positioniert. Einzelnen Feldern werden Normstrategien zugeordnet, sodass für die jeweiligen strategischen Geschäftsfelder über eine zukünftige Strategie entschieden werden kann. Ein Portfolio basiert auf empirischen Aussagen zur Beziehung zwischen den Umwelt- und Unternehmensfaktoren. Ein bekanntes, hier aber nicht weiter behandeltes Portfolio, ist die Boston-Consulting-Group-Matrix (BCG-Matrix) (vgl. Bea und Haas 2013, S. 143 ff.; Camphausen 2007, S. 127 ff.).

Im Rahmen des Handelsmarkenmanagements können verschiedene Portfolios zum Einsatz kommen. Dabei können Marken als eigenständige strategische Geschäftseinheiten angesehen und somit in einem Portfolio platziert werden (vgl. Haedrich und Tomczak 1996, S. 29). Ahlert et al. (2000) schlagen hierzu ein Handelsmarkenportfolio vor, welches aus den beiden Dimensionen Vertrauen und relativer Umsatz besteht (siehe Abb. 2.31). Dabei drückt der relative Umsatz aus, wie bedeutend die Handelsmarke im Vergleich zur führenden Herstellermarke in der Warengruppe ist. Unter Nutzung der beiden Dimensionen entstehen die nachfolgenden vier Felder (vgl. Ahlert et al. 2000, S. 161 f.):

- *Star Brand:* Die Handelsmarke zeichnet sich durch ein hohes Vertrauen und einen hohen relativen Umsatz aus. Daher scheint die Handelsmarke beispielsweise für Markenerweiterungen geeignet zu sein.
- *Hidden Star:* Die Handelsmarke genießt aus Kundensicht ein hohes Vertrauen, weist jedoch niedrige relative Umsätze auf. Hier muss u. a. geprüft werden, ob die Handelsmarke noch richtig gepflegt wird. Passen die Warengruppen zu der Handelsmarke? Aufgrund des hohen Vertrauens sollten Maßnahmen ergriffen werden, die zu einem Umsatzanstieg führen.
- *Looser:* Ein geringes Vertrauen sowie ein geringer relativer Umsatz sind Kennzeichen der Handelsmarke. Aus Sicht des Handelsmarkenmanagements sollte überprüft werden, ob die Handelsmarke weiterhin Bestand im Unternehmen haben soll.

2.6 Controlling

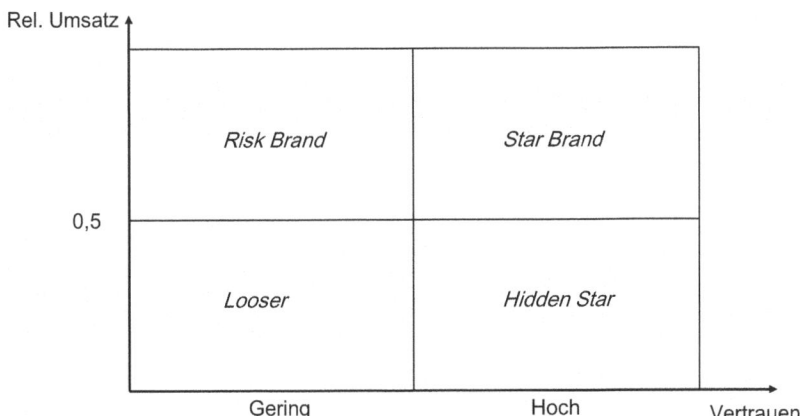

Abb. 2.31 Handelsmarkenportfolio mit den Achsen Vertrauen und relativer Umsatz. (Ahlert et al. 2000, S. 162)

- *Risk Brand:* Die relative Umsatzbedeutung der Handelsmarke ist sehr positiv. Jedoch sollte in vertrauensbildende Maßnahmen investiert werden, damit die Handelsmarke das Vertrauen der Konsumenten besser gewinnen kann. Eine Kundenbindung sollte somit auch auf der emotionalen Ebene stattfinden.

Nachteilipg an dem Portfolio ist, dass vorausgesetzt wird, dass es eine vergleichbare Herstellermarke gibt, was insbesondere bei Premium-Handelsmarken nicht immer gegeben ist. Weiterhin ist der relative Umsatz als Größe u. a. von der Platzierung und den Maßnahmen rund um die Marke bzw. Handelsmarke abhängig. Für einen Vergleich müssten demnach gleiche Voraussetzungen zwischen Handelsmarke und Herstellermarke vorhanden sein.

Eine weitere Möglichkeit, ein Handelsmarkenportfolio aufzuspannen, besteht darin, die Achsen Kundenleistung und Umsatzleistung zu verwenden. Dabei ist es für das Handelsmarkenmanagement interessant, zu vergleichen, wie sich die Handelsmarken untereinander, aber auch im Vergleich zu den Herstellermarken entwickeln. Der SB-Warenhaus-Betreiber real,- arbeitet auf der Basis der Kundenkarte Payback mit solch einer Matrix (vgl. Abb. 2.32). Auf der Basis einer Warengruppe können die Marken des Handelsunternehmens anhand der beiden Dimensionen *Umsatzleistung* und *Kundenleistung* klassifiziert werden. Der Leistungsscore drückt mit den Kennzahlen Umsatz und Absatz des Artikels die reine Verkaufsleistung des Artikels aus. Hierbei ist es notwendig, sich unternehmensintern zu entscheiden, ob die Verkaufsleistung des Artikels mit oder ohne Werbung betrachtet werden soll. Gerade zahlreiche Prospektwerbungen von Herstellermarken können zu einer hohen Umsatzleistung führen und das Bild verfälschen, während Handelsmarken, wie bereits besprochen, zwar im Handzettel zu finden sind, jedoch nicht in einer solchen Intensität wie Herstellermarken. Die Kundenleistung drückt über die Kennzahlen der Kaufwahrscheinlichkeit und der Käuferreichweite aus,

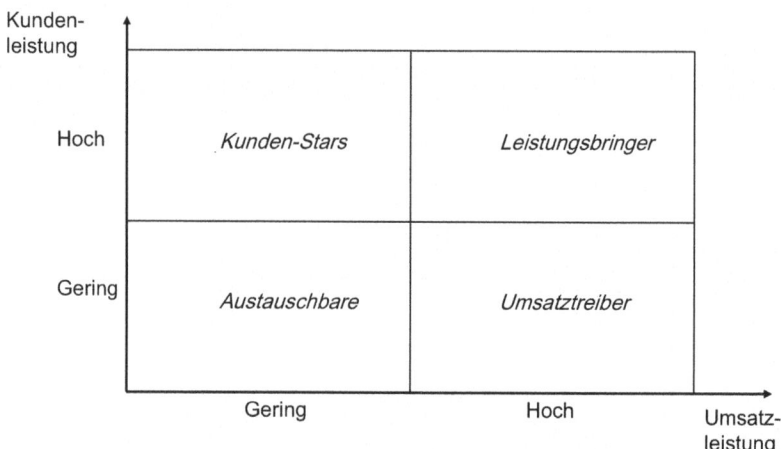

Abb. 2.32 Umsatzleistungs-Kundenleistungs-Portfolio. (In Anlehnung an Shopper Insights 2015)

wie wichtig der Artikel für Kunden tatsächlich ist. Unter Nutzung der beiden Achsen entstehen vier Felder, anhand derer strategische Empfehlungen abgeleitet werden können:

- *Leistungsbringer:*
  Die in diesem Feld der Matrix angesiedelten Produkte zeichnen sich durch eine hohe Umsatzleistung und eine hohe Kundenleistung aus. Die Handelsmarken sollten weiterhin gepflegt werden. Ferner kann überprüft werden, ob eine Markendehnung in andere Warengruppen möglich ist.
- *Umsatztreiber:*
  Marken im Feld der Umsatztreiber weisen zwar eine hohe Umsatzleistung auf, jedoch sind sie aus Sicht der Kunden unterdurchschnittlich, beispielsweise aufgrund einer geringen Käuferreichweite. Demnach weisen die Marken eine geringe Käuferreichweite und/oder eine geringe Kaufwahrscheinlichkeit auf. Hier könnten Marken platziert sein, die teuer sind und daher selten gekauft werden. Aus Sicht des Handelsmarkenmanagements stellen sich Fragen wie, ob die Handelsmarken das ganze Jahr im Sortiment sein müssen oder ob durch einen anderen Preis auch mehr Kunden erreicht werden können.
- *Austauschbare:*
  Das Kennzeichen der Marken in diesem Feld ist eine geringe Umsatz- und eine geringe Kundenleistung. Dabei muss geprüft werden, ob diese Marken durch andere ersetzt werden können. In diesem Feld sind häufig Zweit- oder Drittmarken von Herstellern zu finden, bei denen überlegt werden kann, ob ein Ersatz durch klassische Handelsmarken stattfinden kann.

2.6 Controlling

- *Kunden-Stars:*
  Marken in diesem Feld sind gekennzeichnet durch eine unterdurchschnittliche Umsatzleistung, aber eine überdurchschnittliche Kundenleistung. Demnach weisen die Marken eine hohe Kaufwahrscheinlichkeit und/oder eine hohe Käuferreichweite auf. Somit hat sich ein fester Kundenstamm aufgebaut. Es sind aber zu wenige, um eine dementsprechende Umsatzleistung zu erzielen. Daher ist zu überprüfen, wie die Umsatzleistung der Produkte verbessert werden kann. Beispielsweise kann die Platzierung der Produkte verändert werden.

Abschließend muss zum Umsatzleistungs-Kundenleistungs-Portfolio noch angemerkt werden, dass die Berechnung der Kundenleistung detaillierte Kundenkenntnisse (sogenannte Shopper Insights) voraussetzt und damit häufig eine Kundenkarte notwendig ist. Prinzipiell sind auch andere Kennzahlen denkbar wie beispielsweise der Anteil von Exklusivkäufern. Auch die Umsatzleistung kann über differenzierte Kennzahlen gemessen werden. Dabei ist aus Sicht des Handelsmarkenmanagements der Umsatz nur eine Kennzahl. Besser ist es, den Erfolg der Handelsmarke beispielsweise über den Rohertrag zu messen (siehe hierzu Abschn. 2.6.3).

Im Rahmen der Sortimentspolitik von Handelsunternehmen muss auch immer wieder über die Einlistung von neuen Artikeln und damit eventuell verbunden auch die Auslistung bestehender Artikel entschieden werden. Dieser Aspekt ist auch für Handelsmarken wichtig, da die Maxime gilt, dass ein neu eingelisteter Artikel die Rentabilität des Handelsunternehmens nicht verschlechtern darf. Für Warengruppen muss entschieden werden, ob eine Erweiterung, eine Konstanz oder ein Abbau des Sortiments erfolgen soll. Fällt die Beurteilung positiv aus, können Handelsunternehmen eine Erweiterung beispielsweise mittels Handelsmarken vornehmen. Gleichzeitig muss aber darauf verwiesen werden, dass gerade bei stationären Handelsunternehmen der Platz beschränkt ist. Demnach zieht eine Erweiterung des Sortiments entweder eine veränderte Präsentation der Warengruppe nach sich oder es werden andere Warengruppen verkleinert. Zur strategischen Beurteilung des Sortimentsbereichs schlagen Rudolph und Brandstetter (1995) ein *Sortimentsportfolio* vor, welches aus den Dimensionen Marktentwicklung und Sortimentspotenzial besteht. Die Achse Marktentwicklung stellt die Umweltdeterminante dar und setzt sich aus den Kriterien Bevölkerungsentwicklung, Wertewandel, allgemeine Wirtschaftsentwicklung, Marktvolumen und Marktwachstum zusammen. Die Unternehmensdeterminante Sortimentspotenzial setzt sich zusammen aus dem Umsatzwachstum der Warengruppe, der Stellung der Warengruppe im Lebenszyklus und der Sortimentsbreite und -tiefe. Anhand des Sortimentsportfolios können die drei Normstrategien Abbau, Halten und Erweitern abgeleitet werden. Im Bereich des Abbaus sollte eine Verkleinerung des Sortiments stattfinden und es sollten keine neuen Produkte eingelistet werden. Im Bereich Halten sollte ein neues Produkt nur in das Sortiment aufgenommen werden, wenn dafür ein altes Produkt eliminiert wird. Die Normstrategie Erweiterung sieht eine Aufnahme weiterer Artikel in das Sortiment vor (vgl. Haller 2008, S. 192 f.; Rudolph und Brandstetter 1995, S. 101 f.). Abb. 2.33 stellt das Sortimentsportfolio vor.

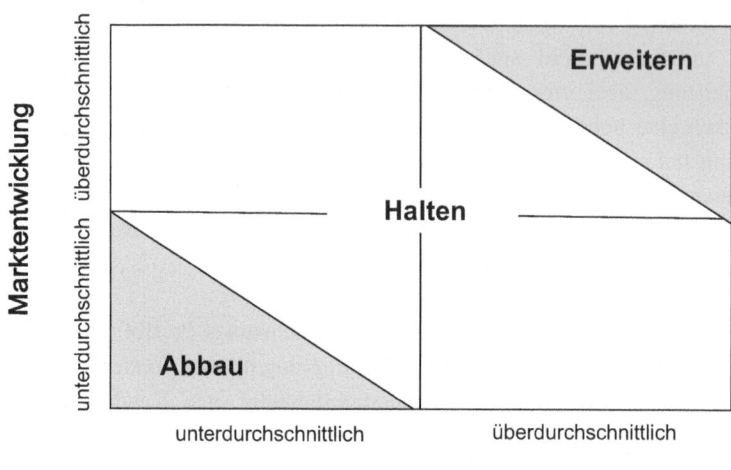

Abb. 2.33 Sortimentsportfolio. (In Anlehnung an Rudolph und Brandstetter 1995, S. 102)

2.6.3 Operatives Controlling

Im operativen Controlling sind vor allem quantitative Daten aus dem Warenwirtschaftssystem von Bedeutung (vgl. Becker und Winkelmann 2014, S. 36). In diesem Zusammenhang ist häufig von Kennzahlen die Rede (siehe Definition).

▶ „Kennzahlen [...] sind Maßgrößen, die willentlich stark verdichtet werden zu absoluten oder relativen Zahlen, um mit ihnen in einer konzentrierten Form über einen zahlenmäßig erfassbaren Sachverhalt berichten zu können" (Gladen 2014, S. 9).

Kennzahlen stellen somit „Zusammenhänge in verdichteter, quantitativ messbarer Form" (Horváth 2011, S. 499) dar. Sie erfüllen im Unternehmen verschiedene *Funktionen* (vgl. Becker und Winkelmann 2014, S. 68 f.; Gladen 2014, S. 26 ff.):

- *Anregungsfunktion*
  Die laufende Erfassung von Kennzahlen liefert dem Unternehmen Initialinformationen. Es ist somit möglich, Auffälligkeiten und Veränderungen durch die Verdichtung der Informationen beispielsweise durch regelmäßige Soll-Ist-Vergleiche zu erkennen. Daraufhin können weitere Analysen ausgelöst und Entscheidungen des Unternehmens erreicht werden.
- *Operationalisierungsfunktion*
  Kennzahlen werden auch gebildet, um Ziele, die im Rahmen des Handelsmarkenmanagements gesetzt werden, zu operationalisieren und die Zielerreichung zu kontrollieren. Auf dieser Basis können Schwerpunkte und Prioritäten gesetzt werden.

2.6 Controlling

- *Kontrollfunktion*
  Kennzahlen zeigen beispielsweise durch Soll-Ist-Vergleiche an, ob bestimmte Ziele erreicht wurden. Bei Erreichen von bestimmten Grenzwerten können konkrete Maßnahmen vereinbart werden.
- *Koordinationsfunktion*
  Kennzahlen sind hilfreich bei der Koordination verschiedener Unternehmensbereiche. Sie unterstützen aber auch bei der Verhaltenssteuerung der Mitarbeiter und der Durchsetzung bestimmter Entscheidungen.
- *Steuerungsfunktion*
  Kennzahlen erlauben es Unternehmen, die internen Prozesse besser zu steuern. Es kann beispielsweise herausgefunden werden, welche Handelsmarke effizient ist. Prioritäten und Aufgabenverteilungen lassen sich anhand von Kennzahlen steuern.

Dabei werden verschiedene *Kennzahlenarten* unterschieden. *Absolute Kennzahlen* stellen Einzelzahlen, Summen, Differenzen oder Mittelwerte dar. Beispielsweise ist der Umsatz der Handelsmarke eine absolute Kennzahl. Gegen die Nutzung von absoluten Kennzahlen spricht, dass diese ohne eine Bezugsgröße nicht eingeschätzt werden können. Ein Umsatz von beispielsweise 300 EUR einer Handelsmarke kann viel oder wenig sein. Daher gibt es neben absoluten Kennzahlen noch Verhältniskennzahlen, die als Basis absolute Kennzahlen nutzen (vgl. Becker und Winkelmann 2014, S. 68 f.; Gladen 2014, S. 14 ff.; Horváth 2011, S. 499 f.). Es werden drei Arten der *Verhältniskennzahlen* unterschieden (vgl. Becker und Winkelmann 2014, S. 68 f.; Horváth 2011, S. 500):

- *Gliederungszahlen* stellen den Anteil einer Größe an der Gesamtgröße dar (Beispiele: Marktanteil, Umsatzanteil der Handelsmarken am Gesamtumsatz).
- *Beziehungszahlen* stellen begrifflich verschiedene Merkmale in eine Beziehung zueinander, wobei ein Ursache-Wirkungs-Verhältnis bestehen sollte (Beispiel: Verkaufsflächenproduktivität).
- *Indexzahlen* bilden das Verhältnis von zwei gleichartigen Merkmalen ab. Dabei wird eine Größe mit 100 gleichgesetzt. Indexkennzahlen werden häufig zum Zeitvergleich von Kennzahlen verwendet, beispielsweise für den Umsatz.

Nachdem allgemein aufgezeigt wurde, was unter Kennzahlen zu verstehen ist, und Funktionen von Kennzahlen und Kennzahlenarten besprochen wurden, sollen für das Handelsmarkenmanagement wichtige Kennzahlen erläutert werden.

Für die Sortimentspolitik der Handelsmarken kommt dem Einkauf eine besondere Bedeutung zu. Nach der Analyse der Kundenwünsche, dem Abgleich mit Wettbewerbern oder eigenen Überlegungen kommt dem Einkauf im Handelsunternehmen die Aufgabe zu, die Artikel unter der Handelsmarke zu beschaffen (siehe Abschn. 2.3). Neben der Kontaktanbahnung und der Verhandlung des Einkaufspreises muss auch über weitere Parameter der Warenbeschaffung verhandelt werden. In diesem Zusammenhang ist häufig vom *Einkaufspreis netto-netto* (siehe Abb. 2.34) die Rede. Grundsätzlich kann

Abb. 2.34 Einkaufspreis netto-netto. (In Anlehnung an Becker und Winkelmann 2014, S. 168)

	Listenpreis des Lieferanten
−	Rechnungskonditionen
=	EK-netto (Rechnungspreis)
−	nachträgliche Konditionen
=	EK-netto-netto

davon ausgegangen werden, dass der Einkauf bestrebt ist, den Einkaufspreis so weit wie möglich zu reduzieren. Dazu können verschiedene Konditionen angesetzt werden. Im Einkauf von Handelsmarken werden diese nicht so umfassend ausfallen wie bei der Beschaffung von Markenartikeln. Ausgehend von dem Listeneinkaufspreis des Herstellers können Rechnungskonditionen (Kundenrabatte, Skonti oder Mengenrabatte) abgezogen werden. Der sich daraus ergebende Einkaufspreis wird Einkaufspreis netto bzw. Rechnungspreis genannt. Im Handel ist es nicht unüblich, dass nachträgliche Rabatte gewährt werden, weil das Handelsunternehmen den Absatz des Produktes gesteigert hat oder andere Absprachen getroffen wurden. Im Bereich der Markenartikel ist es üblich, dass als nachträgliche Vergütung ein Werbekostenzuschuss (WKZ) gezahlt wird. Im Handelsmarkenmanagement scheidet dieser Bonus aber aus, da das Handelsunternehmen Inhaber der Marke ist. Werden vom Einkaufspreis netto die nachträglichen Vergütungen abgezogen, entsteht der Einkaufspreis netto-netto. Da die nachträglichen Vergütungen von bestimmten Bedingungen abhängig sind, besteht im Handel die große Herausforderung, dass der endgültige Einkaufspreis häufig nicht gleich, sondern erst am Ende des Jahres feststeht. Für die Steuerung des Unternehmens und damit auch für die Steuerung des Handelsmarkenmanagements ist das ein großes Problem. Eine Steuerung des Vertriebs sollte kennzahlengestützt stattfinden, was aufgrund der unbekannten Höhe der nachträglichen Vergütungen aber schwierig ist (vgl. Becker und Winkelmann 2014, S. 166 ff.).

Der Verkaufs- und Einkaufspreis bilden die Basis für eine wesentliche Kennzahl im Handel: die *Handelsspanne*. Dabei wird die Handelsspanne unterschiedlich bezeichnet und auch unterschiedlich berechnet und gehört in der Handelspraxis sicher zu einer der am meisten verwendeten Kennzahlen. Die absolute Differenz zwischen Verkaufspreis und Einkaufspreis wird als absolute Handelsspanne, Betragsspanne oder Rohertrag bezeichnet. Dann kann die absolute Handelsspanne ins Verhältnis zum Einkaufspreis gesetzt werden, was als Aufschlagsspanne bezeichnet wird, oder zum Verkaufspreis, was als Abschlagsspanne bezeichnet wird. Viele Handelsunternehmen verwenden die Abschlagsspanne, weil der Verkaufspreis meist die Basis der Überlegung darstellt und anhand der Abschlagsspanne dann der anzustrebende bzw. zu verhandelnde Einkaufspreis bestimmt werden kann (siehe Abb. 2.35) (vgl. Becker und Winkelmann 2014, S. 220 f.; Müller-Hagedorn et al. 2012, S. 617 f. und 1019 f.). Es wurde bereits darauf eingegangen, dass Handelsmarken häufig eine höhere prozentuale Handelsspanne aufweisen, aber meist aufgrund der niedrigen Preise die absolute Handelsspanne nicht höher

2.6 Controlling

Absolute Handelsspanne = Verkaufspreis (netto) − Einkaufspreis (netto)

<u>Bezug zum Einkaufspreis</u>   <u>Bezug zum Verkaufspreis</u>

Handelsspanne (h) = $\dfrac{VK - EK}{EK}$ Handelsspanne (a) = $\dfrac{VK - EK}{VK}$

auch als Aufschlagsspanne bezeichnet   *auch als Abschlagsspanne bezeichnet*

EK x (1+h) = Verkaufspreis   Handelsspanne (a) = $\dfrac{h}{1+h}$

Abb. 2.35 Varianten der Handelsspanne. (In Anlehnung an Müller-Hagedorn et al. 2012, S. 618)

ist. Für die Praxis muss aber beachtet werden, dass insbesondere viele Gattungsmarken auf dem Preisniveau der anderen Handelsunternehmen angeboten werden. Gerade bei Handelsunternehmen, die ihren Schwerpunkt im Sortiment nicht auf Handelsmarken haben, kann das dazu führen, dass eine kleine bis negative Handelsspanne mit dem Artikel erwirtschaftet wird. Der Wettbewerbsdruck macht es meist unmöglich, diese Artikel nicht im Sortiment oder zu einem höheren Preis zu führen. Daher muss ein Ausgleich über andere Artikel oder andere Handelsmarken, beispielsweise über Premium-Handelsmarken, erfolgen.

Auch im Handel gibt es verschiedene Bestrebungen, sich nicht nur mit der Differenz aus Verkaufspreis und Einkaufspreis zufriedenzugeben, sondern eine detaillierte Betrachtung der Artikel vorzunehmen. Die *Deckungsbeitragsrechnung* versucht, verschiedene direkt zurechenbare Kosten dem jeweiligen Artikel bzw. der jeweiligen Handelsmarke zuzuordnen. Innerhalb der Deckungsbeitragsrechnung werden verschiedene Ebenen und Hierarchien unterschieden. Dabei ist die Ebene der Warengruppendeckungsbeitragsrechnung die gängigste Form. Die Artikelergebnisse und die Kosten, die den Artikeln direkt zugerechnet werden können, werden auf Warengruppenebene festgehalten (vgl. Becker und Winkelmann 2014, S. 324 f.) Abb. 2.36 kann eine Grundform der Deckungsbeitragsrechnung entnommen werden. Für das Handelsmarkenmanagement ist es spannend, die verschiedenen Deckungsbeiträge auf der Ebene der Handelsmarken miteinander zu vergleichen.

Eine Weiterentwicklung der Deckungsbeitragsrechnung stellt die Berechnung des *Direkten Produkt Profits (DPP)* dar. Dabei wird der Versuch unternommen, den direkten Gewinn des Produkts zu errechnen. Hierzu werden von der Handelsspanne die direkten Produktkosten abgezogen. Als Resultat verbleibt ein Betrag, der Direkte Produkt Profit, der zur Deckung der Kosten verwendet werden kann, die nicht direkt dem Produkt bzw. der Handelsmarke zurechenbar sind. Kern der Berechnung ist die Ermittlung der direkten Produktkosten. Dabei muss ermittelt werden, welche Tätigkeitsbereiche Kosten verursachen und wie diese verursachungsgemäß dem einzelnen Produkt bzw. der ganzen Handelsmarke zugeordnet werden können (vgl. Müller-Hagedorn et al. 2012, S. 996).

Abb. 2.36 Grundform einer Deckungsbeitragsrechnung. (In Anlehnung an Müller-Hagedorn et al. 2012, S. 988)

```
  Umsatz (netto)
-  Wareneinsatz
= Deckungsbeitrag 0 bzw. Rohertrag
-  weitere Einzelkosten der Warenbereiche
= Deckungsbeitrag 1
-  Gemeinkosten der Warenbereiche
= Betriebsergebnis
```

Neben der Betrachtung des einzelnen Artikels bzw. der einzelnen Artikel einer Handelsmarke ist gerade im Handel immer mehr von Interesse, welche anderen Artikeln der Kunde mit einem Artikel zusammen kauft. Ein Artikel kann für sich genommen eine negative Profitabilität aufweisen, wird er aber immer mit Artikeln im Verbund gekauft, die einen Ertrag für das Handelsunternehmen erwirtschaften, kann sich der Verbleib des Artikels im Sortiment lohnen. Daher sollten im Handel Artikel/Marken nicht nur für sich, sondern immer im Warenverbund betrachtet werden. *Warenkorbanalysen* können hierbei im Rahmen des E-Commerce sehr gut angefertigt werden. Handelsunternehmen, die über eine Kundenkarte und ein dementsprechendes Warenwirtschaftssystem verfügen, können diese Warenkorbanalyse kundenindividuell erstellen. Das ermöglicht dem Handelsunternehmen, sich noch zielgerichteter für den Kunden aufzustellen. Mithilfe eines Warenwirtschaftssystems können aber auch Analysen auf der Ebene eines Kassenbons durchgeführt werden, die ihrerseits wiederum eine Warenkorbanalyse möglich machen. Aus Sicht des Handelsmarkenmanagements sind gerade die Verbundeffekte der Handelsmarken wichtig. Mit welchen Artikeln wird die Handelsmarke zusammengekauft? Gibt es Kunden, die ausschließlich bestimmte Handelsmarken kaufen? Diese und andere Fragestellungen sind für Warenkorbanalysen relevant. Abb. 2.37 stellt hierzu die Berechnung von Deckungsbeiträgen auf Warenkorbbasis und des Conjoint Profits vor. Dabei ergibt sich der Deckungsbeitrag eines Warenkorbs aus der Menge der Artikel in diesem Warenkorb multipliziert mit den jeweiligen Deckungsbeiträgen der Artikel (vgl. Becker und Winkelmann 2014, S. 268).

Neben dem Einkaufspreis netto-netto und der Handelsspanne ist sowohl für den Handel im Allgemeinen als auch für das Handelsmarkenmanagement im Speziellen die Überwachung der Bestände der Artikel wichtig. Zum einen ist die Kontrolle der Bestandshöhe (quantitativ und qualitativ) wichtig, um rechtzeitig neue Ware zu bestellen. Zum anderen legt die Bestandshöhe des Artikels die Kapitalbindung fest. Für die Steuerung der Handelsmarken ist es relevant, die *Reichweite* der Artikel zu berechnen. Diese ergibt sich aus Lagerbestand dividiert durch den täglichen Abverkauf. In diesem Zusammenhang können verschiedene Reichweiten definiert werden (vgl. Becker und Winkelmann 2014, S. 173 f.). Beispiel: Reichweite des Artikels der Handelsmarke im Zentrallager vs. Reichweite der Artikel der Handelsmarke im Regal der jeweiligen Filiale. Sowohl die Bestandshöhe als auch die Reichweite der Artikel erlauben die

2.6 Controlling

$$DB_{ik} = DBWK_i * y_{ik}$$

$$DB_{ik} = \left[\sum_k x_{ik} * DB_k\right] * [y_{ik}]$$

$$CP_k = \sum_i DB_{ik}$$

DB_{ik} = Deckungsbeitrag eines Artikels k im Warenkorb i
$DBWK_i$ = Deckungsbeitrag des Warenkorbes i
DB_k = Deckungsbeitrag des Artikels k
x_{ik} = Menge des Artikels k im Warenkorb i
y_{ik} = Anteil des Artikels k am Umsatz des Warenkorbes i
CP_k = Conjoint Profit des Artikels k

Abb. 2.37 Berechnung Warenkorbdeckungsbeitrag und Conjoint Profit. (In Anlehnung an Becker und Winkelmann 2014, S. 269)

Festlegung von bestimmten Schwellwerten, die nicht unterschritten werden dürfen. Werden diese Werte erreicht, kann eine automatische Bestellung ausgelöst werden. Für das Handelsmarkenmanagement ist neben der reinen Beobachtung der Reichweite und der Bestandshöhe interessant, die Werte der einzelnen Artikel der Handelsmarke untereinander oder mit den Artikeln der Markenhersteller in der Warengruppe zu vergleichen. Weiterhin kann auch eine Betrachtung auf der Ebene der Handelsmarken erfolgen.

Verbunden mit dem Bestand und der Reichweite ist die Kennzahl *Umschlagshäufigkeit* (auch als Lagerumschlag oder Umschlagsgeschwindigkeit bezeichnet). Diese Kennzahl setzt den Umsatz des Artikels (zu Einkaufspreisen) ins Verhältnis zum durchschnittlichen Warenbestand (bewertet zu Einkaufspreisen). Es wird somit ausgesagt, wie oft der durchschnittliche Warenbestand verkauft wurde (vgl. Becker und Winkelmann 2014, S. 298 f.; Müller-Hagedorn et al. 2012, S. 533). Dabei muss die Umschlagshäufigkeit immer in Relation zur jeweiligen Warengruppe betrachtet werden. In den Frische-Warengruppen wie Molkereiprodukte oder Obst und Gemüse müssen die Artikel sich aufgrund der begrenzten Haltbarkeit wesentlich schneller drehen bzw. verkaufen. Liegt die Umschlagshäufigkeit bei 360, würde das bedeuten, dass jeden Tag der durchschnittliche Warenbestand verkauft wird, was selbst bei Obst und Gemüse unrealistisch ist. Zur Verbesserung der Kennzahl ergeben sich zwei wesentliche Stellhebel. Zum einen kann der durchschnittliche Warenbestand reduziert werden. Zum anderen kann der Abverkauf erhöht werden. Für das Handelsmarkenmanagement ist es ratsam, dass bestimmte Schwellenwerte auf Ebene der Warengruppen definiert werden.

Weiterhin können auch im Controlling des Handelsmarkenmanagements die klassischen Kennzahlen *Umsatz* (Absatzmenge × Verkaufspreis) sowie Absatzmenge benutzt werden. Für eine Steuerung innerhalb der verschiedenen Filialen ist es spannend, Flächenproduktivitäten der Handelsmarken zu betrachten (Umsatz/beanspruchte Fläche). Damit haben Handelsunternehmen die Möglichkeit, die zielgenaue Aussteuerung der Handelsmarken filialindividuell vorzunehmen. Aus Sicht des Controllings ist es auch bedeutend, einen genaueren Blick auf die Kunden zu werfen, die Handelsmarken kaufen. In diesem Zusammenhang könnte interessant sein, wie viele Handelsmarken durchschnittlich auf einem Kassenbon stehen. Wie hoch ist der durchschnittliche Umsatz der

Handelsmarken? Wie hoch ist der Umsatzanteil der Handelsmarken am Gesamtumsatz? Interessant ist auch, genauer darauf zu schauen, welche Kunden Handelsmarken kaufen. Wie oft werden Handelsmarken gekauft? Kaufen Kunden nach dem ersten Kauf der Handelsmarke den Artikel erneut? Bleiben sie der Handelsmarke insgesamt treu? Welcher Markenartikel wird nicht mehr gekauft, seit die Handelsmarke gekauft wurde? Zur Beantwortung dieser Fragen muss das Handelsunternehmen in der Lage sein, das Kaufverhalten der Kunden zu analysieren. Bei Onlineshops und Unternehmen, die Kunden identifizieren können, beispielsweise anhand der Kundennummer auf der Kundenkarte, stellt das kein Problem dar. Aus der Analyse der Kennzahlen können interessante Erkenntnisse (sogenannte Shopper Insights) gewonnen werden, die in Maßnahmen umgesetzt werden müssen.

Mittels der Kennzahlen Umsatz, Absatz und Umschlagshäufigkeit kann abgelesen werden, wie gut der Artikel im Sortiment funktioniert. Aus Sicht des Handelsunternehmens müssen aber auch *Abschriften* betrachtet werden. Grundsätzlich sind Abschriften ein Sonderfall der zeitlichen Preisvariation. Dabei kann ein Artikel dauerhaft im Preis reduziert werden. Das erfolgt sehr häufig bei Non-Food-Artikeln (Bekleidung, Elektro), wenn der Artikel aus dem Sortiment genommen wird. Das ist aber auch bei Lebensmitteln denkbar. Gerade bei Lebensmitteln sind Handelsunternehmen aber aufgrund des Mindesthaltbarkeitsdatums mit Abschriften konfrontiert. Damit soll der Abverkauf der Artikel erreicht werden, sodass der Artikel nicht komplett vernichtet werden muss (vgl. Müller-Hagedorn et al. 2012, S. 620). Insbesondere in der Praxis sind die Abschriften eines Artikels eine wichtige Steuerungsgröße. Viele Handelsunternehmen unterscheiden verschiedene Formen der Abschriften. Dabei können im Wesentlichen Preisreduzierungen und Abschreibungen des kompletten Wertes des Artikels (beispielsweise aufgrund von Bruch und Verderb) unterschieden werden. Mit dieser Kennzahl kann frühzeitig erkannt werden, wie gut ein Artikel tatsächlich funktioniert. Bei hohen Abschriften sind Gegenmaßnahmen einzuleiten (u. a. Veränderung der Verpackungseinheit, Veränderung des Preises oder Veränderung der Platzierung). Für das Management der Handelsmarke ist es daher wichtig, sich differenziert mit der Kenngröße Umsatz auseinanderzusetzen. Diese sollte abzüglich der Abschriften betrachtet werden, da sonst ein falsches Bild von der Leistung der Handelsmarke gewonnen wird. Tab. 2.4 stellt die Kennzahlen zusammenfassend übersichtlich dar.

Unter Nutzung verschiedener Kennzahlen können auch Portfolios gebildet werden, beispielsweise mit den Kennzahlen Deckungsbeitrag und Lagerumschlag. Grundsätzlich ist es sinnvoll, alle Artikel einer Handelsmarke oder alle Handelsmarken anhand eines solchen Portfolios miteinander zu vergleichen (siehe Abb. 2.38). Das Portfolio unterscheidet vier Quadranten, die jeweils mit Handlungsempfehlungen belegt werden (vgl. Haller 2008, S. 220):

2.6 Controlling

Tab. 2.4 Ausgewählte Kennzahlen des operativen Controlling von Handelsmarken. (Quelle: In Anlehnung an: Becker und Winkelmann 2014, S. 168, 217, 221, 301; Müller-Hagedorn et al. 2012, S. 532, 535)

Kennzahl	Definition
Einkaufspreis netto-netto	= Listeneinkaufspreis – Rechnungskonditionen – nachträgliche Konditionen
Betragsspanne	= Verkaufspreis (netto) – Einkaufspreis (netto)
Abschlagsspanne	= (Verkaufspreis – Einkaufspreis)/Verkaufspreis
Aufschlagsspanne	= (Verkaufspreis – Einkaufspreis)/Einkaufspreis
Käuferreichweite	= Anzahl der Käufer der Handelsmarke in der Periode/Gesamtzahl der Käufer in der Periode
Umschlagshäufigkeit	= Umsatz zu Einkaufspreisen/Ø-Warenbestand zu Einkaufspreisen
Umsatz	= Verkaufsmenge × Preis
Flächenproduktivität	= Umsatz Artikel/beanspruchte Fläche des Artikels
Umsatzanteil Handelsmarken	= Umsatz Handelsmarke/Umsatz
Ø-Anzahl gekaufter Handelsmarken	= Anzahl Handelsmarken/Anzahl gekaufter Artikel gesamt
Abschriftenquote	= Wert der Abschriften/Umsatz
(Bestands-)Reichweite	= Bestand des Artikels in Stück/Durchschnittlicher Abverkauf des Artikels pro Tag

Abb. 2.38 Ergebnis-Umschlagshäufigkeits-Portfolio. (In Anlehnung an Haller 2008, S. 220)

	Lagerumschlag	
Deckungsbeitrag	niedrig	hoch
hoch	Schläfer	Gewinner
niedrig	Verlierer	Kampfartikel

- *Verlierer*
  Potenzielle Auslistungsartikel, aufgrund des niedrigen Deckungsbeitrags und des niedrigen Lagerumschlags. Die Regalfläche sollte bei diesen Artikeln reduziert werden. Maßnahmen der Kostensenkung sind zu ergreifen. Gegebenenfalls lässt sich durch die Verbundplatzierungen der Lagerumschlag erhöhen.
- *Quadrant Schläfer*
  Potenziale der Artikel heben. Der Artikel weist einen hohen Deckungsbeitrag auf, jedoch ist die Umschlagshäufigkeit gering. Es ist zu prüfen, ob der Artikel im Regal richtig und angemessen platziert ist. Maßnahmen der Zweitplatzierung und andere Maßnahmen der Verkaufsförderung sind zu ergreifen.

- *Quadrant Kampfartikel*
  Bedachtes Vorgehen bei den Artikeln. Die hohe Umschlagshäufigkeit macht deutlich, dass der Artikel ein Frequenzbringer für das Handelsunternehmen ist. Aufgrund des niedrigen Deckungsbeitrags sollte mit den Artikeln aber bedacht vorgegangen werden. Es ist zu prüfen, ob der Einkaufspreis des Artikels verbessert werden kann. Weiterhin sollte die Aktionsfrequenz des Artikels überdacht werden.
- *Quadrant Gewinner*
  Ausbau der Artikel. Im Gegensatz zu den Kampfartikeln weisen diese Artikel neben der hohen Umschlagshäufigkeit auch einen hohen Deckungsbeitrag auf. Daher ist u. a. zu prüfen, ob eine Ausweitung der Regalfläche möglich ist. Ferner bieten sich solche Artikel für eine Zweitplatzierung an. Das Handelsunternehmen sollte auf jeden Fall sicherstellen, dass die Warenverfügbarkeit der Artikel gegeben ist.

Neben der Verwendung einzelner Kennzahlen können zur Steuerung von Handelsmarken auch *Kennzahlensysteme* zu verwenden. Dies erfolgt meist vor dem Hintergrund, dass zur Steuerung eine oder einzelne Kennzahlen nicht ausreichen und mehrere Kennzahlen benutzt werden. Damit diese in eine gewisse Systematik gebracht werden, kann ein Unternehmen Kennzahlensysteme entwickeln (vgl. Gladen 2014, S. 86).

▶ „Unter einem Kennzahlensystem wird im Allgemeinen eine Zusammenstellung von quantitativen Kennzahlen verstanden, wobei die einzelnen Zahlen in einer sachlogisch-sinnvollen Beziehung zueinander stehen, einander ergänzen oder erklären und insgesamt auf ein übergeordnetes Ziel ausgerichtet sind" (Becker und Winkelmann 2014, S. 73).

An die Formulierung von Kennzahlensystemen werden verschiedene Anforderungen gestellt. Beispielsweise sollten Kennzahlensysteme objektiv und widerspruchsfrei aufgestellt werden. Die Zusammenhänge zwischen den einzelnen im Kennzahlensystem verbundenen Kennzahlen können auf Basis logischer Überlegungen, hierarchischer Strukturen oder empirisch begründet werden (vgl. Becker und Winkelmann 2014, S. 73; Gladen 2014, S. 96 f.). Auf die einzelnen Arten und die Bildung von Kennzahlensystemen soll dabei nicht eingegangen werden (siehe hierzu Gladen 2014, S. 96 ff.). Ein bekanntes Kennzahlensystem stellt das *DuPont-System* dar. Es beruht auf Kennzahlen des betrieblichen Rechnungswesens. Das Hauptziel besteht in der Maximierung der Gesamtkapitalrentabilität (Return on Investment). Diese Kennzahl wiederum setzt sich aus den Kennzahlen Kapitalumschlag und Umsatzrentabilität zusammen, die ihrerseits auch wieder aus anderen Kennzahlen abgeleitet werden können (siehe Abb. 2.39). Aufgrund der mathematischen Verknüpfung der einzelnen Kennzahlen handelt es sich beim Du-Pont-System um ein Rechensystem (vgl. Becker und Winkelmann 2014, S. 76 f.; Gladen 2014, S. 86 f.; Horváth 2011, S. 502 f.).

Ein weiteres Kennzahlensystem widmet sich dem Zusammenhang zwischen Kennzahlen aus der Sicht der Betriebswirtschaft und aus Sicht der Nachfrager. Der Rohertrag eines Artikels setzt sich zusammen aus dem Artikelumsatz multipliziert mit der prozentualen Handelsspanne. Der Artikelumsatz kann berechnet werden über den Artikelumsatz

2.6 Controlling

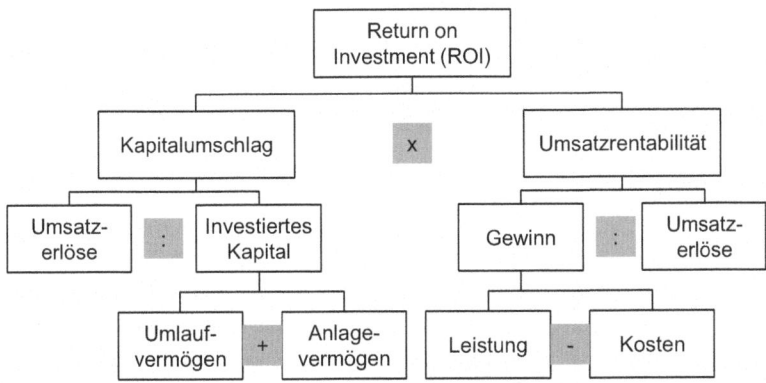

Abb. 2.39 Grundschema Du-Pont-Kennzahlensystem. (In Anlehnung an Horváth 2011, S. 503)

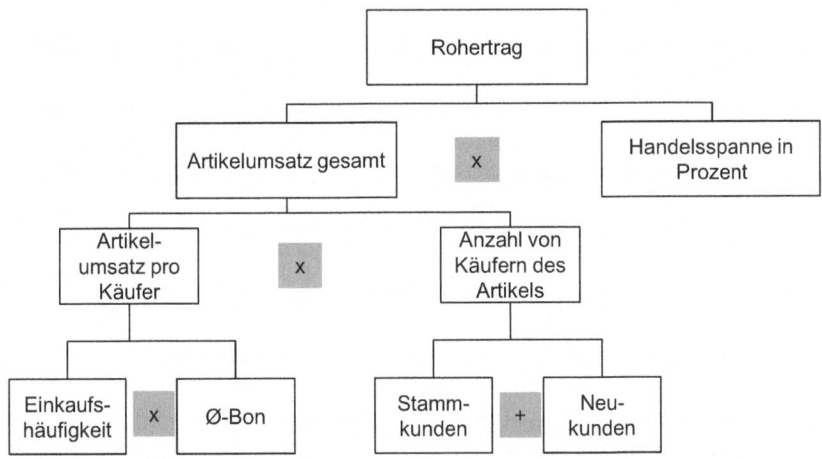

Abb. 2.40 Kennzahlensystem zum Rohertrag. (In Anlehnung an Müller-Hagedorn et al. 2012, S. 537)

je Käufer und die Anzahl von Käufern eines Artikels (siehe Abb. 2.40). Das Kennzahlensystem zeigt die Zusammenhänge auf und liefert für die Steuerung der Handelsmarke wertvolle Hinweise. Eine Berechnung kann dabei sowohl auf Warengruppenebene als auch auf der Ebene der kompletten Handelsmarke erfolgen, falls mehrere Marken miteinander verglichen werden sollen.

Eine weitere Möglichkeit besteht in der Analyse der Umsatztreiber der Handelsmarke. Dabei setzt sich die Kennzahl Umsatz aus der Anzahl der Kunden multipliziert mit der Einkaufsfrequenz und dem Durchschnittsbon zusammen. Dies wird auch als *Umsatztreiberanalyse* bezeichnet. Das regelmäßige Überwachen der Zusammensetzung des Umsatzes kann wichtige Implikationen liefern. Weiterhin können Erfolge eingeleiteter

Maßnahmen sofort überprüft werden. Bietet das Handelsunternehmen beispielsweise eine Mehrpack-Aktion an, sollte der Durchschnittsbon steigen. Insbesondere der Vergleich der Entwicklungen zwischen Herstellermarke und Handelsmarke ist dabei von Interesse.

2.7 Zusammenfassung

Innerhalb des Kap. 2 wurde deutlich, dass das Handelsmarkenmanagement in der heutigen Zeit für Handelsunternehmen immer wichtiger wird. Handelsmarken ermöglichen insbesondere über Premium-Handelsmarken, Preiskämpfen zu entfliehen. Ferner besteht die Möglichkeit, das Image des Handelsunternehmens über die Handelsmarken entscheidend zu prägen und sich damit einen Wettbewerbsvorteil aufzubauen. Es wurde versucht, den Prozess des Handelsmarkenmanagements zu veranschaulichen und Schwerpunkte deutlich zu machen. Grundsätzlich muss bedacht werden, dass das Management von Handelsmarken verschiedenen Einschränkungen unterliegt. Im Lebensmitteleinzelhandel beispielsweise wird sich mit einer geringeren Personal- und Finanzintensivität den Handelsmarken gewidmet, als es bei Konsumgütermarken der Fall ist. Gerade in der Beschaffung sehen viele Handelsunternehmen für Handelsmarken ihren Schwerpunkt. Solange Artikel nicht selbst hergestellt werden, wie die Beispiele Lidl und Edeka gezeigt haben, muss über den Hersteller eine gewisse Qualität gesichert werden. Bei mangelnder Qualität sind das Image der Handelsmarke und damit verbunden auch das Image des Handelsunternehmens in Gefahr. Dieser Faktor ist für alle Handelsunternehmen wichtig, egal ob im Food- oder Non-Food-Bereich. Gerade in der guten Produktqualität liegt ein entscheidender Faktor für die weitere Verbreitung von Handelsmarken. Weiterhin wurde auch aufgezeigt, dass die Verpackungsgestaltung von Handelsmarken zunehmend professioneller wird. Dadurch gelingt eine bessere Ansprache des Kunden am Point of Sale, was ebenso die Diffusion von Handelsmarken fördert (vgl. Bruhn 2001, S. 16). Hersteller versuchen oft, mit einer schnelleren Innovationspolitik dagegenzuhalten, was ihnen aber nur bedingt gelingt. Zum einen sind Hersteller von Handelsmarken deutlich schneller und ebenso innovativ. Zum anderen werden auch neue Markenprodukte sehr oft für einen Preiswettbewerb genutzt, was der Marke in Summe schaden kann.

Zusammenfassend werden mögliche Beteiligte am Prozess des Handelsmarkenmanagements aufgezeigt (siehe Abb. 2.41). Dabei ist für ein funktionierendes Handelsmarkenmanagement wichtig, dass es ein klares Commitment zu den Handelsmarken von Seiten der Geschäftsführung des Handelsunternehmens gibt. Darüber hinaus sind als Treiber des Prozesses auch die Leitung des Einkaufs bzw. die Leitung des Category Managements bedeutend. In vielen Handelsunternehmen sind die Handelsmarken in einer Art Stabsabteilung angesiedelt. Diese Art der organisatorischen Ausgestaltung soll u. a. sicherstellen, dass ein einheitliches Vorgehen bei den Handelsmarken warengruppenübergreifend vorhanden ist. In dieser Funktion kommt auch der Abteilung Handelsmarke eine große Bedeutung im Unternehmen zu. Die Situationsanalyse im Handelsmarkenmanagement sollte dabei maßgeblich von der Abteilung Unternehmensentwicklung oder

2.7 Zusammenfassung

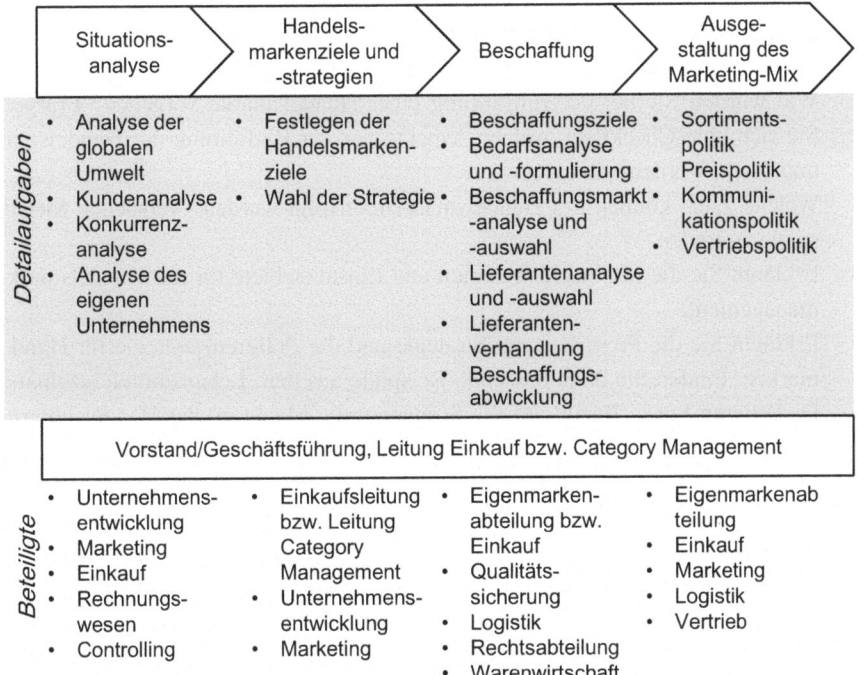

Abb. 2.41 Mögliche Beteiligte am Prozess des Handelsmarkenmanagements. (In Anlehnung an Dumke 1996, S. 250)

-strategie getrieben werden. Diese werden auf Unterstützung beispielsweise aus dem Marketing, der Marktforschung oder dem Rechnungswesen angewiesen sein. Auf Basis dieser Situationsanalyse kann das Handelsunternehmen für die Handelsmarken Ziele und Strategien formulieren. Diese Aufgabe liegt maßgeblich bei der Leitung des Einkaufs bzw. Leitung des Category Managements mit starker Überschneidung zur Geschäftsführung und zur Abteilung Handelsmarken. In diesem Zusammenhang ist die Wahl des Handelsmarkentyps sehr bedeutsam. Anschließend erfolgt die Beschaffung der Handelsmarken. Diese Aufgabe liegt maßgeblich im Einkauf bzw. Category Management. Eine Unterstützung erfolgt durch die Abteilung Handelsmarken. Bei der Ausgestaltung des Marketing-Mix ist die Abteilung Handelsmarken federführend und wird von Abteilungen wie Marketing oder dem Vertrieb unterstützt. Hierbei muss angemerkt werden, dass der Prozess didaktisch in einzelne Schritte untergliedert ist und in der Praxis nicht immer nacheinander ablaufen kann. Für die Beschaffung der Handelsmarken ist es beispielsweise wichtig, dass die genaue Bezeichnung der Handelsmarke und die Verpackungsgestaltung bereits feststehen. Das Controlling der Handelsmarken findet als Prozess begleitend über alle Phasen statt. Die Abteilungen Controlling und Handelsmarken sind dabei wichtige Beteiligte (vgl. Dumke 1996, S. 249 ff.).

Aufgaben zur Wiederholung und Vertiefung

1. Erklären Sie den Prozess des Handelsmarkenmanagements.
2. Wie würden Sie bei der Einführung einer Handelsmarke vorgehen? Erarbeiten Sie sich eine Checkliste, welche Aspekte vor der Einführung der Handelsmarke untersucht werden müssen.
3. Welche Ziele können mit Handelsmarken verfolgt werden? Versuchen Sie, Beispiele zu finden.
4. Erklären Sie die Marktfeldstrategien und Einsatzgebiete für das Handelsmarkenmanagement.
5. Erklären Sie die Preis-Mengen-Strategie und die Präferenzstrategie für Handelsmarken. Finden Sie dazu passende Beispiele aus dem Lebensmitteleinzelhandel. Diskutieren Sie in Bezug auf die Strategien die Macht großer Handelsunternehmen.
6. Welche Strategien stehen für Handelsmarken nach der Sortimentsbreite zur Verfügung? Welche Vor- und Nachteile sind mit den Strategiealternativen jeweils verbunden?
7. Diskutieren Sie die Vor- und Nachteile von regionalen Handelsmarken.
8. Welche Vorteile sehen Sie für Hellweg bei der Verwendung von Einzelmarken? Welche Nachteile sind damit verbunden? Würden Sie Hellweg empfehlen, eine Dachmarkenstrategie zu wählen? Begründen Sie Ihre Entscheidung.
9. Informieren Sie sich über das Unternehmen Veganz und entscheiden Sie, welche Option das Unternehmen im Rahmen der Markenarchitektur für seine Handelsmarken wählen sollte.
10. Erklären Sie, was unter dem Begriff der Identität einer Handelsmarke zu verstehen ist.
11. Wenden Sie das Markensteuerrad nach Esch für die Marke Prinzenrolle sowie eine vergleichbare Handelsmarke an. Worin bestehen Unterschiede? Versuchen Sie zu erklären, warum die Unterschiede vorhanden sind.
12. Welche Möglichkeiten bestehen, einen Namen für eine Handelsmarke zu vergeben? Nennen Sie jeweils Beispiele.
13. Welche Vor- und Nachteile sind mit einer Gleichsetzung des Namens der Händlermarke und der Handelsmarke verbunden?
14. Strukturieren Sie den Beschaffungsprozess von Handelsmarken in verschiedene Phasen. Führen Sie dazu aus, in welchen Phasen welche Tätigkeiten anfallen.
15. Welche Vor- und Nachteile sind mit der Strategie Local Sourcing verbunden? Für welchen Warenbereich ist diese Strategie bei Handelsmarken umsetzbar?
16. Welche Vor- und Nachteile sind mit der Strategie des Single Sourcings verbunden?
17. Welche Vor- und Nachteile haben Handelsunternehmen, wenn sie die Produktion von Handelsmarken eigenständig übernehmen?

2.7 Zusammenfassung

18. Analysieren Sie die Elemente eines Produkts im Vergleich der Nivea Creme mit einer vergleichbaren Handelsmarke. Welche Unterschiede können Sie identifizieren? Warum sind diese Unterschiede vorhanden?
19. Recherchieren Sie die eingesetzten Markennamen und Markenzeichen der Handelsmarken von Rewe und Edeka. Unterscheiden Sie dabei nach Gattungsmarken, klassischen Handelsmarken und Premium-Handelsmarken. Welche Gemeinsamkeiten und Unterschiede fallen Ihnen auf?
20. Aus welchen Elementen besteht das Branding-Dreieck? Gibt es Ihrer Meinung nach ein Element, das wichtiger ist als die anderen?
21. Was wird unter Limited Editions in Bezug auf Handelsmarken verstanden? Welche Vor- und Nachteile sind damit verbunden?
22. Welche Ziele verfolgt die Kommunikationspolitik in Bezug auf Handelsmarken? Erklären Sie die einzelnen Ziele unter Einbeziehung von Beispielen.
23. Was wird unter Verkaufsförderung verstanden? Welche Möglichkeiten der Präsentation von Handelsmarken gibt es?
24. Welche Vor- und Nachteile weisen Gratisproben von Handelsmarken beim Kauf von Herstellermarken auf?
25. Warum ist Social-Media-Marketing für die Zielerreichung von Handelsmarken geeignet? Welche Gefahren sehen Sie darin?
26. Analysieren Sie das Facebook-Profil von Lidl Deutschland und Edeka. Wie werden Handelsmarken bei den beiden Unternehmen auf Facebook repräsentiert?
27. Erklären Sie die verschiedenen Arten der Preisdifferenzierung im Handel und geben Sie Beispiele für das Handelsmarkenmanagement.
28. Welche Chancen und Gefahren sehen Sie bei einer Ausweitung der Handelsmarke Veganz auf andere Vertriebspartner?
29. Erklären Sie die drei Arten von Kennzahlen und nennen Sie jeweils Beispiele aus dem Handel.
30. Welche Besonderheiten weist das Handelscontrolling auf? Erklären Sie die Besonderheiten unter Nutzung eines selbst gewählten Beispiels.
31. Beschreiben Sie das Modell der Branchenstrukturanalyse nach Porter.
32. Welche Nachteile sehen Sie bei der Verwendung der Kennzahl Umsatz zum Controlling einer Handelsmarke? Welche Alternativen würden Sie empfehlen?
33. Berechnen Sie die Aufschlags- und die Abschlagsspanne für zwei Artikel der Handelsmarke Unverträglich. Gehen Sie von einem Mehrwertsteuersatz von 7 % aus.
    1. Unverträglich glutenfreies Mehl 1 kg: Verkaufspreis (brutto): 2,29 EUR, Einkaufspreis (netto): 1,75 EUR
    2. Unverträglich glutenfreie Spaghetti 500 g: Verkaufspreis (brutto): 2,09 EUR, Einkaufspreis (netto): 1,29 EUR

    Sie haben sich bei der Kalkulation eigentlich vorgenommen, immer mehr als 25 % auf den Einkaufspreis aufzuschlagen. Erfüllt das jeder Artikel?

Literatur

Ahlert, D., Kenning, P., & Schneider, D. (2000). *Markenmanagement im Handel. Strategien – Konzepte – Praxisbeispiele.* Wiesbaden: Gabler.

Ahlert, D., Kenning, P., & Schneider, D. (2001). Das Wachstum der Handelsmarken – Ursachen und Zukunftsperspektiven. In M. Bruhn (Hrsg.), *Handelsmarken. Zukunftsperspektiven der Handelsmarkenpolitik* (3. Aufl., S. 3–48). Stuttgart: Schäffer-Poeschel.

Aldi Nord. (2014). Presseinformation. Aldi sorgt mit eigener Rückerverfolgbarkeitsplattform für mehr Transparenz. http://www.aldi-nord.de/print/_presseinformation/ALDI-NORD_Rueckverfolgbarkeit_Fleisch_und_Wurst_20140904.pdf. Zugegriffen: 5. Aug. 2015.

Aldi Süd. (2015). Tandil. https://www.aldi-sued.de/de/sortiment/eigenmarken/tandil/. Zugegriffen: 11. Juni 2015.

Allfacebook. (2014). Facebook Nutzerzahlen Deutschland. http://www.allfacebook.de/userdata/deutschland.php. Zugegriffen: 6. Apr. 2014.

ARD/ZDF Onlinestudie. (2014). Onlineanwendungen. http://www.ard-zdf-onlinestudie.de/index.php?id=502. Zugegriffen: 2. Apr. 2015.

ARD/ZDF Onlinestudie. (2015). Onlinenutzung. http://www.ard-zdf-onlinestudie.de/index.php?id=530. Zugegriffen: 4. Febr. 2016.

Arnolds, H., Heege, F., Röh, C., & Tussing, W. (2013). *Materialwirtschaft und Einkauf. Grundlagen – Spezialthemen – Übungen* (12. Aufl.). Wiesbaden: Springer Gabler.

Banner, T. (2014). YouTube: 300 Stunden neues Videomaterial pro Minute. Social Media Statistiken. http://www.socialmediastatistik.de/youtube-300-stunden-neues-videomaterial-pro-minute/. Zugegriffen: 2. Apr. 2015.

Barth, K., Hartmann, M., & Schröder, H. (2015). *Betriebswirtschaftslehre des Handels* (7. Aufl.). Wiesbaden: Springer Gabler.

Baumgarth, C. (2014). *Markenpolitik. Markentheorien, Markenwirkungen, Markenführung, Markencontrolling, Markenkontexte* (4. Aufl.). Wiesbaden: Springer Gabler.

Bea, F. X., & Haas, J. (2013). *Strategisches Management* (6. Aufl.). Konstanz: UVK.

Becker, J. (2013). *Marketing-Konzeption. Grundlagen des ziel-strategischen und operativen Marketing-Managements.* München: Vahlen.

Becker, J., & Winkelmann, A. (2014). *Handelscontrolling* (3. Aufl.). Wiesbaden: Springer Gabler.

Becker, J.-M., Schnittka, O., & Völckner, F. (2014). Wertschöpfung durch Handelsmarken. In W. Reinartz & M. Käuferle (Hrsg.), *Wertschöpfung im Handel* (S. 84–101). Stuttgart: Kohlhammer.

Benkenstein, M., & Uhrich, S. (2009). *Strategisches Marketing. Ein wettbewerbsorientierter Ansatz* (3. Aufl.). Stuttgart: Kohlhammer.

Berentzen, J. B. (2010). *Handelsmarkenmanagement. Solution Selling in vertikalen Wertschöpfungsnetzwerken.* Wiesbaden: Gabler Research.

Berndt, R., Fantapié Altobelli, C., & Sander, M. (1997). *Internationale Marketing-Politik.* Heidelberg: Springer.

bevh. (2015). Aktuelle Zahlen zum Interaktiven Handel. https://www.bevh.org/markt-statistik/zahlen-fakten/. Zugegriffen: 16. Apr. 2014.

Bitkom. (2015). 77 Prozent der Online-Shopper kaufen mehrmals pro Monat im Internet. https://www.bitkom.org/Presse/Presseinformation/77-Prozent-der-Online-Shopper-kaufen-mehrmals-pro-Monat-im-Internet.html. Zugegriffen: 27. März 2016.

Bruhn, M. (1997). Das Konzept des Markentypenlebenszyklus. In M. Bruhn (Hrsg.), *Handelsmarken. Zukunftsperspektiven der Handelsmarkenpolitik* (2. Aufl., S. 117–152). Stuttgart: Schäffer-Poeschel.

Bruhn, M. (2001). Bedeutung der Handelsmarke im Markenwettbewerb – eine Einführung. In M. Bruhn (Hrsg.), *Handelsmarken. Zukunftsperspektiven der Handelsmarkenpolitik* (3. Aufl., S. 3–48). Stuttgart: Schäffer-Poeschel.

Bruhn, M. (2012). Handelsmarken – Erscheinungsformen, Potenziale und strategische Stoßrichtungen. In J. Zentes, B. Swoboda, D. Morschett, & H. Schramm-Klein (Hrsg.), *Handbuch Handel: Strategien – Perspektiven – Internationaler Wettbewerb* (2. Aufl., S. 543–563). Wiesbaden: Springer Gabler.

Bruhn, M. (2015). *Kommunikationspolitik. Systematischer Einsatz der Kommunikation für Unternehmen* (8. Aufl.). München: Vahlen.

Buchholz, L. (2013). *Strategisches Controlling* (2. Aufl.). Wiesbaden: Springer Gabler.

Bundesagentur für Arbeit. (2014). Arbeitsmarkt in Deutschland, Zeitreihen bis 2013. https://statistik.arbeitsagentur.de/Statistikdaten/Detail/201312/analyse/analyse-arbeitsmarkt-zeitreihen/analyse-arbeitsmarkt-zeitreihen-d-0-201312-pdf.pdf. Zugegriffen: 23. Apr. 2015.

Bundeskartellamt. (2014). Sektoruntersuchung Lebensmitteleinzelhandel. Darstellung und Analyse der Strukturen und des Beschaffungsverhaltens auf den Märkten des Lebensmitteleinzelhandels in Deutschland. http://www.bundeskartellamt.de/Sektoruntersuchung_LEH.pdf%3F__blob%3DpublicationFile%26v%3D7. Zugegriffen: 16. Apr. 2015.

Burmann, C., Halaszovich, T., & Hemmann, F. (2015). *Identitätsbasierte Markenführung. Grundlagen – Strategie – Umsetzung – Controlling* (2. Aufl.). Wiesbaden: Springer Gabler.

Camphausen, B. (2007). *Strategisches Management* (2. Aufl.). München: Oldenbourg.

Celko, M., & Jánszky, S. (2014). Die Zukunft des Stationären Handels. Trendstudie des 2b Ahead ThinkTanks. http://2bahead.com/fileadmin/content/janszky/pdf/Trendstudie_Die_Zukunft_des_stationaeren_Handels_klein.pdf. Zugegriffen: 21. Mai 2015.

Coop. (2015). Unser Norden. http://www.unser-norden.de/index.php?id=981. Zugegriffen: 9. Apr. 2015.

Coop Schweiz. (2015). JaMaDu für die schlaue Ernährung. http://www.coop.ch/pb/site/common2/node/75334492/Lde/index.html. Zugegriffen: 30. Apr. 2015.

Deichmann. (2013). Jubiläums-Magazin 2013. http://www.deichmann.com/DE/de/corp/downloads/D-intern_1_13_deutsch.pdf. Zugegriffen: 9. Apr. 2015.

Dhar, S. K., & Hoch, S. J. (1997). Why store brand penetration varies by retailer. *Marketing Science, 16*(3), 208–227.

Diering, C. (2013). Tüte und Bon(g) – Edeka polarisiert mit Kiffer-Clip. Welt Online. http://www.welt.de/wirtschaft/article121852944/Tuete-und-Bon-g-Edeka-polarisiert-mit-Kiffer-Clip.html. Zugegriffen: 7. Aug. 2015.

Diller, H. (2008). *Preispolitik* (4. Aufl.). Stuttgart: Kohlhammer.

dm marken insider. (2015). 20 Jahre balea – Happy birthday limited edition. https://www.dm-marken-insider.de/unsere-neuigkeiten/88. Zugegriffen: 5. Aug. 2015.

Dumke, S. (1996). *Handelsmarkenmanagement*. Hamburg: S + W.

Edeka. (2015a). Unsere Eigenmarken – EDEKA Italia. http://www.edeka.de/unsere-marken/eigenmarken-lebensmittel/edeka-italia/edeka_italia.jsp. Zugegriffen: 7. Mai 2015.

Edeka. (2015b). Unsere Eigenmarken – EDEKA La France. http://www.edeka.de/unsere-marken/eigenmarken-lebensmittel/edeka-la-france/edeka_lafrance.jsp. Zugegriffen: 7. Mai 2015.

Edeka. (2016). Das große Marken Lotto von EDEKA und Unilever. https://www.edeka.de/gewinnspiele/aktuelle-gewinnspiele/das-grosse-marken-lotto/das-grosse-marken-lotto.jsp. Zugegriffen: 25. Apr. 2016.

Edeka-Verbund. (2012). Edeka-Verbund Unternehmensbericht 2011. Unser Auftrag: Zukunft gestalten! http://www.edeka-verbund.de/Unternehmen/media/edeka_gruppe/presse/mediathekallgemein/geschaeftsberichte/edeka_gb_2011/EDEKA_Unternehmensbericht-2011.pdf. Zugegriffen: 30. Apr. 2015.

Edeka-Verbund. (2014). Der „Edeka-Selbermacher": Gewinner-Produkte ab sofort exklusiv bei EDEKA erhältlich. http://www.edeka-verbund.de/Unternehmen/de/presse/newsservices/presse_3/presse_detail_gruppe_744836.jsp. Zugegriffen: 16. Apr. 2015.

Eggert, U. (2006). Wettbewerbliches Umfeld – Konsumenten, Lieferanten, Konkurrenten. In J. Zentes (Hrsg.), *Handbuch Handel* (S. 23–48). Wiesbaden: Gabler.

Enge, L. (2015). Facebook (Nutzer-) Zahlen Quartal 4/2014. Social Media Statistiken. http://www.socialmediastatistik.de/facebook-nutzer-zahlen-quartal-42014/. Zugegriffen: 7. Aug. 2015.

Erdem, T., & Swait, J. (1998). Brand equity as a signaling phenomenon. *Journal of Consumer Psychology, 7*(2), 131–157.

Esch, F.-R. (2014). *Strategie und Technik der Markenführung* (8. Aufl.). München: Vahlen.

Esch, F.-R., & Langner, T. (2005). Gestaltung von Markenlogos. In F.-R.- Esch (Hrsg.), *Moderne Markenführung* (4. Aufl., S. 603–628). Wiesbaden: Gabler.

FAZ. (2015). Neue Masche bei Discountern. Preiskampf mit Jack Daniel's. http://www.faz.net/aktuell/rhein-main/aldi-und-lidl-preiskampf-mit-jack-daniel-s-13712829.html. Zugegriffen: 18. Aug. 2015.

Gedenk, K. (2009). Verkaufsförderung. In M. Bruhn, F.-R. Esch, & T. Langner (Hrsg.), *Handbuch Kommunikation. Grundlagen – Innovative Ansätze – Praktische Umsetzung* (S. 267–283). Wiesbaden: Gabler.

Geyskens, I., Gielens, K., & Gijsbrechts, E. (2010). Proliferating private-label portfolios: How introducing economy and premium private labels influence brand choice. *Journal of Marketing Research, 47*(5), 791–807.

Gladen, W. (2014). *Performance measurement. Controlling mit Kennzahlen* (6. Aufl.). Wiesbaden: Springer Gabler.

Globus. (2015a). Einkaufen zum tiefen Preis – „korrekt". http://www.globus.de/de/marken/eigenmarken/korrekt/korrekt.html. Zugegriffen: 30. Apr. 2015.

Globus. (2015b). Die Eigenmarke Globus – Qualität und Frische. http://www.globus.de/de/marken/eigenmarken/globus/globus.html. Zugegriffen: 30. Apr. 2015.

Globus. (2015c). Spitzenqualität für Genießer. http://www.globus.de/de/marken/eigenmarken/globus_gold/globus_gold.html. Zugegriffen: 30. Apr. 2015.

Grabbe, H. (2014). Gut gegen Gut. Zeit Online. http://www.zeit.de/2014/36/hamburg-drogeriekette-budni-dm/seite-4. Zugegriffen: 1. Mai 2016.

Haedrich, G., & Tomczak, T. (1996). *Strategische Markenführung. Planung und Realisierung von Marketingstrategien für eingeführte Produkte* (2. Aufl.). Bern: UTB.

Hahn Gruppe. (2014). *Retail Real Estate Report Germany* (9. Ausgabe). Bergisch Gladbach: Hahn Gruppe.

Hahn Gruppe. (2015). *Retail Real Estate Report Germany* (10. Ausgabe). Bergisch Gladbach: Hahn Gruppe.

Haller, S. (2008). *Handelsmarketing* (4. Aufl.). Ludwigshafen: Kiehl.

Handelsblatt. (2014). Rewe-Chef wirft Aldi „Wertvernichtung" vor. http://www.handelsblatt.com/unternehmen/handel-konsumgueter/lebensmittelhandel-rewe-chef-wirft-aldi-wertvernichtung-vor/9571070.html. Zugegriffen: 29. Apr. 2015.

HDE. (2014). *Zahlenspiegel 2014*. Berlin: Handelsverband Deutschland.

Hettler, U. (2010). *Social Media Marketing. Marketing mit Blogs, Sozialen Netzwerken und weiteren Anwendungen des Web 2.0*. München: Oldenbourg.

Homburg, C. (2015). *Marketingmanagement* (5. Aufl.). Wiesbaden: Springer Gabler.

Horváth, P. (2011). *Controlling* (12. Aufl.). München: Vahlen.

Katag. (2015). Marken. (The Mercer) N. Y. http://www.katag.net/de/marken/themercerny.html. Zugegriffen: 8. Apr. 2015.

Kenning, P., & Eberhardt, T. (2012). Methoden der Preisbildung. In J. Zentes, B. Swoboda, D. Morschett, & H. Schramm-Klein (Hrsg.), *Handbuch Handel. Strategien – Perspektiven – Internationaler Wettbewerb* (2. Aufl., S. 609–629). Wiesbaden: Springer Gabler.

Kilian, T., & Langner, S. (2010). *Online-Kommunikation. Kunden zielsicher verführen und beeinflussen*. Wiesbaden: Gabler.

Kloss, I. (2012). *Werbung. Handbuch für Studium und Praxis* (5. Aufl.). München: Vahlen.

Koppelmann, U. (2004). *Beschaffungsmarketing* (4. Aufl.). Berlin: Springer.

Kreutzer, R. T. (2013). *Praxisorientiertes Marketing. Grundlagen – Instrumente – Fallbeispiele* (4. Aufl.). Wiesbaden: Springer Gabler.

Kreutzer, R. T. (2014). *Praxisorientiertes Online-Marketing. Konzepte – Instrumente – Checklisten* (2. Aufl.). Wiesbaden: Springer Gabler.

Lammenett, E. (2014). *Praxiswissen Online-Marketing* (4. Aufl.). Wiesbaden: Springer Gabler.

Large, R. O. (2013). *Strategisches Beschaffungsmanagement* (5. Aufl.). Wiesbaden: Springer Gabler.

Lebensmittelzeitung. (2015a). Herstellermarke nimmt Handelsmarke huckepack. *Lebensmittelzeitung, 27*, S. 140.

Lebensmittelzeitung. (2015b). Monster fordert Red Bull heraus. *Lebensmittelzeitung, 52*, S. 8.

Lebensmittelzeitung. (2015c). Mit passgenauen Konzepten zur Wertsteigerung. *Lebensmittelzeitung, 21*, S. 60 (22.05.2015).

Lidl. (2015). Ein gutes Stück Heimat. http://www.lidl.de/de/ein-gutes-stueck-heimat/s862. Zugegriffen: 9. Apr. 2015.

Lidl Gerneküche. (08/2015). Gerneküche Magazin, August 2015. http://www.lidl-pageflip.com/de.html?kid=IshMmj. Zugegriffen: 8. Aug. 2015.

Liebmann, H.-P., & Foscht, T. (2004). Bedeutung der Handelsforschung für die Markenführung. In M. Bruhn (Hrsg.), *Handbuch Markenführung. Kompendium zum erfolgreichen Markenmanagement* (2. Aufl., Bd. 1, S. 483–499). Wiesbaden: Gabler.

Lohmann, M., & Gerling, M. (2015). Digitales Marketing. Print geht, digital kommt. In Bitkom, EHI Retail Institute, GS1 Germany, & KPMG (Hrsg.), *Technologie-Atlas Einzelhandel. Ein Handbuch für Führungskräfte* (S. 51–53). Augsburg: KPMG AG.

LZ-Net. (2014). Top 10 Fleischwerke des Handels 2014. http://www.lebensmittelzeitung.net/business/daten-fakten/rankings/Top-10-Fleischwerke-des-Handels-2014_586.html#rankingTable. Zugegriffen: 11. Juni 2015.

LZ-Net. (2015a). TOP 20 werbungtreibende Händler 2015. http://www.lebensmittelzeitung.net/business/daten-fakten/rankings/Top-20-werbungtreibende-Haendler-2015_604.html#rankingTable. Zugegriffen: 6. Aug. 2015.

LZ-Net. (2015b). TOP 20 werbungtreibende FMCG-Hersteller 2015. http://www.lebensmittelzeitung.net/business/daten-fakten/rankings/Top-20-werbungtreibende-FMCG-Hersteller-2015_605.html#rankingTable. Zugegriffen: 6. Aug. 2015.

Mattmüller, R., & Tunder, R. (2004). Handelsmarkenstrategie. In M. Bruhn (Hrsg.), *Handbuch Markenführung. Kompendium zum erfolgreichen Markenmanagement* (2. Aufl., Bd. 1, S. 949–973). Wiesbaden: Gabler.

Medienpädagogischer Forschungsverbund Südwest. (Hrsg.). (2014). JIM 2014. Jugend, Information, (Multi-) Media. http://www.mpfs.de/fileadmin/JIM-pdf14/JIM-Studie_2014.pdf. Zugegriffen: 4. Febr. 2016.

Medienpädagogischer Forschungsverbund Südwest. (Hrsg.). (2015). JIM 2015. Jugend, Information, (Multi-) Media. http://www.mpfs.de/fileadmin/JIM-pdf15/JIM_2015.pdf. Zugegriffen: 4. Febr. 2016.

MED-Magazin. (2006). Viva Vital – Wegweiser zur gesunden Ernährung. http://www.med-magazin.de/article1220.html. Zugegriffen: 8. Apr. 2015.

Meffert, H., Burmann, C., & Kirchgeorg, M. (2015). *Marketing. Grundlagen marktorientierter Unternehmensführung. Konzepte – Instrumente – Praxisbeispiele* (12. Aufl.). Wiesbaden: Springer Gabler.
Metro Group. (2015). Our business. http://www.metrogroup.de/en/metro-cash-and-carry/about/business-model. Zugegriffen: 9. Apr. 2015.
Müller-Hagedorn, L., Toporowski, W., & Zielke, S. (2012). *Der Handel. Grundlagen – Management – Strategien* (2. Aufl.). Stuttgart: Kohlhammer.
Nagel, M., & Mieke, C. (2014). *BWL-Methoden. Handbuch für Studium und Praxis*. Konstanz: UVK/Lucius.
Nielsen. (2014). Deutschland 2014. Handel, Verbraucher, Werbung. http://www.nielsen.com/content/dam/nielsenglobal/eu/nielseninsights/pdfs/Nielsen_Universen_D_2014_Inet.pdf. Zugegriffen: 16. Apr. 2014.
NOZ. (2015). Alnatura und Rapunzel. Rückrufaktionen bei Bio-Lebensmitteln häufen sich. http://www.noz.de/deutschland-welt/gut-zu-wissen/artikel/542548/ruckrufe-von-bio-nahrungsmitteln-haufen-sich. Zugegriffen: 11. Juni 2015.
OBI. (2015). OBI Eigenmarken. http://www.obi.de/de/eigenmarken/index.html. Zugegriffen: 7. Aug. 2015.
Oehme, W. (2001). *Handels-Marketing. Vom namenlosen Absatzmittler zur markanten Retail Brand* (3. Aufl.). München: Vahlen.
Otto Group. (2015). Schwab/sheego. http://www.ottogroup.com/de/die-otto-group/konzernfirmen/schwab.php. Zugegriffen: 18. Juni 2015.
Penny. (2015). Frische Snacks für schnelle Genießer. Penny to go. http://www2.penny.de/eigenmarken/penny-to-go/penny-to-go/. Zugegriffen: 18. Juni 2015.
Persil. (2015). Persil Universal Pulver. http://www.persil.de/de/produkte/persil-universal/persil-universal-pulver.cky.html. Zugegriffen: 11. Juni 2015.
Pick, D. (2013). Knappheit im Einzelhandel – Status Quo der Forschung und eine Arbeitsagenda. In G. Crockford (Hrsg.), *Handel in Theorie und Praxis* (S. 183–207). Wiesbaden: Springer Gabler.
Pick, D., & Kenning, P. (2012). Kommunikation von Knappheit im Einzelhandel. *Transfer Werbeforschung & Praxis, 58*(2), 47–57.
Porter, M. E. (1999). *Wettbewerbsstrategie. Methoden zur Analyse von Branchen und Konkurrenten* (10. Aufl.). Frankfurt a. M.: Campus.
Porter, M. E. (2008). The five competitive forces that shape strategy. *Harvard Business Review, 86*(1), 78–93.
Presseportal. (2015). Norma: Spitzenreiter bei Bio- und vegetarischen Lebensmitteln auf der BIOFACH 2015. http://www.presseportal.de/pm/62097/2945288/norma-spitzenreiter-bei-bio-und-vegetarischen-lebensmitteln-auf-der-biofach-2015-dlg-bestaetigt. Zugegriffen: 9. Apr. 2015.
pwc. (2015). Total Retail 2015, Wie disruptive Faktoren den deutschen Handel herausfordern. https://www.pwc.de/de/publikationen/paid_pubs/geschaeft-mobile-und-social-werden-beim-einkauf-unzertrennlich.pdf. Zugegriffen: 16. Apr. 2015.
Raeber, R. (2001). Handelsmarken und Handelsmarkenpolitik – Erfahrungsberichte aus der Perspektive eines Herstellerunternehmens. In M. Bruhn (Hrsg.), *Handelsmarken. Zukunftsperspektiven der Handelsmarkenpolitik* (3. Aufl., S. 335–345). Stuttgart: Schäffer-Poeschel.
Real (2016). Handzettel KW, *2016*(14).
Reidel, M. (2012). Spot-Premiere. Penny launcht neue Eigenmarke mit hohem Werbedruck. http://www.horizont.net/marketing/nachrichten/-Spot-Premiere-Penny-launcht-neue-Eigenmarke-mit-hohem-Werbedruck-107371. Zugegriffen: 19. Febr. 2015.
Rewe. (2015). Rewe Regional. Aus Ihrer Region für Ihre Region. https://www.rewe.de/marken/regional.html. Zugegriffen: 9. Apr. 2015.

Rewe Group. (2015). Vertriebslinien Penny. http://www.rewe-group.com/vertriebslinien/penny/. Zugegriffen: 19. Febr. 2015.

Rewe Marburg. (2015). Rewe Eigenmarken. http://www.rewe-marburg.de/rewe-marburg/img/eigenmarken.jpg. Zugegriffen: 29. Juli 2015.

Rosbach, B. (28.03.2014). Zuckerbergs große Werbemaschine. *Lebensmittelzeitung, 13*, S. 48–49.

Rudolph, T., & Brandstetter, J. (1995). Mehr Erfolg mit neuen Produkten. Modell zur vertikalen Profilierung. Dargestellt am Beispiel Brot. *Dynamik im Handel, 39*(9), 101–108.

Saal, M. (2012). Lidl startet Werbeoffensive im TV. http://www.horizont.net/marketing/nachrichten/-Lidl-startet-Werbeoffensive-im-TV-110083. Zugegriffen: 7. Aug. 2015.

Schenk, H.-O. (1984). *Handelsmarken als Instrument Strategischer Handelsbetriebsführung*. Duisburg: Universität Duisburg.

Schenk, H.-O. (2001). Funktionen, Erfolgsbedingungen und Psychostrategie von Handels- und Gattungsmarken. In M. Bruhn (Hrsg.), *Handelsmarken. Zukunftsperspektiven der Handelsmarkenpolitik* (3. Aufl., S. 71–98). Stuttgart: Schäffer-Poeschel.

Schenk, H.-O. (2004). Handels-, Gattungs- und Premiummarken des Handels. In M. Bruhn (Hrsg.), *Handbuch Markenführung. Kompendium zum erfolgreichen Markenmanagement* (2. Aufl., Bd. 1, S. 119–150). Wiesbaden: Gabler.

Schipper Company. (2016). Von dm nur bei dm. http://www.schippercompany.com/portfolio/dm-alles-gute-2/. Zugegriffen: 1. Mai 2016.

Schlesinger, A. (1991). *Zur Analyse des Beschaffungsbedarfs*. Köln: Fördergesellschaft Produkt-Marketing e. V.

Schnittka, O., Becker, J.-M., Gedenk, K., Sattler, H., Victoria Velleda, I., & Völckner, F. (2015). Does chain labeling make private labels more successful? *Schmalenbachs Business Review, 67*(1), 92–113.

Schürmeyer, J. (2015). Milchpreise könnten weiter sinken. NWZ online. http://www.nwzonline.de/wirtschaft/milchpreise-koennten-weiter-sinken-milchpreise-koennten-weiter-sinken_a_29,0,1611708568.html. Zugegriffen: 17. Juni 2015.

Shopper Insights. (2015). Potenzialmatrix. https://www.shopper-insights.de/module.php. Zugegriffen: 9. Juli 2015.

Spiegel Online. (2014). Nutzerzahlen: Instagram überholt Twitter. http://www.spiegel.de/netzwelt/web/instagram-und-twitter-300-millionen-nutzer-bei-fotodienst-registriert-a-1007792.html. Zugegriffen: 2. Apr. 2015.

Statistische Ämter des Bundes und der Länder (Hrsg.). (2011). *Demografischer Wandel in Deutschland, Heft 1: Bevölkerungs- und Haushaltsentwicklung in Bund und allen Ländern*. Wiesbaden: Statistisches Bundesamt.

Statistisches Bundesamt. (2014). *Bevölkerung und Erwerbstätigkeit. Natürliche Bevölkerungsbewegung. 2012*. Wiesbaden: Statistisches Bundesamt.

Statistisches Bundesamt. (2015). Private Konsumausgaben – Deutschland. https://www.destatis.de/DE/ZahlenFakten/GesellschaftStaat/EinkommenKonsumLebensbedingungen/Konsumausgaben/Tabellen/PrivateKonsumausgaben_D.html. Zugegriffen: 22. Apr. 2015.

Statistisches Bundesamt. (2016). *Volkswirtschaftliche Gesamtrechnungen. Bruttoinlandsprodukt, Bruttonationaleinkommen, Volkseinkommen. Lange Reihen ab 1925. 2015*. Wiesbaden: Statistisches Bundesamt.

Stiftung Warentest. (2005). Vollwaschmittel. https://www.test.de/Vollwaschmittel-Billig-waescht-besser-1240600-1240927/. Zugegriffen: 11. Juni 2015.

Sywottek. (2010). Aus der Deckung. http://www.brandeins.de/archiv/2010/marke/aus-der-deckung/. Zugegriffen: 18. Juni 2015.

Theobald, T. (2015). Edeka und der lustige Fauxpas mit dem Stolz. http://www.horizont.net/agenturen/nachrichten/Jung-von-Matt-Edeka-und-der-lustige-Fauxpas-mit-dem-Stolz-134727. Zugegriffen: 8. Aug. 2015.

TK-Report. (2015). Coppenrath & Wiese bleibt Coppenrath & Wiese. http://www.tk-18.de/2015/03/06/coppenrath-wiese-bleibt-coppenrath-wiese/. Zugegriffen: 18. Juni 2015.

Tomczak, T., Kuß, A., & Reinecke, S. (2014). *Marketingplanung. Einführung in die marktorientierte Unternehmens- und Geschäftsfeldplanung* (7. Aufl.). Wiesbaden: Springer Gabler.

Vahie, A., & Paswan, A. (2006). Private label brand image: Its relationship with store image and national brand. *International Journal of Retail & Distribution Management, 34*(1), 67–84.

Vanderhuck, R. W. (2001). Marketingmix für Handelsmarken – Power am Point of Sale. In M. Bruhn (Hrsg.), *Handelsmarken. Zukunftsperspektiven der Handelsmarkenpolitik* (3. Aufl., S. 313–332). Stuttgart: Schäffer-Poeschel.

Veganz. (2016). Veganz bald deutschlandweit im dm-Regal. https://veganz.de/de/blog/veganz-bald-deutschlandweit-im-dm-regal/. Zugegriffen: 13. Juni 2016.

Wagner, U., Jamsawang, J., & Seher, F. (2012). Preisorientierte Aktionspolitik. In J. Zentes, B. Swoboda, D. Morschett, & H. Schramm-Klein (Hrsg.), *Handbuch Handel: Strategien – Perspektiven – Internationaler Wettbewerb* (2. Aufl., S. 585–607). Wiesbaden: Springer Gabler.

Wassink, M. (2007). Mogelpackung Unser Norden. Hamburger Abendblatt 5. Mai 2007. http://www.abendblatt.de/wirtschaft/article107233952/Mogelpackung-Unser-Norden.html. Zugegriffen: 21. Jan. 2016.

Weinberg, T. (2014). *Social Media Marketing. strategien für twitter, facebook & Co* (4. Aufl.). Köln: O'Reilly.

Zarella, D. (2010). *Das Social-Media-Marketing-Buch*. Köln: O'Reilly.

ZAW. (2014). *Werbung 2014*. Berlin: Edition zaw.

Zeit Online. (2015). Milch im Überfluss. http://www.zeit.de/wirtschaft/2015-01/milchpreis-landwirtschaft. Zugegriffen: 17. Juni 2015.

Zentes, J., & Hilt, C. (2008). Handelsmarken-Portfolio als Profilierungsinstrument von Handelsunternehmen. In H.-H. Bauer, F. Huber, & C.-M. Albrecht (Hrsg.), *Erfolgsfaktoren der Markenführung. Know-how aus Forschung und Management* (S. 487–499). München: Vahlen.

Zentes, J., Swoboda, B., & Foscht, T. (2012). *Handelsmanagement* (3. Aufl.). München: Vahlen.

Handelsmarken in verschiedenen Branchen – Fallstudien

3

> **Zusammenfassung**
> In diesem Kapitel werden anhand von zwei Fallstudien die behandelten Inhalte des Buches angewendet. Dazu wurden zwei Fallstudien konzipiert, die auf realistischen Inhalten basieren.

3.1 Drogerieeinzelhandel

In dieser Fallstudie werden die Entwicklungen des Drogeriebereichs in Deutschland behandelt. Am Ende der Fallstudie befinden sich Fragen.

3.1.1 Situationsanalyse

Der Drogerieeinzelhandel in Deutschland befindet sich in einem intensiven Wettbewerb, welchen das Unternehmen Schlecker im Jahr 2012 mit der Insolvenz nicht überstand. Doch wie konnte es so weit kommen? Bis auf Budnikowsky, dessen Anfänge auf ein Seifen-Geschäft im Jahr 1912 zurückgehen, sind alle anderen drei Wettbewerber fast im selben Jahr entstanden. 1972 eröffnete Rossmann seinen ersten Drogeriemarkt, 1973 folgten Müller und dm (vgl. Budni 2016; dm 2016a; Müller 2016; Rossmann 2016a). Im Jahr 1974 eröffnete Anton Schlecker seinen ersten Drogeriemarkt, der bereits 1977 mehr als 100 Filialen hatte. Insbesondere Schlecker legte ein hohes Expansionstempo an den Tag. Lange Zeit galt im Drogerieeinzelhandel eine Art Nicht-Angriffspakt. Mit Ausnahme von Schlecker, der deutschlandweit aktiv war, regierte Rossmann im Norden und Osten Deutschlands, dm in Hessen sowie dem Rhein-Main-Gebiet, Budnikowsky in Hamburg sowie Müller in Süddeutschland (vgl. Kaever 2014). Jedes Unternehmen hatte die Konkurrenz somit nicht zu fürchten. Das änderte sich spätestens ab dem Jahr

2000. In diesem und in Folgejahren machte Rossmann durch verschiedene Übernahmen und Kooperationsverträge auf sich aufmerksam. Bereits im Jahr 2004 expandierte Rossmann nach Süddeutschland (Müller-Reich) sowie ins Rhein-Main-Gebiet und nach Hessen (dm-Reich). Seitdem eröffneten insbesondere Rossmann und dm jedes Jahr immer mehr neue Filialen. Mehrere mittelständische Anbieter konnten dem zunehmenden Wettbewerb nicht standhalten und zogen sich zurück. Zumal der Wettbewerb beispielsweise auch durch die massive Einlistung von Drogerieartikeln im Lebensmitteleinzelhandel angefacht wurde und wird. Als Beispiel kann hier Lidl angeführt werden, der 2005 anfing, ein umfangreiches Drogeriesortiment mit vielen Markenartikeln ins Sortiment aufzunehmen (vgl. Frank und Schuster 2005). Der Höhepunkt des Wettbewerbs im Drogerieeinzelhandel war sicherlich die Insolvenz von Schlecker im Jahr 2012. Trotz mehrerer Versuche, den einstigen Giganten noch zu retten, wurden alle Filialen im Jahr 2012 geschlossen. Letztlich konnten insbesondere die anderen Drogerieunternehmen, in erster Linie dm und Rossmann, von der Insolvenz Schleckers profitieren (Reimann 2014). Die nachfolgende Chronik versucht, einen Überblick über die Ereignisse ab dem Jahr 2000 zu geben:

Chronik der Schlecker-Insolvenz

- 2000: Das Unternehmen Ihr Platz übernimmt die Drogeriemärkte drospa von Douglas.
- 2000: Rossmann übernimmt 90 Idea-Märkte der Rewe-Gruppe in Norddeutschland und Ostdeutschland.
- 2003: Kooperation zwischen kd und Rossmann (bereits 70 Filialen übernommen), für die anderen Filialen wurden der Einkauf und die Konzeption der Werbung übernommen.
- 01.05.2005: Übernahme kd durch Rossmann, 280 Filialen, wodurch u. a. die Präsenz in Frankfurt a. M. und Berlin verstärkt wurde.
- Sommer 2005: Rewe trennt sich komplett von idea. Die Filialen werden an Schlecker und dm verkauft.
- 2005: Die Drogeriekette Ihr Platz meldet Insolvenz an. Zwei Finanzinvestoren stiegen in das Unternehmen ein. Es folgte eine Modernisierung.
- 2007: Übernahme von Ihr Platz durch Schlecker.
- Ende 2007 übernahm Rossmann rund 160 Filialen von Kloppenburg.
- Januar 2012: Schlecker meldet Insolvenz an.
- März 2012: Auch die Schlecker-Tochter Ihr Platz meldet Insolvenz an. Rossmann übernimmt später gut 20 % der Ihr-Platz-Filialen. Rossmann hatte bereits die Ihr-Platz-Bahnhofsfilialen übernommen und bietet dort auch Fein- und Tiefkühlkost, Molkereiprodukte sowie Brot an.

3.1 Drogerieeinzelhandel

- Im Juni 2012 wird das Ende von Schlecker endgültig beschlossen. Alle noch vorhandenen Schlecker-Filialen werden geschlossen. Es konnte kein Investor gefunden werden.
- 2014: Budnikowsky beendet die Kooperation mit dm, nachdem dm eigene Filialen in Hamburg eröffnet hat.

Quellen: Spiegel Online 2009; Remmert 2007; Welt 2007; Handelsblatt 2005; Spiegel Online 2005; RP Online 2003.

Die Entwicklung der Filialanzahl von Drogerieunternehmen insgesamt sowie der Umsätze ist in Abb. 3.1 dargestellt. In der Entwicklung der Filialanzahl ist die Insolvenz Schleckers deutlich zu erkennen. Der Umsatz hat sich im Jahr 2013 wieder erholt und sogar die Werte davor überstiegen. Insgesamt wird deutlich, dass der Drogerieeinzelhandel nicht unter der Insolvenz von Schlecker gelitten hat. Ganz im Gegenteil: Rossmann und dm liefern sich heute in Deutschland einen intensiven Wettbewerb und werden dabei auch vom Lebensmitteleinzelhandel und dem sich immer weiter entwickelnden Online-Handel herausgefordert. Beide Unternehmen sehen in Deutschland aber weiterhin noch Potenzial für neue Filialen oder tauschen alte, kleinere Filialen gegen neue Filialen aus. Insgesamt macht die Abb. 3.1 auch deutlich, wie sich der Umsatz pro Filiale im Drogerieeinzelhandel gesteigert hat. 2007 betrug der Umsatz pro Filiale im Jahr noch 859.335 EUR. Im Jahr 2014 belief sich der Wert auf fast 3,2 Mio. EUR pro Filiale. In Verbindung mit Tab. 3.1 ist zu erkennen, welche schlechte Position Schlecker im Vergleich zu den anderen Unternehmen hatte, die pro Filiale einen wesentlich höheren Umsatz erwirtschaften konnten.

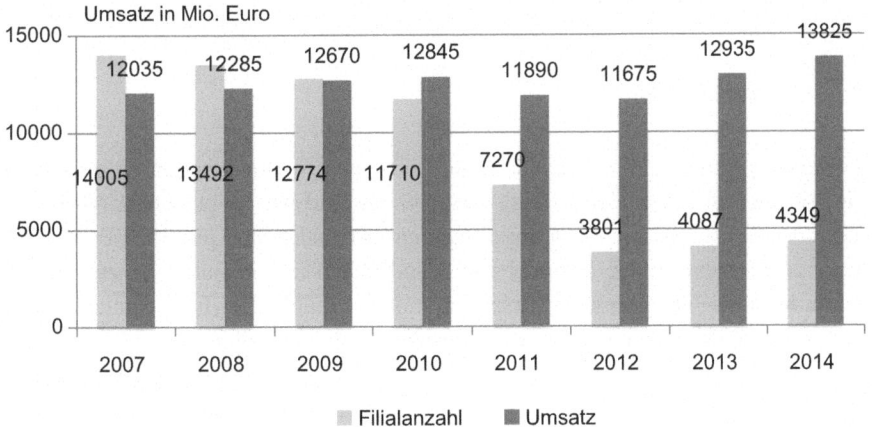

Abb. 3.1 Entwicklung Filialanzahl und Umsätze Drogeriemärkte in Deutschland. (In Anlehnung an Nielsen 2008, 2009, 2010, 2011, 2012, 2013, 2014 und 2015)

Tab. 3.1 Vergleich der Drogeriemarktbetreiber in Deutschland anhand ausgewählter Kriterien. (In Anlehnung an Statista 2016b, Websites der jeweiligen Unternehmen)

Kriterium	dm Drogeriemarkt	Rossmann	Müller	Budnikowsky
Umsatz (2014, in Mio. Euro)	6400	5380	2844	474
Filialanzahl	1744 im Geschäftsjahr 2014/15	1991 im Jahr 2015	530 im Jahr 2015	182 im Jahr 2015
Sortimentsumfang	12.500	17.500	Ca. 185.000	Keine Angabe vorhanden
Anzahl Handelsmarken	26	31	36	12
Anzahl Facebook-Fans	2.116.342	1.341.201	303.116	68.992
Anzahl Instagram-Fans	647.000	197.000	46.900	718

Die großen in Deutschland übrig gebliebenen Drogeriehändler dm, Rossmann, Müller und Budnikowsky unterscheiden sich in ihrem jeweiligen Unternehmenskonzept. Tab. 3.1 stellt übersichtlich die verschiedenen Konzepte dar. Besonders auffällig ist, dass das Unternehmen Rossmann sehr stark auf eine Angebotspolitik setzt. Konträr dazu verfolgt der dm-Drogeriemarkt eher eine Niedrigpreispolitik. Die Müller-Drogeriemärkte hingegen können eher als Kaufhaus charakterisiert werden; die Artikelanzahl (ca. 185.000) ist im Vergleich zu den anderen Wettbewerbern wesentlich größer und umfasst auch Sortimente wie Schreibwaren, Spielzeug, Multimedia u. v. m.

3.1.2 Marketing-Mix

Im Folgenden wird insbesondere die Sortiments- und Kommunikationspolitik von dm und Rossmann betrachtet. Zuerst wird versucht, ein Bild der jeweiligen Handelsmarken der Unternehmen zu zeichnen. Im dm Drogeriemarkt finden sich gut 3500 Produkte aus mehr als 26 Handelsmarken. Darunter sind Handelsmarken wie Balea (Körperpflegeprodukte von Kopf bis Fuß), Denk mit (Reinigungsmittel), dm bio (Bio-Lebensmittel), Alverde (Naturkosmetik), Dontodent (Zahnpflege), Pusblu (Kinderbekleidung) und Visiomax (Kontaktlinsen und Lesebrillen) (vgl. hierzu dm 2016b). Der Konkurrent Rossmann hingegen bietet gut 4600 Artikel unter mehr als 30 Handelsmarken an. Darunter befinden sich Namen wie Alouette (Papierhygiene), Alterra (Naturkosmetik), enerBio (Bio-Lebensmittel), Isana (Körperpflegeprodukte) und Perlodentmed (Zahnpflege) (vgl. hierzu Rossmann 2016b).

Eine Studie aus dem Jahr 2016 von KPMG und dem IFH ergab, dass der dm Drogeriemarkt die beliebtesten Handelsmarken in Deutschland hat. Besonders interessant ist, dass in der Studie auch nach der Kaufhäufigkeit von Handelsmarken in Unternehmen gefragt wurde. Bei dm kaufen 86 % der Kunden häufig Handelsmarken, bei Rossmann fällt dieser Wert mit 68 % deutlicher geringer aus (vgl. KPMG 2016). Im Rahmen des BrandIndex werden die beliebtesten Marken Deutschlands gekürt. 2015 war Samsung die beliebteste Marke, gefolgt von dem Handelsunternehmen dm. Im Bereich der Körper- und Pflegeprodukte folgt die Handelsmarke balea dem Gewinner der Kategorie Nivea (vgl. Schneider 2015). Die Ergebnisse machen deutlich, dass die Handelsmarke balea vielen Konsumenten bekannt ist und dass sie darüber hinaus auch beliebt ist.

Im Rahmen der Sortimentspolitik hat dm im Jahr 2015 auch begonnen, den Erfolg der sozialen Medien auf Produkte zu übertragen. Im November 2015 wurde exklusiv bei dm der Duschschaum des YouTube-Stars Bibi herausgebracht. Der vegane Duschschaum kostet 3,95 EUR und war nach der Veröffentlichung des Videos auf YouTube von Bibi innerhalb kurzer Zeit fast überall in Deutschland ausverkauft. Auf Facebook gab es dazu nicht nur positive Kommentare. Unter einigen Usern gab es Diskussionen, ob das Abzocke kleiner Mädchen sei und ob dm so etwas unterstützen sollte. Interessant ist, dass das Facebook-Team von dm diese Anmerkungen nicht kommentiert hat (vgl. hierzu dm Facebook 2015).

Im Rahmen der Kommunikationspolitik fallen zwei wesentliche Unterschiede auf: Der Anbieter Rossmann setzt wesentlich stärker als dm auf die Verkaufsförderung über den Handzettel. Damit verbunden ist eine Angebotspolitik. Das Unternehmen inseriert dort verschiedene Artikel aus dem Sortiment, auch Handelsmarken, und bietet diese mit einem Rabatt an. Dabei arbeitet Rossmann im Handzettel selbst mit der Unverbindlichen Preisempfehlung (UVP) des Herstellers. Die Artikel erscheinen damit noch mal günstiger. Hierzu verfasste die Verbraucherzentrale Hamburg im Jahr 2011 auch einen Beitrag. Aus diesem geht beispielsweise hervor, dass Rossmann einen Dove-Deo-Roll-on inserierte. Der Angebotspreis betrug 1,79 EUR und wurde mit der Unverbindlichen Preisempfehlung 2,99 EUR verglichen. Der Regalpreis außerhalb der Werbung lag jedoch bei 1,95 EUR. Die Ersparnis fällt somit wesentlich geringer aus (vgl. VZHH 2011). An dieser Stelle sei angemerkt, dass dieses Vorgehen prinzipiell erlaubt ist. Im Unterschied zu Rossmann gibt es bei dm keinen Handzettel. Das Unternehmen arbeitet mit einer Dauer-Niedrigpreis-Politik.

Der zweite Unterschied liegt im Bereich Social Media. Die Beliebtheit des Unternehmens dm spiegelt sich auch auf den sozialen Netzwerken wider. Eine Suchanfrage bei YouTube nach den Begriffen dm Haul und Rossmann Haul liefert sehr unterschiedliche Ergebnisse. Am 07.05.2016 wurden für dm Hauls 303.000 Ergebnisse, für Rossmann Hauls dagegen nur 53.700 Ergebnisse gefunden. Es fällt weiterhin auf, dass die Rossmann

Hauls wesentlich weniger Views aufweisen als die Pendants von dm. Das Unternehmen dm betreibt eigene Facebook-Seiten für die Handelsmarken Balea (301.475 Freunde), Alverde (141.432 Freunde), Sun Dance (24.199 Freunde) und p2 cosmetics (122.430 Freunde). Bei Rossmann finden sich für die Handelsmarken Alterra (69.612 Freunde) und Rival de Loop (82.465 Freunde) eigene Facebook-Pages. Für die Handelsmarken Balea, Alverde und p2 cosmetics betreibt dm auch einen Instagram-Account. Bei Rossmann wurden keine solchen Accounts gefunden.

Im Jahr 2015 wurde eine Umfrage unter 130 Studenten in Berlin durchgeführt. Ziel der Umfrage waren verschiedene Fragestellungen zu den Handelsmarken von dm und Rossmann. Genauer werden hier die Ergebnisse der beiden Handelsmarken balea (dm) und Isana (Rossmann) vorgestellt. Von den 130 Befragten sind 33,1 % männlich und 66,9 % weiblich. Die Mehrheit ist zwischen 18 und 25 Jahre alt. Bei der Befragung war das jeweilige Logo der Handelsmarke abgebildet und es wurde gefragt, ob die Handelsmarke bekannt ist und ob die Handelsmarke weiterempfohlen werden kann. Während 92,9 % der Befragten die Handelsmarke Balea kennen, ist das Pendant bei Rossmann nur 82,3 % der Befragten bekannt. Balea kommt auf eine Weiterempfehlungsrate von 85,5 %, Isana auf 61,8 %. Auch die Frage, ob man die Handelsmarke kaufen würde, beantworten bei Balea 92,3 % der Befragten mit ja, bei Isana sind es nur 75,5 % der Befragten (siehe Abb. 3.2).

Weiterhin wurden die Studenten auch zu den Eigenschaften der jeweiligen Handelsmarke Balea und Isana befragt (siehe Abb. 3.3). Dabei fällt auf, dass die Handelsmarke Balea bei allen abgefragten Eigenschaften deutlich positiver abschneidet. Auf einer Skala von 1 = stimme überhaupt nicht zu bis 7 = stimme voll und ganz zu erreicht die Handelsmarke insbesondere bei den Eigenschaften freundlich und erfolgreich hohe Werte.

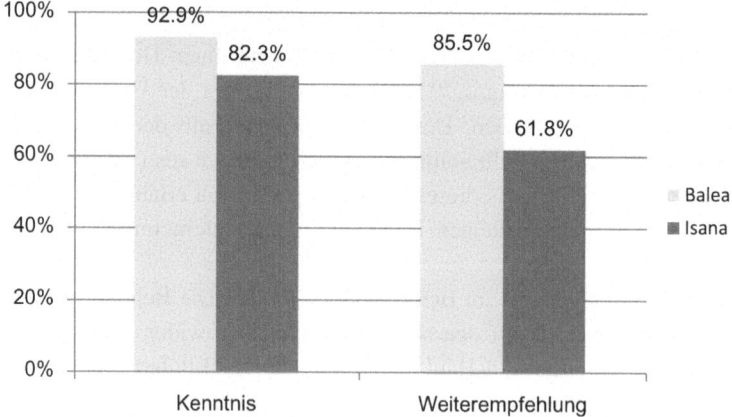

Abb. 3.2 Umfrageergebnisse Kenntnis und Weiterempfehlung

3.2 Lebensmitteleinzelhandel

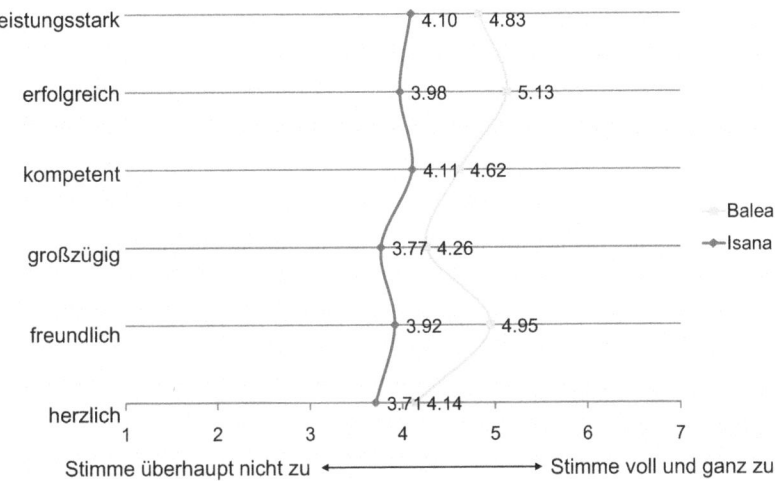

Abb. 3.3 Umfrageergebnisse Eigenschaften Handelsmarke

Aufgaben zur Fallstudie „Drogerieeinzelhandel"

1. Fassen Sie die wesentlichen Aussagen der Situationsanalyse zusammen und informieren Sie sich über die neusten Entwicklungen in der Branche, der Umwelt sowie der Unternehmen.
2. Machen Sie sich mit den Handelsmarken bei dm und Rossmann vertraut. Ordnen Sie die jeweiligen Handelsmarken den Erscheinungsformen der Handelsmarken zu.
3. Warum haben sich dm und Rossmann gegen eine Dachmarke entschieden?
4. Sie stehen vor der Aufgabe, die Handelsmarke Isana neu zu positionieren.
   - Befassen Sie sich dazu intensiv mit der Markenarchitektur von Balea und Isana. Stellen Sie das Markensteuerrad von Esch für beide Marken auf.
   - Überlegen Sie anschließend, wie die einzelnen Elemente des Branding-Dreiecks derzeit bei den Handelsmarken Balea und Isana aussehen. Welche Elemente würden Sie bei Isana verändern? Begründen Sie Ihr Vorgehen.
   - Wie würden Sie Isana in der Kommunikation darstellen? Entwickeln Sie eine konkrete Maßnahme.

3.2 Lebensmitteleinzelhandel

Der Lebensmitteleinzelhandel in Deutschland kann als wettbewerbsintensiv charakterisiert werden. Im Jahr 2015 wurde im Lebensmitteleinzelhandel ein Umsatz von 170,6 Mrd. EUR erwirtschaftet (vgl. Statista 2016a). Abb. 3.4 kann der Umsatz im Lebensmittelhandel der Top 10 in Deutschland im Jahr 2015 entnommen werden. Die Statistik macht sehr eindrucksvoll deutlich, dass der Markt von wenigen großen

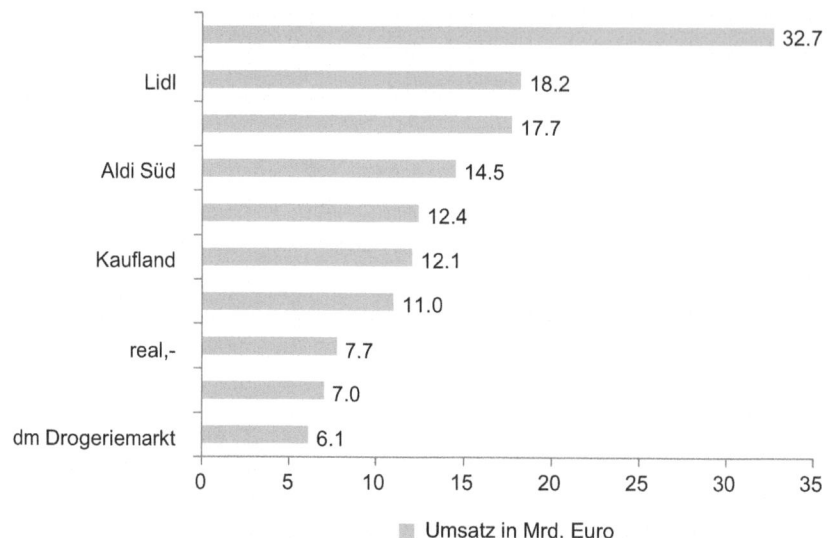

Abb. 3.4 Umsatz Top 10 Lebensmitteleinzelhandel 2015. (In Anlehnung an Handelsdaten 2016)

Handelsunternehmen beherrscht wird. Wenn die Konzernstrukturen berücksichtigt werden, dann kommen in Deutschland die Top 5 des Lebensmitteleinzelhandels auf einen Marktanteil von mehr als 75 % (vgl. BVE 2016).

Dabei kam die Betriebsform Verbrauchermarkt in Deutschland 2014 auf einen Marktanteil von 42,2 %, gefolgt von Discountern (38,5 %), Supermärkten (11,2 %) und Drogeriemärkten (8,1 %) (vgl. Nielsen 2015, S. 16). In Deutschland hat sich ein Strukturwandel vollzogen. Der Lebensmitteleinzelhandel war lange Zeit durch kleinere Geschäfte geprägt. Das hat sich zuerst durch das Wachstum der SB-Warenhäuser geändert, die insbesondere nach der deutschen Wiedervereinigung ein starkes Wachstum aufwiesen. Diese wurden dann aber von Discountern und Verbrauchermärkten abgelöst, die heute nach wie vor expandieren. Insbesondere Discounter konnten in Deutschland ihren Marktanteil in den letzten Jahren nur noch geringfügig steigern. Darauf reagieren die einzelnen Anbieter mit sehr unterschiedlichen Strategien. Der Discounter Aldi, wie bereits in diesem Buch angedeutet, hat mit der Einlistung von Markenartikeln begonnen. Diese Strategie wird wohl weiter fortgesetzt. Eine Folge der Aufnahme von Markenartikeln in das Sortiment ist meist ein Preisrutsch der betroffenen Artikel. Dabei sind selbst solche Marken bereit, in das Sortiment aufgenommen zu werden, die sich vorher noch gegen den Preisverfall ausgesprochen haben (vgl. Focus 2016). Gleichzeitig setzen sowohl Aldi als auch Lidl auf eine Modernisierung der Filialen. Dabei scheint keine Neuerung undenkbar. Angefangen bei der Kundentoilette, über eine Kaffeemaschine, Sitzgelegenheiten bis hin zu einer besseren Beleuchtung wird viel ausprobiert (vgl. ntv 2016). Diese Entwicklungen machen deutlich, dass eine Annäherung an die Betriebsform Verbrauchermarkt stattfindet. Gerade die beiden Vertreter Edeka und Rewe müssen darauf vermehrt reagieren. Weiterhin ist das Überleben gerade für kleine und mittelständische Lebensmittelhändler zunehmend schwieriger.

Aus Kundensicht ist die Betriebsform Discounter mit Abstand der beliebteste Einkaufsort. 97,9 % aller Haushalte in Deutschland haben 2014 bei Discountern eingekauft. Im Durchschnitt wurden dort 1461 EUR ausgegeben, wobei 93-mal im Jahr dort eingekauft wurde. Das ergibt gut 1,8 Einkäufe pro Woche pro Haushalt in Deutschland (vgl. Nielsen 2015, S. 38 f.). Die anderen Werte können der Tab. 3.2 entnommen werden. Weiterhin muss beachtet werden, dass der deutsche Konsument sehr preissensibel ist. Das kann exemplarisch an einer Untersuchung festgestellt werden, die ergab, dass weniger als 40 % der Kunden ihrem Lebensmittelhändler treu bleiben würden, wenn dort die Preise um 5 bis 10 % steigen würden (vgl. ntv 2016). 41 % der Kunden in Deutschland suchen beim Einkauf gezielt nach Angeboten. 26 % kaufen regelmäßig Marken, wenn diese im Angebot sind (vgl. Nielsen 2015, S. 47). Weiterhin kennen 64 % der Deutschen die Preise der meisten Produkte, die sie regelmäßig kaufen (vgl. Nielsen 2015, S. 48). Das unterstreicht noch einmal, warum die anderen Händler auf die Preisänderungen von Aldi meist sofort reagieren.

Für den Lebensmitteleinzelhandel, wie für den restlichen Handel auch, ist es besonders wichtig, sich an die veränderten Gewohnheiten der Konsumenten anzupassen. Zu diesen veränderten Gewohnheiten gehören auch veränderte Ernährungsgewohnheiten.

Im Jahr 2016 warb das Handelsunternehmen Edeka u. a. im TV für seine Handelsmarke Edeka bio + vegan. Hierzu wurde Attila Hildmann, der sich seit Jahren mit dem Thema vegane Ernährung beschäftigt, als Testimonial verwendet. Gleichzeitig inserierte Edeka in zahlreichen Publikumszeitschriften. Neben der eigenen Handelsmarke kooperiert Edeka auch mit dem Unternehmen veganz und führt die Handelsmarke des Unternehmens. Auch andere Händler entdecken das Thema vegane Ernährung für sich. So bietet beispielsweise das Unternehmen real,- SB Warenhaus mehr als 1000 vegane Artikel in seinem Sortiment an (vgl. Lebensmittelzeitung 2016). Der Discounter Lidl warb am 11.01.2016 in seinen Handzetteln mit der Handelsmarke My Best Veggie und zeigte insbesondere verschiedene Convenience-Veggie-Produkte.

Abb. 3.5 stellt die Entwicklung des Umsatzes des Kernmarktes der vegetarischen und veganen Lebensmittel dar. Im Jahr 2015 wurden bereits 454 Mio. EUR Umsatz mit den Artikeln erwirtschaftet. Das sind knapp 200 Mio. EUR mehr als 2012. Kunden bevorzugen für den Kauf der Artikel insbesondere den Supermarkt. Als weitere Adressen für den Einkauf der Artikel kommen Verbrauchermärkte, Bio-Supermärkte und Discounter

Tab. 3.2 Ausgewählte Kennzahlen Lebensmitteleinzelhandel 2015. (Nielsen 2015, S. 38 f.)

Kriterium	Discounter	Verbrauchermarkt groß	Verbrauchermarkt klein	Supermarkt	Drogerie
Ausgaben je Haushalte in Euro	1461	865	563	551	265
Anzahl Einkäufe	93	32	32	35	20
Ø-Ausgaben je Einkauf in Euro	15,79	17,42	15,59	13,22	27,42

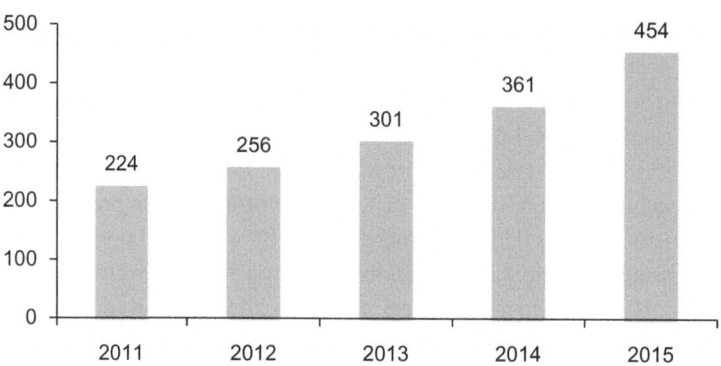

Umsatz in Mio. Euro in der Kernwarengruppe (vegetarische und vegane Fleisch- und Milchalternativen sowie der Bereich Frühstück mit pflanzlichen Brotaufstrichen

Abb. 3.5 Umfrageergebnisse Eigenschaften Handelsmarke. (In Anlehnung an IFH 2016)

in Betracht. Erstaunlich ist, dass der Anteil der Reformhäuser bei nur 5 % liegt. Das lässt den Schluss zu, dass die Mehrheit der Konsumenten auch häufiger als Alternative zu den Produkten greift und nicht der Kerngruppe der Vegetarier bzw. Veganer, sondern der Allesesser oder Flexetarier zuzuordnen ist (vgl. IFH 2016).

Aufgaben zur Fallstudie „Lebensmitteleinzelhandel"
1. Erklären Sie den Prozess des Handelsmarkenmanagements.
2. Führen Sie eine Situationsanalyse für den Bereich vegane Lebensmittel durch. Stellen Sie hierzu eine Branchenanalyse nach Porter auf.
3. Konzipieren Sie eine vegane Handelsmarke für Rewe. Beschreiben Sie Ihr konkretes Vorgehen. Nutzen Sie den Prozess des Handelsmarkenmanagements.
   - Führen Sie eine Situationsanalyse durch. Machen Sie sich dazu mit der aktuellen Situation des Unternehmens Rewe vertraut.
   - Welche Ziele würden Sie mit einer veganen Handelsmarke bei Rewe verfolgen?
   - Mit welcher Strategie würden Sie diese Ziele erreichen wollen?
   - Gestalten Sie die Elemente des Branding-Dreiecks für die Handelsmarke. Führen Sie dazu auch einen Vergleich mit Wettbewerbsmarken durch. Denken Sie weiterhin an mögliche Vorgaben, die aus den anderen Handelsmarken bei Rewe resultieren.
   - Gestalten Sie den kommunikativen Auftritt der Marke am Point of Sale.
   - Welche anderen Kommunikationsmaßnahmen halten Sie für sinnvoll?

Literatur

Budni. (2016). Über das Unternehmen. https://www.budni.de/presse/ueber-budni/. Zugegriffen: 25. Febr. 2016.
BVE. (2016). Lebensmittelhandel. http://www.bve-online.de/themen/branche-und-markt/lebensmittelhandel. Zugegriffen: 7. Mai 2016.
dm. (2016a). dm-drogerie markt im Zeitverlauf. https://www.dm.de/unternehmen/ueber-uns/historie/. Zugegriffen: 25. Febr. 2016.
dm. (2016b). Unsere Markenvielfalt. https://www.dm.de/dm-marken/. Zugegriffen: 7. Mai 2016.
dm Facebook. (2015). Post vom 12.11.2015. https://www.facebook.com/dm.Deutschland/photos/a.166175510088184.35515.129724513733284/996949127010814/?type=1&theater. Zugegriffen: 7. Mai 2016.
Focus. (2016). Aldi nimmt neue Markenprodukte ins Sortiment. http://www.focus.de/finanzen/videos/discounter-aldi-nimmt-neue-markenprodukte-ins-sortiment_id_5483170.html. Zugegriffen: 7. Mai 2016.
Frank, S., & Schuster, J. (2005). Drogeriemärkte. Die Großen drücken auf die Tube. Focus. http://www.focus.de/finanzen/news/drogeriemaerkte-die-grossen-druecken-auf-die-tube_aid_210610.html. Zugegriffen: 25. Febr. 2016.
Handelsblatt. (2005). Rossmann übernimmt KD Drogeriemärkte. http://www.handelsblatt.com/unternehmen/handel-konsumgueter/tengelmann-trennt-sich-von-der-kette-rossmann-uebernimmt-kd-drogeriemaerkte/2481022.html. Zugegriffen: 25. Febr. 2016.
Handelsdaten. (2016). Nettoumsatz der führenden Handelsunternehmen in Deutschland 2015. http://www.handelsdaten.de/lebensmittelhandel/umsatz-der-fuehrenden-unternehmen-im-lebensmittelhandel-deutschland-2014. Zugegriffen: 7. Mai 2016.
IFH. (2016). Vegan-Boom: Kernmarkt der vegetarischen und veganen Lebensmittel wächst auf 454 Millionen Euro. http://www.ifhkoeln.de/pressemitteilungen/details/vegan-boom-kernmarkt-der-vegetarischen-und-veganen-lebensmittel-waechst-auf-454-millionen-euro/. Zugegriffen: 7. Mai 2016.
Kaever. (2014). Budni gegen dm. Erweiterte Kampfzone. http://www.zeit.de/hamburg/politik-wirtschaft/2014-04/schlecker-dm-konkurrenz-hamburg/seite-2. Zugegriffen: 25. Febr. 2016.
KPMG. (2016). Consumer Baromter. Trends und Treiber Im Sektor Consumer Markets, Thema Handelsmarken. https://assets.kpmg.com/content/dam/kpmg/pdf/2016/03/kpmg-consumer-barometer-handelsmarken-sec.pdf. Zugegriffen: 7. Mai 2016.
Lebensmittelzeitung. (22.04.2016). Der Handel kann vegan. *Lebensmittelzeitung,* 2016 (16), S. 36–37.
Müller. (2016). Meilensteine. http://www.mueller.de/unternehmen/historie/meilensteine.html. Zugegriffen: 25. Febr. 2016.
Nielsen. (2008). *Universen 2008. Handel und Verbraucher in Deutschland.* Frankfurt a. M.: Nielsen.
Nielsen. (2009). *Universen 2009. Handel und Verbraucher in Deutschland.* Frankfurt a. M.: Nielsen.
Nielsen. (2010). *Universen 2010 Deutschland. Handel. Verbraucher. Werbung.* Frankfurt a. M.: Nielsen.
Nielsen. (2011). *Universen 2011 Deutschland. Handel. Verbraucher. Werbung.* Frankfurt a. M.: Nielsen.
Nielsen. (2012). *Deutschland 2012. Handel, Verbraucher, Werbung.* Frankfurt a. M.: Nielsen.
Nielsen. (2013). *Deutschland 2013. Handel, Verbraucher, Werbung.* Frankfurt a. M.: Nielsen.
Nielsen. (2014). *Deutschland 2014. Handel, Verbraucher, Werbung.* Frankfurt a. M.: Nielsen.
Nielsen. (2015). *Deutschland 2015. Handel, Verbraucher, Werbung.* Frankfurt a. M.: Nielsen.
ntv. (2016). Warum Aldi edler wird. http://www.n-tv.de/wirtschaft/Warum-Aldi-edler-wird-article16817371.html. Zugegriffen: 7. Mai 2016.

Reimann, E. (2014). Drogerie statt Supermarkt. Wer von der Schlecker-Pleite profitiert. Impulse. http://www.impulse.de/unternehmen/drogerie-statt-supermarkt-wer-von-der-schlecker-pleite-profitiert/2014372.html. Zugegriffen: 25. Febr. 2016.

Remmert, J. (2007). Schlecker will die Premium-Kunden. http://www.faz.net/aktuell/rhein-main/wirtschaft/ihr-platz-uebernahme-schlecker-will-die-premium-kunden-1488044.html. Zugegriffen: 25. Febr. 2016.

Rossmann. (2016a). Unsere Geschichte. Rossmann von 1972 bis heute. http://www.rossmann.de/unternehmen/ueber_uns/unser-profil/unsere-geschichte.html. Zugegriffen: 25. Febr. 2016.

Rossmann. (2016b). Rossmann Qualitätsmarken. http://www.rossmann.de/unternehmen/ueber_uns/unsere-marken.html. Zugegriffen: 7. Mai 2016.

RP Online. (2003). Tengelmann gibt kd Drogerien ab. http://www.rp-online.de/wirtschaft/unternehmen/tengelmann-gibt-kd-drogerien-ab-aid-1.2345468. Zugegriffen: 25. Febr. 2016.

Schneider, P. (2015). Deutschlands Marken des Jahres 2015: Samsung löst Nivea als bestbewertete Marke ab. https://yougov.de/news/2015/10/22/deutschlands-marken-des-jahres-2015-samsung-loest/. Zugegriffen: 7. Mai 2016.

Spiegel Online. (2005). Markentod: Drogeriekette idea verschwindet vom Markt. http://www.spiegel.de/wirtschaft/markentod-drogeriekette-idea-verschwindet-vom-markt-a-349584.html. Zugegriffen: 25. Febr. 2016.

Spiegel Online. (2009). Insolvenzen: Ihr Platz. http://www.spiegel.de/wirtschaft/insolvenzen-ihr-platz-a-630811.html. Zugegriffen: 25. Febr. 2016.

Statista. (2016a). Umsatz im Lebensmitteleinzelhandel in Deutschland in den Jahren 1998 bis 2015 (in Milliarden Euro). http://de.statista.com/statistik/daten/studie/161986/umfrage/umsatz-im-lebensmittelhandel-seit-1998/. Zugegriffen: 7. Mai 2016.

Statista. (2016b). Umsatz der führenden Drogeriemarktketten in Deutschland im Jahr 2014. http://de.statista.com/statistik/daten/studie/158206/umfrage/prognostizierter-umsatz-der-top-5-drogeriemaerkte-2010/. Zugegriffen: 7. Mai 2016.

VZHH. (2011). Rossmann schiebt Megapreissenkung vor. http://www.vzhh.de/ernaehrung/107098/rossmann-uvp-irrefuehrende-preissonderangebote.aspx. Zugegriffen: 7. Mai 2016.

Welt. (2007). Rossmann übernimmt Konkurrenten Kloppenburg. http://www.welt.de/welt_print/article1415695/Rossmann-uebernimmt-Konkurrenten-Kloppenburg.html. Zugegriffen: 25. Febr. 2016.

The manufacturer's authorised representative in the EU is Springer Nature Customer Service Centre GmbH, Europaplatz 3, 69115 Heidelberg, Germany. If you have any concerns regarding our products, please contact ProductSafety@springernature.com

Printed and bound by CPI Group (UK) Ltd, Croydon, CR0 4YY

23/03/2026

02076393-0020